O Complexo Fraterno

RENÉ KAËS

O Complexo Fraterno

DIRETOR EDITORIAL:
Marcelo C. Araújo

EDITORES:
Avelino Grassi
Edvaldo Manoel de Araújo
Márcio F. dos Anjos

TRADUÇÃO:
Lúcia Mathilde Endlich Orth

COORDENAÇÃO EDITORIAL:
Ana Lúcia de Castro Leite

COPIDESQUE:
Lessandra Muniz de Carvalho

REVISÃO:
Paola Goussain de S. Lima

DIAGRAMAÇÃO:
Juliano de Sousa Cervelin

CAPA:
Cristiano Leão

Coleção Psi-Atualidades

Título original: *Le complexe fraternel*
© Dunod, Paris, 2008
ISBN 978-2-10-051832-6

Todos os direitos em língua portuguesa, para o Brasil, reservados à Editora Ideias & Letras, 2017.

2ª impressão

EDITORA
IDEIAS&
LETRAS

Rua Barão de Itapetininga, 274
República - São Paulo/SP
Cep: 01042-000 - (11) 3862-4831
Televendas: 0800 777 6004
vendas@ideiaseletras.com.br
www.ideiaseletras.com.br

Dados Internacionais de Catalogação na Publicação (CIP)
(Câmara Brasileira do Livro, SP, Brasil)

Kaës, René
    O complexo fraterno / René Kaës; [tradução Lúcia Mathilde Endlich Orth].
– Aparecida, SP: Ideias & Letras, 2011. (Coleção psi-atualidades, 13)

    Título original: Le complexe fraternel
    Bibliografia
    ISBN 978-85-7698-097-1

    1. Irmãos e irmãs – Aspectos psicológicos 2. Psicanálise 3. Psicologia I. Título. II. Série.

11-02662   CDD-155.44

Índices para catálogo sistemático:

1. Irmãos: Complexos fraternos: Psicologia
155.44

Sumário

INTRODUÇÃO 11
O retorno do fraterno no espírito do tempo 12
O complexo fraterno e a psicanálise 14
Complexo fraterno e imago fraterna, laços fraternos e fratria 15

PRIMEIRA PARTE
O COMPLEXO FRATERNO 21

1. **A especificidade do complexo fraterno**........................23
   O complexo fraterno no pensamento psicanalítico............24
      Freud e a questão do fraterno, 24 – Alfred Adler, o destronamento do primogênito e o complexo de inferioridade do caçula, 30 – Melanie Klein, o irmão ou a irmã como objetos parciais e a ambição, 31 – Jacques Lacan, o complexo do intruso e o triângulo pré-edipiano, 32 – Jean Laplanche e o triângulo rivalitário, 35
   Obstáculos e resistências para pensar o complexo fraterno..37
      O obstáculo axiomático. Complexo de Édipo *versus* complexo fraterno, 38 – O obstáculo epistemológico, 45 – O obstáculo metodológico, 47 – O obstáculo institucional, 49
   Três eixos para a análise do complexo fraterno.................51
      O complexo fraterno e o sujeito do inconsciente, 51 – O complexo fraterno e o laço fraterno, 52 – As expressões culturais do complexo fraterno, 53

2. **Clínica do complexo fraterno na cura** 57
   O complexo fraterno na cura de Yseult 57
   O irmão como objeto parcial 63
   O irmão ou a irmã como duplo narcísico 69
   O desdobramento sexual: bissexualidade psíquica
   e sedução no complexo fraterno 72
   O trabalho da separação, a diferença dos sexos e das gerações 78
   Observações sobre a transferência do complexo
   fraterno na cura de Yseult 80
       Transferência fraterna e transferências laterais, 81
   Alguns componentes do complexo fraterno 83

3. **Duplo narcísico e bissexualidade no complexo fraterno** 85
   Figuras do duplo no complexo fraterno 85
       O duplo narcísico especular, 86 – O duplo e a homossexualidade adélfica, 88 – O duplo como figura da inquietante estranheza, 90 – O duplo obtido por incorporação de um outro em si mesmo ou por desligamento e clivagem de uma parte de si mesmo, 91 – O duplo como companheiro imaginário, 93 – O duplo como substituto do objeto perdido. O filho de substituição, 94
   A bissexualidade psíquica no complexo fraterno 96
       Duplo narcísico e fantasma de bissexualidade no complexo fraterno de Ivan, 97 – Fantasma de bissexualidade e identificação bissexual, 99 – As identificações bissexuais, 104

4. **O intruso e o rival** 109
   Pierre-Paul ou o irmão nascido de uma morte certa 110
       O fantasma do homicídio do irmão, 110 – Desejos de morte e realização do homicídio. A intrusão do real, 112 – "Quero que ele me deteste

a fim de odiá-lo", 116 – O objeto irmão arcaico em Pierre-Paul, 117

A violência fraterna e seus destinos 118
Freud, a inveja, o ódio, 118 – A violência da ambição: os aportes de M. Klein, 124 – A violência fraterna, a ambição do seio e a destrutividade primária em Pierre-Paul, 127 – O complexo do intruso e a inveja em Lacan, 128 – Os triângulos rivalitários e a violência no complexo fraterno, 131 – O valor fundador da violência fraterna, 132 – O que descobrimos além do ódio e da inveja?, 133

Figuras mitológicas do ódio fratricida 135
O fratricida originário nos relatos da Bíblia e do Corão, 136

5. **O complexo fraterno arcaico** 141
O primado da relação com o corpo da mãe arcaica 142
A imago da mãe-com-os-irmãos-e-irmãs, 143
O objeto irmão ou irmã no complexo fraterno. Investimentos pulsionais e representantes psíquicos 148
Figuras do objeto irmão e imagem do corpo, 149 – O objeto irmão: o ódio do intruso, 150 – A imagem do corpo no complexo fraterno arcaico e em sua evolução simbólica, 152
A fratria arcaica em dois contos dos Irmãos Grimm.........153
O lobo e os sete cabritinhos, 153 – João e Maria, 155

6. **O amor e a sexualidade no complexo fraterno** 159
Os sonhos de incesto, o incestual e o incesto consumado....... 160
Clínica do amor adélfico 162
O amor de uma irmã por seus irmãos, 162 – Complexo fraterno e escolha do objeto amoroso, 164

A sexualidade, os fantasmas de incesto, o incestual
e o incesto consumado no complexo fraterno 166
  O amor de um irmão por sua irmã e o despertar
  dos fantasmas incestuosos na adolescência, 167
  – A sedução adélfica e o desejo de incesto, 169
  – Os atos incestuosos nas fratrias, 171
Os amores fraternos no mito e na literatura....................173
  Os laços de amor e de ódio entre os filhos de
  Édipo no mito e na tragédia de Édipo, 173 – A
  literatura e o amor fraterno, 178

SEGUNDA PARTE
ENSAIOS SOBRE OS LAÇOS FRATERNOS – 185

7. **O grupo fraterno** 187
   A especificidade psíquica do grupo dos irmãos
   e irmãs e os laços fraternos..187
     O grupo fraterno e o casal parental, 188 – A con-
     sistência da realidade psíquica do grupo fraterno,
     189 – O jogo das identificações cruzadas, 196
   O pacto fraterno e as alianças simbólicas........................198
     Alianças inconscientes, pactos e contratos, 198
     – Irmãos e irmãs no contrato narcísico, 200 – O
     duplo pacto dos Irmãos e a entrada na aliança
     simbólica, 201
   A comunidade dos Irmãos e os sentimentos sociais.........205
     O pacto, a aliança e a comunidade dos Irmãos,
     206 – A exigência de justiça, de amor igual para
     todos e o sentimento de fraternidade, 207

8. **A morte de um irmão, o luto de um filho** 209
   Os efeitos psíquicos da morte na fratria................210
     A morte de uma irmã. Uma genealogia de lutos e
     de depressões, 211 – Um pacto intergeracional de

resistência ao luto do irmão ou da irmã mortos,
219 – Freud e a morte de seu irmão Julius, 223 –
A imago do irmão morto/da irmã morta, 228
Os desejos de morte dos pais para os irmãos
e irmãs em dois contos dos irmãos Grimm......................231
Os sete corvos, 232 – Os doze irmãos, 234

9. **Alguns efeitos da morte de um dos pais na fratria**......237
O trabalho da herança...237
O trabalho de luto na fratria, 238
O componente narcísico da fratria e o desejo parental........239
A herança, a sucessão e as questões narcísicas da transmissão.....242
A partilha dos objetos e dos bens, 243 – O componente narcísico da herança: o fantasma do herdeiro privilegiado, 246
Ódio, ambição e rivalidade na morte dos pais. A aliança fraterna.....247
Como os pais manobram a rivalidade fraterna, 248 – O apoio da fratria, 251
O trabalho da herança: o novo pacto dos irmãos..............252
Uma sequência para *Totem e tabu*, 252
Minha estação preferida de André Téchiné (1992)............254
A partilha, maior desafio do laço fraterno........................256

10. **O complexo fraterno organizador dos laços de grupos**.....257
A transferência dos componentes arcaicos
e edipianos do complexo fraterno em um grupo..............259
O que foi mobilizado e trabalhado neste grupo, 263
Rivalidade, inveja e ambição num seminário
de grupo com psicodrama..263
O primeiro dia, 264 – O segundo dia, 266 – O terceiro dia, 268 – Os dias seguintes, 271
A transferência do complexo fraterno,
organizador dos laços de grupo..275

Comentários sobre os movimentos de inveja
e de ambição nos grupos 277
    A regressão da inveja para a ambição, 277 – A
    consolidação do complexo fraterno, 278 – A
    pulsão de morte no estado bruto e a impulsão
    ambiciosa, 279 – As superações: além do ódio e
    da ambição, 281
Alguns aspectos do complexo fraterno
no grupo dos primeiros psicanalistas...............................282

CONCLUSÃO 285

ANEXO 289
    Breve panorama das pesquisas recentes 289
    Números especiais de revistas.....................................291
    Referências bibliográficas..292

ÍNDICE DAS PALAVRAS-CHAVE 305

ÍNDICE DE NOMES 315

ÍNDICE DOS CASOS CLÍNICOS CITADOS..........................319

Introdução

Há vários anos, defendo a seguinte tese: o complexo fraterno é um verdadeiro complexo, no sentido de que sua estrutura e função foram formuladas pela psicanálise no espaço psíquico do sujeito do inconsciente. O complexo fraterno não se reduz ao complexo de Édipo, do qual seria o deslocamento; ele também não se limita ao complexo do intruso, que seria seu paradigma. Ele não se caracteriza somente pelo ódio, pela ambição e pela inveja; compreende essas dimensões, mas ainda outras, todas também importantes e articuláveis às precedentes: o amor, a ambivalência e as identificações com o outro semelhante e diferente. A especificidade do complexo fraterno está em sua organização e em sua função. Substancialmente, sua estrutura é organizada conjuntamente pela rivalidade e pela curiosidade, pela atração e pela rejeição que um sujeito experimenta diante deste outro semelhante que em seu mundo interno ocupa o lugar de um irmão ou de uma irmã. Segundo esta perspectiva, a atração não é apenas uma revirada do ódio, a curiosidade um contrainvestimento da rejeição.

O complexo fraterno comporta duas formas que podem opor-se: uma, arcaica, mantém com o irmão ou a irmã relações que têm essencialmente a consistência psíquica de um objeto parcial, apêndice do corpo materno imaginário ou de seu próprio corpo imaginário; a outra inscreve-se num triângulo rivalitário, pré-edipiano e edipiano. Neste sentido, o complexo de Édipo é um fator de transformação do complexo fraterno arcaico. Enfim, distingo o complexo fraterno do laço fraterno: o primeiro organiza o segundo, cujos efeitos são particularmente sensíveis, tanto na família como nos grupos e nas instituições. Tais são as principais proposições que eu gostaria de desenvolver nesta obra.

O RETORNO DO FRATERNO NO ESPÍRITO DO TEMPO

O que poderia ser chamado questão do fraterno, para dar um termo genérico a realidades e conceitos de nível e de extensão tão diferentes como complexo fraterno, laço fraterno, fratria e fraternidade, tornou-se em alguns anos um objeto de estudo em vários campos da pesquisa das ciências humanas.[1] Esse interesse se manifesta exatamente no momento em que, no seio da civilização ocidental, transformações estruturais profundas afetam a organização social e as implicações psíquicas dos laços familiares. A transformação da estrutura nuclear da família é um dos avatares do movimento de declínio do poder do pai e da função paterna. Esta transformação, inaugurada com o aparecimento da própria família nuclear, é o efeito das transformações econômicas, sociais e políticas que se desenvolveram na Europa desde o século XIX e ao longo de todo o século XX, em todos os países industrializados e urbanizados. O estudo das relações fraternas nas famílias adotivas, nas famílias monoparentais e nas chamadas famílias recompostas, cujo número cresce desde o fim dos anos 1960, coloca à luz a complexidade das mudanças introduzidas por essas novas configurações do casal, da família e da fratria.

Por um lado, a questão do fraterno corresponde ao advento das instituições democráticas e das relações que elas mantêm. Na Europa, ela está estreitamente associada às exigências da Re-

---

[1] Ver na introdução às referências bibliográficas, p. 289 um breve panorama – não exaustivo – das pesquisas recentes sobre este tema.

volução Francesa, ela mesma filha das Luzes e da liberdade de associar-se e de pensar, liberdade conquistada, isenta dos constrangimentos do poder monárquico encarnado pela realeza e pela Igreja. Mas, por outro lado, ela continua marcada pelos aspectos negativos da irresolução do conflito originário entre as exigências da ordem paterna e as exigências da ordem fraterna. O pensamento dominante é que a primeira é portadora do acesso às obras da simbolização e que a outra solicita as regressões imaginárias do autoengendramento e a ilusão das autarquias psíquicas e sociais.

Esta posição, que situa o positivo do lado paterno e o negativo do lado fraterno, é discutível: ela esquece os desvios da violência que cada um dos dois comporta e que a exclusividade de uma ordem sobre outra só faria aumentar. Além disso, um e outro são portadores de ilusão. Ela também negligencia a especificidade e, como veremos, a complexidade da questão do fraterno. Esta questão se constitui diferentemente, de acordo com sua colocação como negação do paterno e recurso ao poder do materno, ou como superação da ambivalência em relação a figuras parentais e afirmação de valores próprios ao laço fraterno.

O fraterno não pode definir-se como um em si: ele é necessariamente mantido numa relação dialética com o que o constitui, ele se origina no parental e se abre na filiação. Ora, essas são funções e subjetividades que foram transtornadas no curso da história, como cada vez que se opera uma mutação da ordem social. A história da noção de fraternidade indica que as grandes transformações religiosas, políticas e sociais são sempre correlativas à emergência da questão do fraterno.[2]

---

2 Sobre este ponto, uma coletânea de estudos sob a direção de G. M. Chiodi (1992) se organiza em torno da rivalidade fraterna como paradigma da conflitualidade política.

O COMPLEXO FRATERNO E A PSICANÁLISE

Antes deste crescimento de interesse, e mais ainda nesses últimos anos, os psicanalistas fizeram ouvir sua voz, na maioria das vezes para compreender como se ajustam as relações entre irmãos e irmãs, os movimentos psíquicos que seguem ou acompanham seu nascimento ou sua morte.

Os trabalhos sobre a problemática especificamente psicanalítica do complexo fraterno são mais raros. Existe, porém, sobre esta questão, o pensamento de Freud, mas ele hesita, ele o inscreve sem verdadeiramente sustentá-lo, totalmente ocupado em manter a preeminência estrutural do complexo nuclear edipiano sobre todos os outros. Sem questionar esta preeminência, penso que ela não deve desqualificar a singularidade do complexo fraterno, tratá-lo unicamente como um deslocamento do complexo edipiano, como um *ersatz* ou uma defesa. O complexo fraterno inscreve-se necessariamente na estrutura do desejo do casal parental, na parte mais secreta do complexo edipiano, mas também do complexo fraterno dos pais. O complexo fraterno cruza sem cessar o caminho do complexo de Édipo. Na tragédia de Sófocles, o complexo fraterno aparece depois que Édipo se perdeu e se feriu no drama do homicídio do pai e do incesto materno. As figuras de Antígona e de seus irmãos, filhos e irmãos de Édipo, ligam indissociavelmente os dois complexos.[3]

Essas considerações indicam por que é importante reintroduzir e reelaborar o conceito de complexo fraterno no *corpus* teórico e na prática clínica da psicanálise freudiana, prestar uma maior

---

3 Em *La Thébaïde ou les Frères ennemis*, tragédia do ódio entre Etéocles e Polinice, Racine faz Jocasta dizer:
"Podes ver sem pavor os crimes de meus filhos,
Depois dos que o pai e a mãe cometeram
... Sabes que eles saíram de um sangue incestuoso" (Ato I, cena 1).

atenção a sua especificidade para restituir-lhe todo o seu lugar. Isso equivale a assinalar seu destino na formação do sujeito, de seus objetos e de suas identificações, na constituição dos conflitos psicossexuais da infância e da adolescência, nas singularidades da neurose infantil, particularmente em suas implicações narcísicas, homossexuais e bissexuais, na escolha do objeto amoroso. Temos ainda de aprender sobre o papel que o complexo e o laço fraternos desempenham no processo da criação artística ou teórica. Temos também de compreender mais precisamente como se instala a transgressão a partir do complexo fraterno e, tratando-se do incesto fraterno, qual é sua implicação específica que o distingue do incesto com o pai.

A clínica nos coloca na presença de seus efeitos na neurose de transferência e particularmente na transferência dita lateral. E a análise dos casais, das famílias e dos grupos mostra a incidência constante do complexo fraterno, das imagos fraternas e dos laços fraternos sobre os laços que neles se estabelecem.

COMPLEXO FRATERNO E IMAGO FRATERNA, LAÇOS FRATERNOS E FRATRIA

Nesta obra, trata-se, no essencial, do complexo fraterno, mas, para dar todo relevo a este conceito, convém distingui-lo da imago fraterna, do laço fraterno e da fratria.

O complexo (do latim *complexus*), no sentido geral deste termo, designa um conjunto de diversos elementos distintos imbricados ou sobrepostos (*Littré et Dictionnaire historique de la langue française*). O conceito moderno da complexidade comporta as noções de uma combinação dos elementos, de uma organização e de uma transformação das estruturas que formam o complexo.

Do ponto de vista psicanalítico, o **complexo** é classicamente definido como um conjunto organizado de representações e de investimentos inconscientes, constituído a partir dos fantasmas e das relações intersubjetivas nas quais a pessoa toma seu lugar de sujeito desejante em relação a outros sujeitos desejantes. Portanto, o complexo está sujeito à complexidade.

A conflitualidade é uma das características do complexo. Vou defini-la como a propriedade do aparelho psíquico de organizar-se e reorganizar-se a partir de seus próprios conflitos. Aqui o conflito é entendido como o resultado de exigências psíquicas opostas, antagonistas ou inconciliáveis. O conflito **intrapsíquico** se estabelece entre forças pulsionais, entre desejos e defesas, entre representações; sua resolução se efetua segundo formações de compromissos, a modo do sonho, do lapso ou do sintoma na neurose, a modo da ambivalência e a modo da clivagem na psicose. O conflito interpsíquico refere-se às exigências psíquicas opostas, antagonistas ou inconciliáveis entre os sujeitos de um laço ou de um grupo, e sua resolução se traduz por formações de compromissos (sintomas partilhados), por alianças inconscientes fundadas na repressão ou na negação ou por cisões e rupturas.

No complexo de Édipo, a conflitualidade se organiza com base nos movimentos antagonistas de amor e de ódio pelos pais, segundo modalidades distintas para o menino e para a menina.

Avanço esta proposição de que o complexo fraterno designa uma organização fundamental dos desejos amorosos, narcísicos e objetais, do ódio e da agressividade diante deste "outro", no qual um sujeito se reconhece como irmão ou como irmã. No complexo fraterno pré-edipiano, a conflitualidade se organiza segundo os polos antagonistas dos triângulos rivalitário e pré-edipiano, nos quais prevalecem as figuras do intruso e do concorrente de mesma geração. Na forma arcaica do complexo fraterno, a conflitualidade toma a forma radical do antagonismo entre a vida e a morte, entre a autoconservação e a afirmação narcísico-fálica, de um lado, e a destruição dos objetos parciais, de outro lado.

A imago fraterna, como todas as imagos, é uma representação inconsciente que organiza as imagens e os pensamentos de um sujeito. Segundo a definição que lhe dava Jung, inventor do conceito, ela é um protótipo inconsciente de personagens, que orienta eletivamente o modo pelo qual o sujeito apreende o outro.⁴ A imago tem uma dupla origem: nas primeiras relações intersubjetivas da criança com o entorno familiar e na vida fantasmática mobilizada por essas relações.

A definição à qual vou aderir é mais precisa: a imago é um elemento da estrutura do complexo. As imagos materna, paterna e fraterna são esquemas imaginários adquiridos, relativamente estáveis, através dos quais o sujeito representa objetos (a imago do seio materno) ou personagens internalizados (a imago do irmão ou da irmã) e através dos quais ele estabelece laços com os outros. Algumas imagos são organizadas segundo as estruturas arcaicas da psique, outras segundo estruturas mais diferenciadas. Existem, portanto, imagos fraternas arcaicas e imagos fraternas diferenciadas.

O laço fraterno inscreve-se num outro nível da análise: ele coloca em jogo as relações entre os diferentes complexos dos irmãos e irmãs quando estão em relação. Em minhas pesquisas, preocupei-me sobretudo em compreender como o complexo fraterno é um dos organizadores psíquicos inconscientes do laço fraterno, no sentido estrito como no sentido amplo do termo. Como todo laço, este integra também as relações entre os fantasmas, as imagos, as relações com objetos, as identificações, os mecanismos de defesa dos sujeitos que atam entre si um laço. Como todo laço, o laço fraterno implica fundamentalmente as diversas modalidades de alianças, conscientes e inconscientes, que fazem manter conjuntamente o espaço da realidade psíquica do laço.

A estrutura psicossocial que contém esses laços é a fratria, ou seja, *stricto sensu*, o conjunto de todos os filhos de um casal. Esta definição aceita hoje uma extensão, visto que ela inclui meio-irmãos ou meio-irmãs, que não têm entre eles nenhum laço de

---

4 Citado por Laplanche e Pontalis, 1967, p. 196.

sangue ou têm somente um laço de consanguinidade com um dos membros do casal. Diversos autores aplicam hoje esta definição aos membros de um grupo de mesma geração, consanguíneo ou não: é evidentemente levar em conta a evolução da estrutura familiar, mas é também permanecer na estrutura familiar, exatamente quando esta é chamada recomposta. Portanto, uma fratria se qualifica mais pelos laços emocionais e afetivos, morais e sociais que unem os irmãos e irmãs. Esses laços se exprimem na noção de fraternidade que designa primeiramente um laço de parentesco, o dos membros da fratria, e por extensão o laço daquelas e daqueles que se consideram como tendo este laço de pertença – afetivo, moral, social, cívico ou religioso – aparentado com o laço de fratria. Assim os "irmãos de armas", os "irmãos ou irmãs" de uma comunidade religiosa ou política, mas também os "irmãos ou irmãs de divã", o que, neste último caso, deveria convidar a pensar o complexo fraterno nas instituições da psicanálise.

Complexo fraterno e laço fraterno formam assim dois níveis da análise da categoria do fraterno, e esses dois níveis devem ser articulados. Cada uma dessas formações possui uma existência e uma consistência específicas.

A obra é organizada em duas partes. A primeira está centrada no complexo fraterno. O primeiro capítulo abre-se com uma apresentação do conceito e da problemática do complexo fraterno no pensamento psicanalítico, particularmente em suas relações com o complexo de Édipo. Segue-se uma exposição do que nos ensina a clínica do complexo fraterno na cura, especialmente as figuras do duplo narcísico e da bissexualidade em suas relações com a rivalidade, a inveja, a ambição e o ódio (cap. 2, 3 e 4). Sobre essas bases, é feita uma distinção entre os componentes arcaicos e as dimensões edipianas do complexo fraterno (cap. 5). A questão do amor fraterno, em sua tríplice dimensão – narcísica, incestual e objetal –, fará o objeto do capítulo 6.

A segunda parte comporta vários ensaios sobre a consistência psíquica do laço fraterno e do grupo fraterno. O capítulo 7 está centrado na exposição de suas relações com o complexo fraterno, considerado aqui como um organizador inconsciente dessa realidade comum e partilhada pelos irmãos e irmãs. A validade dessas hipóteses é colocada à prova a partir de outras situações clínicas como as de cura individual: assim podem ser assinalados os efeitos desse complexo em algumas configurações do laço fraterno.

O capítulo que trata da morte de um irmão ou de uma irmã nos levou a colocar em correlação o trabalho do luto nos pais e na fratria (cap. 8). A morte de um dos pais é uma prova decisiva para a fratria. Ela faz reviver e trabalhar todos os conflitos não resolvidos da infância de cada um, mas também as tensões latentes no grupo dos irmãos e irmãs e as relações dos pais com este grupo (cap. 9).

O complexo fraterno é um organizador importante da vida dos grupos e das instituições. O capítulo 10 estará centrado na transferência dos componentes arcaicos e edipianos do complexo fraterno no trabalho psicanalítico em situação de grupo. Poderemos então examinar, numa breve conclusão, como se enlaçam ou como não se enlaçam o complexo fraterno e o complexo de Édipo.

Eu havia previsto um capítulo que daria uma visão geral dos organizadores culturais, mitos e contos, romances, comédias ou tragédias, obras cinematográficas e quadros que formam o pano de fundo das representações, através das quais se simboliza o imaginário coletivo da fraternidade. Mas tive de renunciar, pois essa matéria se encontrava no projeto de uma outra obra. Optei então por apresentar no curso de alguns capítulos as obras que me pareciam poder trazer um esclarecimento a mais a nossas pesquisas.

*

Vários capítulos que compõem esta obra retomam e desenvolvem estudos anteriormente publicados em revistas. O primeiro, publicado em 1978, em *Le Groupe familial*, tratava das imagos fraternas e do complexo fraterno no processo grupal. Esta questão foi reelaborada em 2000, numa obra publicada sob a direção de

N. Caparrós. A revista *Topique* publicou, em 1992, meu estudo sobre a especificidade do complexo fraterno tal como ele aparece na cura psicanalítica individual. Seguiram-se dois artigos, um sobre o trabalho do luto nos pais e conjuntamente nos irmãos e irmãs, por ocasião da morte de um filho (*Groupal*, 1996); o outro sobre os efeitos na fratria da morte de um dos pais (*Journal de la psychanalyse de l'enfant*, 2000b). Outros trabalhos se centraram nos efeitos do complexo fraterno no grupo dos primeiros psicanalistas (em 1994, um capítulo de uma obra em homenagem a D. Anzieu; em 2003, um artigo publicado em *Quaderni di Psicoterapia infantile*). Expressamos aqui nosso agradecimento aos editores desses primeiros textos.

Primeira Parte
O Complexo Fraterno

Capítulo 1

A especificidade do complexo fraterno

Durante muito tempo, o complexo fraterno foi considerado no pensamento psicanalítico como um conceito negligenciável, secundário ou acessório.[1] Cabe perguntar por que e tentar compreender como se instalou o relativo descarte desta problemática, desde Freud e depois de Freud, a despeito dos desenvolvimentos decisivos que as observações de M. Klein sobre a ambição, a inveja e a avidez lhe trouxeram e dos trabalhos de Lacan sobre o complexo do intruso.

Todas as análises propostas por Freud, Adler, Klein ou Lacan se situam em relação ao complexo de Édipo, cuja estrutura triangular pode ser representada segundo a figura 1.

---

1 Se acontece que este conceito seja incidentalmente referido na clínica, ele não faz parte, pelo menos na França, dos conceitos admitidos pelos dicionários e vocabulários que autentificam o interesse e o uso de um termo psicanalítico. Complexo fraterno não é mencionado em nenhuma das três principais obras de definição dos conceitos da psicanálise: nem no *Vocabulaire de la psychanalyse* de J. Laplanche e J.-B. Pontalis (1967), nem em *L'Apport freudien. Éléments pour une encyclopédie de la psychanalyse* (sob a dir. de P. Kaufmann, 1993), nem no *Dictionnaire international de la psychanalyse* (sob a dir. de A. de Mijolla, 2002). O que é mais curioso ainda, também não encontramos nem traço desse conceito no *Dictionnaire des thérapies familiales* (sob a dir. de J. Miermont, 1987). Ele é mencionado no artigo "Complexe familial" redigido por J.-P. Caillot, em *Vocabulaire de psychanalyse groupale et familiale* (1998).

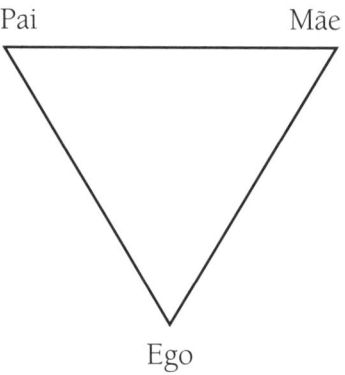

Figura 1. O triângulo edipiano.

O COMPLEXO FRATERNO NO PENSAMENTO PSICANALÍTICO

Freud e a questão do fraterno

Ainda que ele seja hesitante, o pensamento de Freud sobre a questão do fraterno ocupa um lugar importante em sua obra. Ela se desenvolve segundo três eixos principais, com períodos durante os quais predomina sobretudo uma ordem de preocupação, mas sem jamais ceder na orientação principal. Esta orientação dominante é aquela que se dedica primeiro e sem tardar a explicar efeitos das relações entre irmãos e irmãs, sobre sua organização psíquica ulterior. A segunda orientação tem por tema o papel desempenhado pelos laços fraternos na formação dos laços sociais. *Totem e tabu* inaugura esta reflexão fecunda e amplamente especulativa. A terceira diz respeito à noção de complexo fraterno, cuja denominação não parece ser utilizada por ele antes de 1922.

*Os efeitos das relações entre irmãos e irmãs sobre
sua organização psíquica ulterior*

Desde 1895, Freud está atento às consequências psicopatológicas das relações sexuais entre irmãos e irmãs, e assinala seus efeitos nas curas ainda muito tempo depois de ter colocado em questão sua teoria da sedução precoce: a irmã é a sedutora do Homem dos lobos. Ele observa com precisão e nota como a vinda de um rival ao mundo constitui uma ameaça à supremacia do primogênito, suscita nele sentimentos de inveja, de hostilidade e de ódio diante do(a) intruso(a), mas também vivos ressentimentos contra a mãe a propósito dos irmãos e irmãs que ela lhe impôs.

> "Tudo me faz crer – escreve Freud numa carta a Fliess (3 de outubro de 1897), a propósito da morte de seu irmão Julius – que o nascimento de um irmão, um ano mais novo do que eu, havia suscitado em mim maus desejos, uma verdadeira inveja infantil, e que sua morte [que ocorreu alguns meses mais tarde] havia deixado em mim o germe de um remorso."

Mas Freud também admite, com a observação do pequeno Hans (1909), outros efeitos da chegada de um irmãozinho: ela permite à criança construir um certo número de teorias sexuais infantis que respondem a seu desejo de investigação e a sua curiosidade sexual, e a incita "a um trabalho mental" que mantém a pulsão de saber na criança "destronada".

Freud sublinhou a queda narcísica e o impacto traumático que a vinda ao mundo de um irmãozinho ou de uma irmãzinha pode trazer. A criança não é mais o centro do mundo, ela é invadida pela inveja e pelo ódio a este intruso que a expulsa da posição que ela acha que tem no amor dos pais.

O nascimento de um outro filho pode ser considerado como um verdadeiro traumatismo para o narcisismo primário, quando o primogênito é obrigado a renunciar a seus fantasmas de onipotência infantil. Mas seria errôneo concentrar a inveja e a rivalidade fraterna no primogênito. Elas podem ser observadas em qualquer criança:

> "A criança não ama necessariamente seus irmãos e irmãs, e geralmente não os ama absolutamente. É incontestável que ela vê neles concorrentes, e sabe-se que esta atitude se mantém sem interrupção durante longos anos, até a puberdade e mesmo além dela".[2]

Ele precisa mais adiante:

> "Dificilmente encontraríamos uma *nursery* sem conflitos violentos entre seus habitantes. As razões desses conflitos são: o desejo de cada um de monopolizar em seu proveito o amor dos pais, a posse dos objetos e do espaço disponível".

e conclui com uma citação ácida:

> "Foi, creio, Bernard Shaw que o disse: se há um ser que uma jovem inglesa odeia mais do que sua mãe, é certamente sua irmã mais velha" (**ibid.**, p. 211).

Analisando o fantasma "Uma criança é espancada", Freud escreve em 1919:

> "Assim mais de uma criança que se considera sentada no trono, reinando em segurança, no amor inabalável de seus pais, de repente decaiu de todos os céus de sua onipotência presunçosa".[3]

Ódio e inveja se aliam aos desejos inconscientes de castigos sádicos ou de homicídio fraterno.

---

2 Freud, 1915-1917, G.-W. XI, 208-209; trad. fr. O.C.F., XIV, 210.
3 1919b, G.W. XII, 206; tr. fr. O.C.F., XV, 128.

A noção de complexo familiar

A ideia de uma extensão do complexo de Édipo ao complexo familiar é uma ideia à qual devemos prestar atenção. A ocorrência mais consistente da noção de complexo familiar aparece nas *Lições de introdução à psicanálise*.[4] Afirmando a natureza espontânea do complexo de Édipo na criança, Freud observa:

> "Os próprios pais exercem muitas vezes uma influência decisiva no despertar da posição edipiana da criança, pois eles mesmos seguem a atração sexuada; e onde há muitos filhos, o pai dá a preferência mais nítida de sua ternura à filha e a mãe ao filho".

Ele conclui:

> "O complexo de Édipo se estende ao complexo familiar quando chegam outros filhos".

Mas precisa:

> "[...] por conseguinte, encontrando um novo apoio para o dano sofrido por seu egoísmo, torna-se o motivo pelo qual esses irmãos e irmãs são acolhidos com aversão e eliminados sem hesitação pelo desejo".[5]

Ainda que Freud não dê um conteúdo explícito ao complexo familiar, podemos pensar que ele é composto do complexo de Édipo espontâneo da criança, dos efeitos dos pais sobre sua

---

4 A noção de complexo familiar aparece pela primeira vez em *Psicopatologia da vida cotidiana*, a propósito de um esquecimento de nome que diz respeito a uma irmã de Freud. Uma outra ocorrência em *Contribuição à história do movimento psicanalítico* a associa ao complexo de Édipo por simples aposição e sem informação específica.
5 G. W. XI, 346; O.C.F., XIV, 345.

atração sexual em relação a seus filhos, e do complexo fraterno, tal como ele se forma "espontaneamente" nos irmãos e irmãs, mas também sob o efeito do complexo fraterno dos pais.

Em todas essas passagens em que se trata do complexo familiar, pressente-se a conexão que Freud estabelece entre o complexo nuclear e o complexo fraterno, mas o pensamento de Freud tergiversa, ele hesita em nomear claramente um complexo que o obrigaria a situá-lo em relação ao complexo edipiano. No fundo, seu pensamento continua sendo o de uma subordinação do "complexo fraterno", incluído no "complexo familiar", cuja estrutura de base é a do complexo de Édipo.

Anna Freud retoma a substância da posição de seu pai:

> "A relação da criança com seus irmãos e irmãs está subordinada à relação com seus pais e depende dela. Os membros da fratria são normalmente as peças acessórias dos pais; as relações entre eles são governadas por atitudes de rivalidade, de ambição, de inveja e de competição pelo amor dos pais" (Freud e Dann, 1951, p. 157-158).

Laços fraternos e formação dos laços sociais

A partir de *Totem e tabu* (1912-1913), o interesse de Freud pela questão da proibição do incesto entre irmãos e irmãs estabelece um segundo eixo de pesquisa: ele articula a organização dos laços fraternos e das relações do grupo dos irmãos com a organização das relações sociais. O tema da horda dos irmãos, da aliança dos irmãos, do clã dos irmãos ligará de uma maneira eficaz a problemática edipiana, a superação da inveja e da ambição na identificação ao semelhante e a formação da comunidade de direito (1922, 1923, 1929, 1939).

A saída da rivalidade pela inversão do ódio em aliança dos irmãos contra o pai qualifica a força do ser-juntos que será buscada em todo o grupo, conforme o modelo da fraternidade. É sem dúvida o ponto de vista que mostra melhor que o complexo fraterno, no pensamento de Freud, não é, seja lá o que for que ele dirá mais tarde, um simples deslocamento do complexo de Édipo. É também uma saída, mas notaremos que, desde *Totem e tabu*, surge a questão de uma articulação entre o complexo fraterno e o complexo de Édipo.

Emergência da noção de complexo fraterno

O terceiro eixo fornece materiais para a construção do conceito de complexo fraterno.[6] Na *Interpretação dos sonhos* (1900), Freud explora o espaço interno do irmão e da irmã quando são confrontados com a experiência e com a representação da morte do irmão ou da irmã, com o lugar que eles ocupam em seus sonhos e em suas fantasias, com a ambivalência dos sentimentos a seu respeito. Ele abre assim o caminho para outros questionamentos: sobre o lugar e a função da irmã ou do irmão na escolha do objeto de amor (1912), sobre os irmãos e irmãs como objetos do fantasma de fustigação (1919), sobre as figurações inconscientes dos irmãos e irmãs por pequenos animais.[7]

No entanto, este terceiro eixo não se pensa imediatamente com o conceito de complexo fraterno. Basta ler, para convencer-se, o comentário do romance de Jensen, *Gradiva*, escrito por Freud em 1906. *Gradiva* é a meu ver o texto em que Freud lançou as

---

6 O termo "complexo fraterno" é discutível em francês, como em outras línguas romanas. Ele inclui, por convenção, o irmão e a irmã. Escrever "fraternal e sororal" fica pesado. A língua alemã dispõe de um termo que designa os irmãos-e-irmãs, *die Geschwister*. Nesta obra, vai acontecer que eu escreva complexo (ou laço) fraterno, segundo o uso dominante, mas também complexo (ou laço) adélfico, termo cujo uso é mais raro, mas seu sentido inclui o conjunto dos irmãos-e-irmãs.
7 1916, G.-W. XI, 161; 1912b, G.-W. XIII, 186; 1923, G.-W. XIII, 153.

bases do que será chamado muito mais tarde complexo fraterno. O que ele evoca, repetidas vezes, é um componente essencial do complexo fraterno: a imago da irmã e o fantasma incestuoso em Hanold. Mas Freud fala dele de maneira alusiva. O termo "complexo fraterno" (*der Geschwisterkomplex*) não aparece senão uma única vez sob a pena de Freud, em 1922, na passagem em que ele analisa a inveja "normal" que, sublinha ele, não é, no entanto, racional. Esta inveja "se arraiga profundamente no inconsciente, ela perpetua as primeiríssimas moções da afetividade infantil e remonta ao complexo de Édipo ou ao complexo fraterno do primeiro período sexual" (1922[8]). Mas Freud não propõe um desenvolvimento significativo quanto à organização, à função e aos conteúdos desse complexo. Note-se que é mais uma vez a propósito da preponderância do ódio, da inveja e da rivalidade para a posse do amor dos pais, e para a posse dos objetos e do espaço disponíveis, que Freud recorre à noção de complexo fraterno.

Alfred Adler, o destronamento do primogênito e o complexo de inferioridade do caçula

Para Adler, as relações fraternas são caracterizadas por uma rivalidade em face do objeto; elas se estabelecem sobre a base da representação de que o irmão é fundamentalmente aquele que priva do alimento e do amor da mãe. De conformidade com suas ideias sobre o sentimento e o complexo de inferioridade – e a busca de compensações, como fonte da neurose –, A. Adler (1930) centrou sua análise das relações fraternas na categoria dos irmãos e irmãs na família para assinalar a influência desta na construção da personalidade.[9] Neste ponto, ele está em opo-

---

8 G.-W. XIII, 196, tr. fr., p. 272.
9 Sobre a contribuição de A. Adler à análise do complexo fraterno, cf. os trabalhos de J. P. Almodovar (1988) e de R. Viguier (2000). Muitos trabalhos, parti-

sição a Freud sobre o papel da sexualidade na estruturação do psiquismo.

Adler dá um lugar particular ao "destronamento" do primogênito pelo caçula, o que supõe que, antes do nascimento de um irmão (ou de uma irmã), o primogênito focaliza toda a atenção dos pais, e que, depois disto, ele deverá partilhá-la com o bebê que, durante um certo tempo, "monopoliza" esta atenção pelos cuidados constantes que ele requer. Segundo Adler, o primogênito tentará reconquistar de todas as maneiras sua preeminência em relação aos pais ou em relação a seus irmãos. Nesta luta, "o primogênito destronado" guardará traços caracteriais permanentes: independência, competitividade, mas também conservadorismo. O segundo, ao contrário, "caçula deserdado", trará, face ao primeiro, a marca de sua inferioridade, que ele tentará compensar sob forma de "vontade de poder". É, de fato, uma tipologia caracterial, indexada por esta teoria sobre esta única variável.

Melanie Klein, o irmão ou a irmã como objetos parciais e a ambição

Mais adiante, terei ocasião de expor as concepções kleinianas sobre a ambição como um dos modos mais importantes da relação fraterna (cap. 4) e sobre o irmão ou a irmã como objetos parciais na forma arcaica do complexo adélfico (cap. 5). Também gostaria de lembrar que M. Klein foi, sem dúvida, a primeira a descrever e compreender o que foram para Erna, filha única, seus irmãos e irmãs imaginários.

J. Lacan e J. Laplanche contribuíram para recuperar a especificidade do complexo fraterno em relação ao complexo de Édi-

---

cularmente na literatura anglo-saxã, descreveram as variáveis do gênero e do número na fratria e sua incidência sobre a personalidade.

po. Eles lhe atribuem uma consistência e uma dinâmica próprias, inscrevendo-o numa estrutura triangular, distinta da estrutura do complexo de Édipo.

Jacques Lacan, o complexo do intruso e o triângulo pré-edipiano

Em seu artigo de 1938 sobre "O complexo, fator concreto da psicologia familiar", Lacan define o complexo fraterno pela "experiência que o sujeito primitivo faz [...] quando ele se distingue dos irmãos". Lacan precisa que as condições desta experiência variam segundo as culturas e a extensão que elas dão ao grupo doméstico, variável também segundo as contingências individuais (lugar na ordem dos nascimentos) e a posição dinástica ocupada antes de todo conflito. Neste texto, Lacan retoma o essencial da posição de Freud, e percebe-se aí, além disso, a inflexão trazida pelas pesquisas feitas por H. Wallon, no começo dos anos 1930, sobre o desenvolvimento da sociabilidade e do processo de individuação na criança. Para Wallon, a construção da personalidade é concebida como uma diferenciação progressiva da personalidade do "ego" e do "outro". A inveja desempenha aí um papel determinante e, em primeiro lugar, a experiência da imagem especular do outro e de si-mesmo.[10] Essas duas experiências tiram da confusão ego-outro, depois da diferenciação entre ego e outro, seu dinamismo para a construção da personalidade. Lacan metabolizou esses aportes da psicologia wallo-

---

10 H. Wallon reuniu, em 1949, seus artigos de 1930-1931. Sobre o caráter estruturante da experiência da criança diante da imagem especular do outro e diante de sua própria imagem especular, cf. Wallon (1949, segunda parte, cap. 4). As pesquisas sobre o desenvolvimento, resultantes dos trabalhos de Wallon, colocaram em evidência que os sentimentos de inveja variam, por um lado, segundo a diferença de idade entre as crianças, e especialmente segundo o desenvolvimento simétrico dos níveis cognitivos do desenvolvimento.

niana e "naturalizou-os" no campo psicanalítico quando sublinhou a função estruturante da experiência do espelho. O estudo de 1938 deve ser situado no movimento de trabalho que levou Lacan alguns anos antes (1932, em sua tese de medicina sobre as relações da psicose paranoica com a personalidade) a interrogar-se sobre o lugar da irmã de Aimée no destino de sua célebre paciente.

Para Lacan, o complexo fraterno é pensado como complexo do intruso, forma arcaica da relação com o outro, cujo destino evolutivo é tornar-se um rival e ser em seguida reconhecido como um igual ao si-mesmo.[11] O complexo do intruso (o irmão ou a irmã recentemente nascidos) exerce um papel estruturante na formação do ego. A identificação narcísica do ego à imagem especular do Irmão, na qual ele se aliena, é o processo importante do complexo do intruso. Lacan toma aqui uma posição diferente da de Freud: para Lacan, a agressividade nasce da identificação narcísica alienante, de que o "ego é um outro". A identificação a este "outro" o designa como agente e objeto da agressividade.

Um segundo efeito notável da identificação narcísica é constituir o Irmão como imago ou duplo, com sua dupla valência de ideal e de perseguidor. O complexo do intruso, pelo "drama da inveja", arquétipo dos sentimentos sociais, introduz igualmente o sujeito à alteridade, uma vez que esta requer uma "certa identificação com o estado de irmão". O ego se constitui e se diferencia no mesmo tempo e no mesmo movimento que o outro, a partir de uma identificação ambivalente com seu semelhante, feita de inveja, de concorrência e de simpatia. É o que Lacan resume nesta

---

11 Em seu artigo sobre os complexos familiares (1938), Lacan distingue três tipos de complexos: o complexo do desmame, o do intruso e o complexo de Édipo. Essas três etapas do desenvolvimento permitem ao sujeito humano construir diversos tipos de organizações defensivas em relação à situação de prematuridade e à perda do objeto materno. Cada "complexo" desempenha então um papel de organizador ou, como diz Lacan, de *organiseur*.

fórmula: "A inveja, em seu fundo, representa não uma rivalidade vital, mas uma identificação mental".

J. Lacan introduziu, em 1956, a noção de triângulo pré-edipiano, a propósito de sua interpretação da análise do pequeno Hans e da posição de Leonardo em relação a sua mãe. O conceito de pré-edipiano é ambíguo, porque pode servir para designar um período anterior e oponível à chegada do complexo propriamente dito, em sua implicação genital. Este período se caracteriza pela relação dita "dual" entre a mãe e o filho, pelas identificações precoces e as relações "simbióticas" ou "fusionais" que a subtendem. Outra coisa é conceber o pré-edipiano como uma **prefiguração** do complexo de Édipo: ele se inscreve então numa estrutura triangular.[12] Para Lacan, o triângulo pré-edipiano designa a relação-mãe-filho-falo, este representando para o filho no plano imaginário o objeto fantasmático do desejo da mãe. O filho se situa em relação a este objeto, com o qual ele se identifica. Na estrutura pré-edipiana, é a mãe que é portadora da primeira memória da castração (oral, anal) no filho, na medida em que seu investimento sexual, deste enquanto falo (isto é, enquanto objeto parcial destacável), o expõe à experiência fundamental de ser excitado/seduzido na coexcitação materna e de ser privado do gozo pela recusa (*die Versagung*) que a mãe lhe opõe. É sobre esta base que se constituem as dimensões da histeria primária e a imago da mãe dos tempos originários (*das Urzeitsmutterbild*) ou mãe originária. Veremos mais adiante, seguindo um outro rumo de pensamento, o de

---

12 Sabe-se que M. Klein defendeu a perspectiva segundo a qual nenhuma fase é pré-edipiana, no sentido de que o efeito da estrutura edipiana se manifesta desde os estágios pré-genitais da sexualidade. Nós admitiríamos hoje que os efeitos da estrutura edipiana são eficazes desde a constituição dos autoerotismos e que eles determinam o destino da sedução primária na criança, na medida em que a mãe, primeira sedutora, como Freud o afirmou mais de uma vez, ela mesma fica presa na aposta edipiana.

P.-C. Racamier, que é sobre o fracasso deste luto originário que se tecem os fantasmas incestuais entre irmãos e irmãs.

Para Lacan, nesta organização pré-edipiana, o pai está presente no campo psíquico pela referência metafórica que nele introduz a mãe, mas ele não é percebido nem constituído pelo filho como o rival portador do pênis e como o interditor. No triângulo pré-edipiano, o rival é o objeto parcial concorrente da criança, ele é uma outra "pequena coisa", como um irmãozinho ou irmãzinha ou um objeto completamente diferente que tem valor de transposição nas equações das pulsões parciais. O pai (parcial) pode, portanto, ser o rival, e o filho o identifica como podendo pertencer à mesma categoria que o irmão. O irmão ou a irmã podem tomar seu lugar, sem que tenhamos de defrontar-nos com um verdadeiro deslocamento do complexo de Édipo.

Poderíamos representar assim o triângulo pré-edipiano: os três polos oponíveis e conflituais do complexo são Ego, o falo (φ) e um dos objetos parciais Irmão, Pai, Irmã, Mãe (I/P/I/M) ou o conjunto desses objetos (fig. 2).

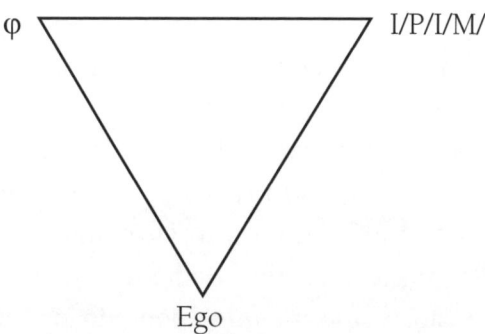

Figura 2. O triângulo pré-edipiano.

Jean Laplanche e o triângulo rivalitário

J. Laplanche (1970) contribuiu para distinguir a especificidade do complexo fraterno em relação ao triângulo edipiano. Em seu comentário do fantasma "Uma criança é espancada", ele mostra que Freud aborda nele a dimensão edipiana sob um viés particular: "Na estrutura (desse fantasma), o triângulo em questão não é o triângulo edipiano: ego – pai – mãe, mas o triângulo rivalitário designado, em outras ocorrências, como "complexo fraterno": ego- -pais–irmão ou irmã". Este **triângulo rivalitário** não deve ser considerado como cronologicamente anterior ao triângulo edipiano. Aqui, mais uma vez, a estrutura faz a diferença. Poderíamos representar o triângulo rivalitário como a figura 3.

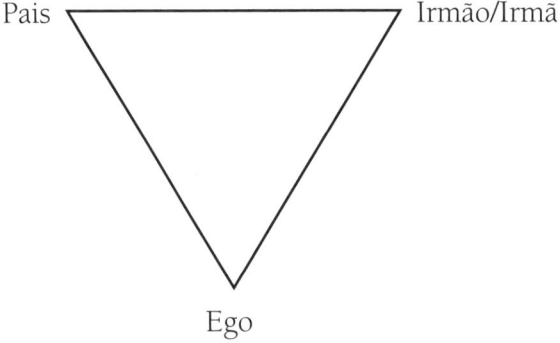

Figura 3. O triângulo rivalitário.

As proposições de Lacan e de Laplanche trouxeram ferramentas conceituais importantes para definir a especificidade do complexo fraterno. Um e outro afirmaram que os objetos, as imagos e as questões da rivalidade, das identificações e dos interditos não são os mesmos no triângulo pré-edipiano e no triângulo edipiano.

Apesar de todas essas incitações, o trabalho de teorização sobre o complexo fraterno permaneceu bem fraco na psicanálise, o debate que validaria sua consistência não foi feito de uma maneira suficientemente ampla e precisa, de tal sorte que seu interesse clínico e teórico possa ser estabelecido ou, ao contrário, rejeitado. Temos de compreender que tipos de dificuldades e de obstáculos puderam conjugar-se para sobredeterminar as reservas, a desconfiança e o que é preciso chamar de resistência a pensar o complexo fraterno no campo da psicanálise.

OBSTÁCULOS E RESISTÊNCIAS
PARA PENSAR O COMPLEXO FRATERNO

Deixarei de lado, provisoriamente, o argumento segundo o qual o relativo desinteresse de Freud pelo complexo fraterno e seu interesse constante pelas relações fraternas poderiam estar ligados às dificuldades encontradas em sua linhagem genealógica e na complexidade de sua própria fratria. Alguns de seus irmãos e irmãs tinham a idade de sua mãe, ele viveu o nascimento e a morte de rivais: Julius, certamente, mas também o lugar ocupado por suas irmãs (por Anna de modo particular). Ele pôde observar de novo com precisão em seus próprios filhos como se constituem as rivalidades e os acordos entre irmãos e irmãs. Pode-se pensar legitimamente, e ele mesmo faz mais de uma vez alusão a sua experiência de irmão e de pai, que sua obra teórica traz o traço das vicissitudes de seu próprio complexo fraterno, provavelmente pouco analisado, mas sujeito às transferências sobre seus próximos, sobre Fliess e sobre vários de seus discípulos; tentei assinalar-lhe os efeitos no grupo dos primeiros psicanalistas. Acrescento que os componentes arcaicos desse complexo, tão violentos no amor e no ódio, provavelmente não puderam ser contidos e pensados, exatamente em razão da prevalência concedida por ele ao complexo de Édipo.

Certamente, este argumento não é negligenciável. Mas o problema que nos ocupa não depende essencialmente da posição pessoal de Freud, a menos que se identifique com sua pessoa o campo de pesquisa que ele abriu, o que é ao mesmo tempo verdadeiro, inevitável e uma contestável limitação da liberdade de pensar sua teoria. Vimos que a posição de Freud sobre a questão do fraterno pode ser abordada de diversos pontos de vista. Coexistem várias correntes de pensamento diferentes, que ele jamais sistematizou e que não se caracterizam por uma verdadeira evolução.

Parece-me que quatro tipos de obstáculos (cinco se levarmos em conta o que acabo de evocar) puderam conjugar-se para sobredeterminar o efeito de resistência a esta pesquisa.

O obstáculo axiomático
Complexo de Édipo *versus* complexo fraterno

Freud insistiu na função estruturante que o complexo de Édipo (o complexo nuclear, *der Kernkomplex*) exerce na psique humana. Além disso, ele vai considerar este complexo como transcendendo a história e a vivência individuais: o interdito do incesto liga a lei à emergência do desejo, distribuindo as relações de diferença entre os sexos e as gerações, e com isso assegura conjunta e correlativamente a transmissão dos quadros simbólicos da vida psíquica e a instância da cultura. Esta proposição fundamental é uma constante da psicanálise: é o tema profundo de *Totem e tabu*. Todos os outros complexos (o complexo de castração e os complexos intersubjetivos: paterno, materno, familiar, fraterno) derivam dessas dimensões capitais da estrutura edipiana.

A questão que nos ocupa é saber se o valor nuclear reconhecido ao complexo de Édipo e o acento colocado por Freud, por necessidade de fundação, sobre a questão do Pai (como Ancestral fundador e garante da lei), não ocultaram a dimensão própria do complexo fraterno e seu alcance na elaboração clínico-teórica da psicanálise. Já lembrei que o próprio termo "complexo fraterno" não aparece, a não ser numa única ocorrência, no *corpus* freudiano.

Ainda recentemente, falar de complexo fraterno despertava a suspeita. Admitir que ele possui traços e um valor específicos era correr o risco de um desvio, se este reconhecimento colocasse em questão o caráter estruturante legitimamente reconhecido ao complexo de Édipo:

"Seria ilusório pretender explicar o complexo fraterno de um ponto de vista psicanalítico sem fixar-nos no complexo de Édipo, como eixo de referência permanente, ao longo de nossas considerações" (A. de Mijolla, 1981, p. 53).

Com certeza, trata-se de pensar um em relação ao outro, mas é preciso reconhecer que as diversas maneiras pelas quais este se ordena àquele não foram estabelecidas a não ser sobre a base da posição mais constantemente defendida por Freud: a do deslocamento do complexo de Édipo sobre as relações fraternas/ sororais. Nessas condições, se o complexo fraterno é redutível à organização edipiana, não há lugar para falar de um "complexo fraterno". E, de fato, os autores que advogam em favor de uma maior complexidade da questão, e que recusam o puro e simples deslocamento do complexo de Édipo para as relações fraternas/ sororais, falam precisamente de relações fraternas ou de laço fraterno, e não de complexo fraterno.[13]

Uma posição diferente desta, mais dinâmica, fez do complexo fraterno uma organização defensiva, de evitação do complexo de Édipo. Mas haveria lugar para sustentar a recíproca: que o complexo de Édipo é utilizável como evitação do complexo fraterno. Uma outra perspectiva, mais aberta, reconhece

---

13 Por exemplo, M. Soulé (1990, p. 68): "Para compreender a dinâmica na psicopatologia de uma criança, devemos referir-nos ao esquema edipiano. Quando há conflitos entre um irmão e o irmão seguinte, ou entre um irmão e uma irmã, o modo, resumindo-o muito, que é utilizado pode identificar-se à lateralização do conflito edipiano, isto é, que o conflito, por exemplo, com o irmão é uma maneira de deslocar o conflito com o pai. De fato, utilizou-se este modo explicativo durante muito tempo. Mas também existe uma dinâmica que funciona na fratria, em seu nível horizontal; relações, conflitos, experiências que seriam muito mais sexuais. Com efeito, irmãos e irmãs podem ter tido experiências mais ou menos impulsivas: incesto completo, atitudes de aproximação, uma espécie de repulsão... Há, portanto, sistemas horizontais que funcionam".

no complexo fraterno um valor de predisposição no de pré--elaboração do complexo de Édipo. De fato, não é raro que os caçulas encontrem na adolescência junto de um irmão mais velho ou de uma irmã mais velha um substituto edipiano na fratria. Mas o fato não é universal.

As relações entre esses dois complexos e a especificidade do complexo fraterno ainda se pensam diferentemente se este é concebido como superação da ambivalência diante das figuras parentais, num "além" do complexo de Édipo. Todas essas configurações sublinham o interesse de desenvolver uma análise da especificidade do complexo fraterno em suas relações dialéticas com o complexo de Édipo.

Também B. Brusset sublinhou que haveria risco em supor traços específicos na relação fraterna se a pesquisa colocasse em questão o caráter fundador do complexo de Édipo e a universalidade dos fantasmas originários:

> "Do ponto de vista da axiomática psicanalítica, sejam quais forem as modalidades sociais que a especificam, a situação triangular é constituída pelas relações do filho com seu objeto natural e o portador da lei, ambos representados por figuras parentais de sexo diferente" (1897, p. 6).

E precisa:

> "A experiência psicanalítica verifica regularmente a validade da interpretação que reconduz a problemática fraterna ao complexo de Édipo por meio de um simples deslocamento do pai ao irmão, da mãe à irmã; mas ela mostra, não menos regularmente, que a estrutura edipiana é tributária das conjunturas originais da experiência infantil em aspectos subjetivos e intersubjetivos muito diversos" (*ibid.*, p. 7).

Esta posição abre um campo bem vasto à pesquisa, sem contudo levantar a confusão entre relação fraterna e complexo fraterno. Ela se abriria ainda mais se aceitássemos pensar, como a clínica nos ensina, que o deslocamento do complexo fraterno **dos pais** para seus filhos, por exemplo, a idealização da fratria dos pais, projetada sobre a dos filhos, não é uma exceção, mas uma configuração bem frequente.

A figura 4 poderia resumir a posição clássica.

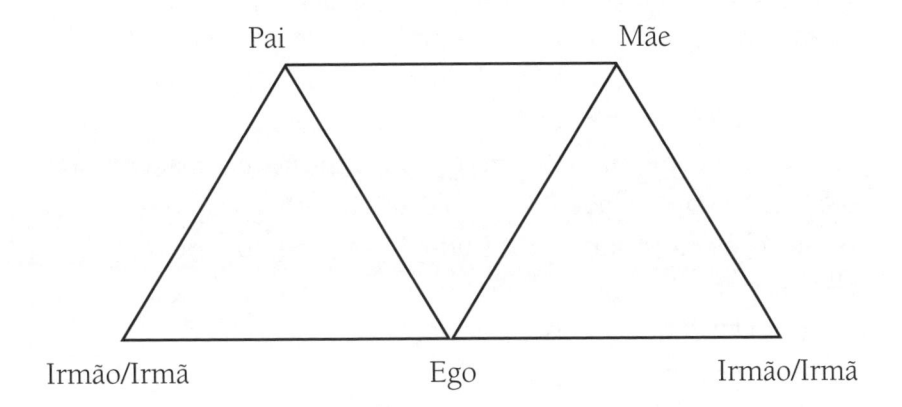

```
        Pai                        Mãe
         △                          △
        △ △                        △ △
       △   △                      △   △
      △     △                    △     △
     △       △                  △       △
Irmão/Irmã           Ego              Irmão/Irmã
```

Figura 4. A clássica colocação lado a lado do complexo fraterno e do complexo de Édipo.

O esquema clássico lateraliza o complexo fraterno em relação aos conflitos do complexo de Édipo. Podemos compreender, se quisermos, que esta incidência do complexo fraterno no complexo de Édipo merece ser tomada em consideração *a mínima*, sem que por isso seja necessário tomar o primeiro por uma estrutura particular. É uma posição, e é precisamente aquela que eu gostaria de pôr em debate.

Legitimidade do conceito de complexo fraterno

Para tentar reduzir o obstáculo axiomático, é necessário desembaraçar os traços constitutivos do que a tradição psicanalítica chama complexo, qualificar as condições que autorizam a pensar o conceito de complexo fraterno, distingui-lo da noção de laço fraterno e das relações características da fratria.

Da tradição psicanalítica retive a ideia de que o complexo é um conjunto organizado de representações e de investimentos inconscientes, que ele é constituído a partir dos fantasmas e das relações intersubjetivas, nas quais a pessoa toma seu lugar de sujeito desejante em relação a outros sujeitos desejantes.[14] Esta concepção estrutural do complexo o inscreve numa organização intrapsíquica triangular, na qual cada elemento se define pela relação privilegiada que ele mantém com cada um dos outros elementos e pela relação da qual ele é excluído. Este último ponto sublinha que é necessário levar em consideração o negativo, ou a não relação como uma dimensão do complexo, e a maneira pela qual ela é representada no complexo. Quanto a sua consistência psíquica, o complexo é constituído de diversos tipos de materiais: ele é sustentado por fantasmas de desejo, investimentos pulsionais, modelos de objetos e de relação de objeto, identificações e imagos, mecanismos de defesa etc.

Esta definição me parece concordar tanto com o conceito do complexo de Édipo como com o complexo fraterno. O conceito do complexo de Édipo responde a esta definição quando é entendido como uma organização intrapsíquica triangular, estruturada pelo amor pelo pai do sexo oposto e o desejo de morte em relação ao pai do mesmo sexo. Esta estrutura se desdobra segundo modalidades diferentes para o menino e para a menina e segundo formas diversas, clássicas ou inversas. O complexo se constrói e se transforma, depois "declina", sem todavia jamais desaparecer.

O complexo fraterno também designa uma organização intrapsíquica triangular dos desejos amorosos, narcísicos e objetais,

---

14 Cf. J. Laplanche e J.-B. Pontalis: "Um conjunto organizado de representações e de lembranças de grande valor afetivo, parcial ou totalmente inconscientes. Um complexo se situa a partir das relações interpessoais da história infantil; ele pode estruturar todos os níveis psicológicos: emoções, atitudes, condutas adaptativas" (1967, p. 72).

do ódio e da agressividade em relação a este "outro" no qual um sujeito se reconhece como irmão ou como irmã. Como o complexo edipiano, o complexo fraterno inscreve na psique a estrutura das relações intrapsíquicas organizadas pela representação inconsciente das posições correlativas ocupadas pelo sujeito, pelo "irmão" ou pela "irmã" e o terceiro termo que os liga, opondo-os na conflitualidade própria a este complexo.

Uma tal representação inconsciente se manifesta no fantasma de uma ação psíquica interna, cujos autores são o "irmão" e a "irmã". Este fantasma se declina em diversas versões: entre elas, o fantasma incestuoso é um componente insistente do complexo fraterno, porque o duplo bissexual interno é o objeto de um desejo universal. Todos os seres humanos são trabalhados pelo fantasma do incesto fraterno, assim como eles o são pelo fantasma do incesto parental. Se é provável que o fantasma de incesto fraterno se organiza em relação ao objeto do desejo da mãe e/ou do pai, ele tem, no entanto, sua consistência própria na escolha do irmão ou da irmã como correalizador desse fantasma.

Sobre essas bases, projetam-se diversas questões: como as imagos fraternas e sororais se formam em relação às imagos parentais? Quais são as invariantes e as variações do complexo fraterno, é ele diferente no irmão e na irmã? Quais são as fontes do amor e do ódio que agenciam o complexo fraterno?

Um complexo crucial

O complexo fraterno toma sentido no processo da constituição do ego, do narcisismo e das identificações com o outro semelhante. O complexo de Édipo pode representar-se como o eixo vertical da estruturação da psique: suas diferentes formas que fazem variar o amor e o ódio pelos pais, e particularmente pelo do sexo oposto, ligam conjuntamente sexualidade e geratividade, diferença dos sexos e diferença das gerações. Esse complexo que, de fato, eleva o sujeito para seu tornar-se humano singular, lança também suas raízes nas relações transgeracionais, do lado das heranças e das obscuridades originais.

O complexo fraterno é o eixo horizontal desta estruturação. Também ele mantém nas diversas formas amor e ódio, desta vez pelo semelhante contemporâneo: um outro, intruso, que se tornará até mesmo familiar e diferente, com o qual relações entre contemporâneos tornam possíveis experiências distintas daquelas que geram as relações com os pais.

Esses dois eixos se cruzam, se combatem, se incitam um ao outro, às vezes se lançam bruscamente um sobre o outro, mas nenhum pode existir em plenitude sem o outro. O local onde esses dois complexos se cruzam também é o lugar onde eles se fecundam um ao outro. É neste lugar crucial que vamos examinar suas relações. Elas vão esclarecer-se graças à clínica, mas também – podemos prescindir disto? – sob o efeito das hipóteses que herdamos e que, por nossa vez, formulamos. Entre estas, defendo a ideia de que o futuro do complexo de Édipo é o complexo fraterno e reciprocamente, que o complexo fraterno tende para um impasse se ele não se reestruturar com o Édipo.

Uma especificidade do **complexo** fraterno é que ele tem uma existência e uma consistência independentemente dos **laços** fraternos. Esta definição ampla admite que o complexo fraterno não corresponde necessariamente à existência **real** de laços fraternos, como mostraram as análises de sujeitos que foram filhos únicos. A literatura psicanalítica nos informa a respeito: a observação de Erna por M. Klein, os estudos de Benson e Pryor sobre o companheiro imaginário (1973), os de Sutherland (1950) e de Bion (1950) sobre o gêmeo imaginário. Num outro registro, os trabalhos de J.-P. Almodovar (1981) sobre o filho único trouxeram a ideia de que o "irmão" ou a "irmã" são partes do ego destacadas por clivagem e reinventadas pelo sujeito como "irmãos" ou "irmãs". O complexo fraterno qualifica, assim, para todo sujeito, seja ele filho único ou membro de uma fratria, uma experiência fundamental da psique humana.

O obstáculo epistemológico

Suponhamos o obstáculo axiomático reduzido: descobre-se um obstáculo de uma outra natureza, que faz corpo com o primeiro. Para construir o conceito do complexo fraterno na psicanálise, são necessárias duas distinções.

A primeira é aquela que acabo de fazer para definir as condições de legitimidade do conceito de complexo, quando ele se aplica a esta organização intrapsíquica triangular dos desejos amorosos e do ódio na relação do sujeito com o "irmão" ou a "irmã". No plano epistemológico, não podemos assimilar o caráter "nuclear" e fundador do complexo de Édipo, sobre o qual Freud jamais cedeu terreno, a justo título, para que este assumisse todos os outros complexos que exercem um papel na formação da psique. Uma tal totalização constituiria uma verdadeira resistência a pensar o complexo fraterno em sua especificidade.

O complexo fraterno versus o laço fraterno

A segunda distinção diz respeito às diferenças entre complexo fraterno e laços fraternos. Ainda que o complexo fraterno explique uma formação inconsciente, os laços fraternos descrevem, *strictu sensu,* uma estrutura dos laços consanguíneos horizontais entre filhos nascidos dos mesmos pais. Esses laços se situam necessariamente em relação às gerações que os ordenam, no eixo das relações verticais com os pais e, particularmente, com os avós.

O laço fraterno se concretiza pelo que Freud chama *die Geschwister*, isto é, o conjunto dos irmãos e irmãs, pelo fato de que eles formam um subgrupo específico no grupo familiar, oponível ao casal dos pais e aos colaterais. O laço fraterno pode ser estudado segundo diversas dimensões e a partir de diferentes pontos de vista, por exemplo o da psicologia social a propósito da classe, das coalizões e dos conflitos. O ponto de vista próprio da psicanálise é considerar que os laços que se tecem entre irmãos e irmãs determinam entre eles uma realidade psíquica própria.

Minha tese é que o complexo é um dos organizadores psíquicos inconscientes do laço, de todo laço: de família, de casal, de grupo. A análise do laço intersubjetivo recorre à análise das relações entre os diferentes complexos dos sujeitos quando eles entram em relação. Ela integra também as relações entre as imagos, as relações de objetos, as identificações, os mecanismos de defesa dos sujeitos que travam um laço. O laço implica fundamentalmente as diversas modalidades das alianças, conscientes e inconscientes, que faz os sujeitos manterem-se juntos, harmonizarem-se. Se o complexo se funda, por um lado, nos laços interpessoais constituídos na história infantil, ele não se confunde com esses laços.

Aproveito a ocasião para afirmar que os laços fraternos são organizados, do ponto de vista psíquico, pelo complexo fraterno. Esta proposição oferece uma vantagem sensível: a de não mais se expor à crítica, muitas vezes preventiva, que denuncia a confusão entre o registro dos laços sociais e o da realidade psíquica, uma vez que a questão do fraterno se reduz à análise dos laços fraternos. Quando B. Brusset deplora uma ausência de quadro teórico para explicar a especificidade do laço fraterno, ele aponta para uma verdadeira questão. Mas, para abordá-la, ela implica uma crítica da confusão, introduzida pelo próprio Freud e longamente perpetuada depois, entre o laço fraterno e o complexo fraterno.

Coloco a questão de outro modo: como pensar o laço com a psicanálise, e por conseguinte, aqui, o laço fraterno, de tal sorte que a realidade psíquica que ele produz seja tomada em consideração? Uma opção epistemológica impõe-se para avançar nesta questão.

Para pensar o desenvolvimento psicossexual não podemos mais fundar nossa análise exclusivamente na dinâmica, na economia e na tópica intrapsíquicas. Uma clínica e uma metapsicologia intersubjetivas devem ser constituídas, além das premissas que Freud nos trouxe. Podemos ir mais longe e inscrever os efeitos da intersubjetividade na estrutura da psique, na própria formação do inconsciente e do processo de subjetivação. Descobrimos então os pontos de enlace das formações e dos processos do inconsciente entre diversos sujeitos: os processos de correpressão e de conegação, os lugares de inscrição dos sintomas ou dos atos no laço, os retornos da repressão que aí se abrem caminho e os *actings* que aí surgem. Estamos, pois, atentos à aparelhagem de seus dispositivos pulsionais e representacionais, podendo cada um dentre eles servir de substituto e de mediador aos dos outros.[15]

O obstáculo metodológico

O obstáculo epistemológico pode ser superado se interrogamos de maneira crítica a construção metodológica da psicanálise e correlativamente a de suas construções teóricas. A primeira abre o acesso ao conhecimento prático da realidade psíquica, as segundas modelizam-lhe a inteligibilidade.

No que diz respeito à primeira, devemos convir que o campo transfer-contra-transferencial que se estabelece na situação da cura individual de adultos e de crianças abre o acesso ao conhecimento e ao funcionamento do complexo fraterno, mas que isto não é assim para o conhecimento do laço fraterno, que não pode ser inferido a partir deste campo. Nesta situação, as transferências ditas "laterais" são consideradas como resistências à transferência para o analista e não como resistências de transferência: por conseguinte, é importante que essas transferências laterais sejam, em muitos casos, um efeito do complexo fraterno que busca concretizar-se em laços reais, cada vez que a análise do complexo fraterno é negligenciada.

---

15 Ver os desenvolvimentos dessas proposições em *Le Groupe et le Sujet du Groupe* (1993a) e *Un singulier pluriel* (2007).

Ainda que os laços fraternos tenham sido observados por analistas em grupos de adultos (S. Freud) ou de crianças (A. Freud, M. Klein), e ainda que Freud tenha trazido uma contribuição notável à noção de *Brüderbund* (laço ou aliança fraterna), a concepção e a utilização de um dispositivo psicanalítico próprio a fazê-los funcionar e a analisá-los demoraram muito a chegar. Se Freud esboçou as bases de uma metapsicologia intersubjetiva, sua abordagem continuou sendo especulativa e ele não pôde dotá-la de uma situação metodológica correspondente.[16] Ora, a abordagem do complexo fraterno e dos laços fraternos mudou consideravelmente a partir do momento em que o dispositivo metodológico da prática psicanalítica se modificou. Após a morte de Freud, a prática psicanalítica em dispositivo de grupo e com as famílias permitiu pôr em funcionamento as relações entre complexo e laços fraternos em condições rigorosas e articulá-las com a clínica do complexo de Édipo.

No dispositivo psicanalítico de grupo, a transferência do complexo fraterno e sua aplicação prática na organização das relações fraternas de grupo aparecem com nitidez. Também compreendemos melhor as conexões dos complexos fraternos na difração das transferências multilaterais que são necessariamente mobilizadas na situação de grupo, enquanto que a situação da cura individual funciona essencialmente sobre a mobilização das transferências procedentes do complexo fraterno sobre o analista.

O trabalho psicanalítico com os grupos, os casais e as famílias tornou possível que a atenção se voltasse novamente para os valores e as funções que o complexo fraterno assume na organização psicossexual de um sujeito. Essas práticas foram a ocasião de colocar à prova as observações de Freud sobre a incidência das rela-

---

16 Retomo esta análise crítica das relações do método e do campo teórico que ela permite construir, e que por isso mesmo ela delimita, nas duas obras citadas na nota anterior.

ções fraternas no destino da sexualidade infantil, do narcisismo e das identificações precoces. Elas permitiram discutir as hipóteses especulativas que ele avança em *Totem e tabu* sobre o pacto fraterno originário. E, sobretudo, elas permitiram compreender como este complexo contribui para organizar os laços intersubjetivos.

No que diz respeito a minha prática, trabalhei com dispositivos psicanalíticos nos quais o complexo fraterno não se confunde com o laço fraterno *stricto sensu*. Fundei minhas pesquisas nas situações clínicas da cura individual e de grupos organizados em vista de um trabalho psicanalítico, e não nas situações das psicoterapias familiares. Desta forma, minha prática traça um limite a meus propósitos, visto que não tenho acesso à análise direta do funcionamento do grupo fraterno, mas ela permite trabalhar sobre os efeitos de transferência do complexo fraterno nessas duas situações.

O obstáculo institucional

Na medida em que foram reconhecidos os obstáculos axiomáticos, e que a crítica dos obstáculos epistemológicos abriu o caminho às perspectivas de uma metapsicologia intersubjetiva, e com a condição de que dispositivos metodológicos apropriados tenham sido estabelecidos, um quarto tipo de obstáculo aparece melhor e se apresenta de uma maneira menos opaca. Com base no que aprendemos, a partir dos novos dispositivos psicanalíticos, sobre as relações entre o complexo, os laços e o grupo fraternos, podemos hoje interrogar os efeitos do complexo fraterno na fundação (isto é, no reprimido, no clivado e no encriptado) e no desenvolvimento da instituição psicanalítica.

Trabalhando sobre a história desta instituição e sobre as crises que ela atravessou, pareceu-me com uma evidência cada vez maior que o grupo dos primeiros psicanalistas foi moldado por esse organizador intersubjetivo, juntamente com os efeitos do complexo de Édipo. Penso que esse organizador prevaleceu sobre o segundo e que não foi sem incidência na organização do movimento psicanalítico, na transmissão da psicanálise e até nos conteúdos da teoria, precisamente neste ponto em que é necessário pensar as relações entre o complexo de Édipo e o complexo fraterno.

Entre as hipóteses que formulei quando me propus fazer este estudo,[17] aventei a ideia de que a relativa extinção da especificidade do complexo fraterno é inteligível se admitirmos que a pesquisa sobre o inconsciente colocava então, e coloca ainda hoje, cada psicanalista numa relação de rivalidade com os outros em relação ao "corpus" imaginário materno do conhecimento do inconsciente.

O complexo fraterno estimulou a curiosidade e o desejo de saber na descoberta do inconsciente. Os laços de grupo trouxeram a cada um o apoio e o reconforto narcísico requerido para empreender essas descobertas e expor-se às críticas internas e externas. Mas o grupo dos primeiros psicanalistas também foi teatro e desafio de rivalidades dolorosas, de ódio, inveja e rejeição, algumas vezes mortíferos. As alianças inconscientes, necessárias ao laço de grupo, foram estabelecidas; elas serviram às idealizações da psicanálise e de Freud, como outras tantas resistências a reconhecer os desafios sexuais, homossexuais e bissexuais, do complexo e dos laços fraternos em seu próprio grupo.

Freud se fixou nos efeitos deste complexo fraterno, homossexual, rivalitário, fratricida. Seu próprio complexo organizou sua posição fantasmática, suas identificações e movimentos de amor e de ódio em suas relações com os homens e as mulheres que ele reuniu e encontrou neste grupo. Deste ponto de vista, o laço de Freud com os dois Wilhelm é particularmente significativo. Primeiro, W. Fliess, provável figura fantasmática de Julius, o irmão rival morto, e de John o sobrinho:[18] é com Fliess que ele fará um

---

17 Cf. Kaës, 1994, 2003a, 2007, e *infra*, cap. 10.
18 D. Anzieu sublinhou o aspecto narcísico das relações que Freud travou com Fliess, seu filho caçula de dois anos, duplo idealizado dele mesmo. No sonho "*Non*

pacto denegativo para a manutenção de seu laço homossexual, selado por ocasião da operação cirúrgica das fossas nasais de Emma Eckstein. W. Stekel, em seguida, na ocasião da ruptura com Fliess, virá assegurar a continuidade do casal fraterno desfeito entre Fliess e Freud, no grupo dos primeiros psicanalistas.

Os desafios e os efeitos deste complexo também podem ser encontrados na redação dos grandes casos fundadores: Dora, Hans, o Homem dos ratos, o Homem dos lobos.[19] Todos esses elementos mostram a insistência desta questão na clínica inaugural da psicanálise e o interesse de Freud, não sem conflito, mas sem explicitá-lo, pelo "complexo fraterno".

TRÊS EIXOS PARA A ANÁLISE DO COMPLEXO FRATERNO

No final deste capítulo de introdução, pudemos avaliar a complexidade do problema do complexo fraterno: complexidade dos quadros de análise, dos níveis dos fatos observados, dos conceitos, das interpretações. É a riqueza desta complexidade que faz o interesse deste estudo, mas para conduzi-lo é preciso distinguir três eixos de pesquisa, ordená-los e articulá-los.

O complexo fraterno e o sujeito do inconsciente

O primeiro eixo tem por objeto o complexo fraterno, enquanto é o eixo do sujeito do inconsciente. O complexo fraterno é uma organização específica de seu fantasma singular, de suas identifica-

---

vixit" ("Ele não viveu") de Freud em outubro de 1898, Fliess então gravemente doente aparece no sonho como "um retornante", o fantasma de seu sobrinho John e de seu irmão Julius. A ambivalência em face do irmão manifesta-se aí claramente.
19 A leitura feita por N. Abraham e M. Torok (1976) da história do Homem dos lobos coloca a relação de Wolfman e de sua irmã em primeiríssimo plano.

ções, da organização narcísica e sexual de sua libido, de seu complexo de castração, dos mecanismos de defesa que ele coloca em prática. O sujeito é considerado na organização interna dos laços que ele trava com este "outro-semelhante" que é para ele um irmão ou uma irmã, ou com este conjunto de "outros-semelhantes" que são irmãos e irmãs. O estatuto desses outros sujeitos é, pois, aqui, aquele que eles têm para o sujeito do inconsciente. Deste ponto de vista, a análise deverá tratar daquilo que, na formação do inconsciente, poderia voltar propriamente a esta formação.

Na medida em que o eixo central de meu estudo é constituído pelo projeto de estabelecer a especificidade, a consistência e a dinâmica próprias do complexo fraterno, terei de situá-lo em relação ao complexo de Édipo. Formulo então assim minha questão principal: em que consiste o complexo fraterno, se ele não se reduz apenas a ser o deslocamento, a derivação ou a fixação das questões edipianas? Outras perguntas seguem-se então: há lugar para conceber uma estrutura "normal" do complexo fraterno e uma estrutura "inversa", calcada no modelo do complexo de Édipo normal ou inverso? Será que teremos de considerar, como para o Édipo, uma fase prévia, uma instalação e um declínio do complexo fraterno? Podemos supor um destino diferente do complexo fraterno no menino e na menina?

O complexo fraterno e o laço fraterno

O complexo fraterno não pode ser confundido com as relações fraternas ou com os laços fraternos. Temos toda razão de supor que o complexo fraterno é sensível às variações da experiência fraterna, tanto na relação com os pais como na relação com irmãos e irmãs. Se consideramos uma fratria de três irmãos, o complexo fraterno se organizará de modo diferente, segundo a posição de cada um deles na fratria, o sexo, a diferença de idade entre eles e, elemento raramente levado em consideração, segundo as configurações do complexo fraterno de cada um dos pais.

A questão se complexifica se consideramos uma fratria de sete irmãos, com uma diferença de idade de 20 anos, por exemplo, entre o/a mais velho/a e o/a mais novo/a. No entanto, o complexo fraterno existe sem a realidade do irmão ou da irmã. É nisto que ele alerta sobre sua especificidade e assinala uma de suas diferenças em relação ao complexo de Édipo.

Se retornarmos a nossa hipótese de que o sujeito do inconsciente é indissociavelmente sujeito do laço, devemos levar em consideração o efeito dos laços fraternos, não somente na formação do complexo fraterno, mas também nos processos do próprio inconsciente.

O segundo eixo de questões trata do laço fraterno sob o ângulo em que o complexo fraterno é um de seus organizadores psíquicos. Vários capítulos estarão centrados no laço fraterno no grupo dos irmãos e irmãs à prova da doença e da morte de um irmão ou de uma irmã, em relação com o trabalho do luto nos pais. Os componentes amorosos, narcísicos, incestuais, invejosos e odiosos do complexo fraterno serão analisados em suas funções de organizador psíquico inconsciente dos laços de grupo.[20]

As expressões culturais do complexo fraterno

O terceiro eixo assume em seu campo os discursos coletivos inspirados pelo complexo fraterno. Os grandes ciclos míticos, mas também o conto, a lenda e a utopia, o romance e o teatro foram e ainda são não somente suportes privilegiados dos discursos feitos sobre o complexo fraterno, sobre os laços do irmão e da irmã, sobre a consistência da relação fraterna em confronto com

---

20 Existem certamente outros organizadores (sociais, culturais, míticos, políticos, jurídicos) do laço fraterno, como mostra a evolução do estatuto dos irmãos e irmãs e de suas relações ao longo de toda a história e segundo as culturas, mas não é meu propósito tratar deles aqui de maneira central.

a relação dos pais ou com os pais. As relações dos filhos-irmãos e das filhas-irmãs de Édipo não são inteligíveis, a não ser pelo drama de Édipo, como a expectativa de Electra em relação a Orestes se esclarece por sua relação com Agamêmnon. Mas o que está em jogo entre Antígona e Polinice, entre Electra e Orestes testemunha um drama e um desafio particulares, que não se pode compreender verdadeiramente senão sob a dimensão do complexo fraterno.

Uma grande variedade de figuras mitológicas está ligada a este complexo. Na Bíblia: Caim e Abel, Esaú e Jacó, José e seus irmãos; na tragédia e nos mitos gregos: Eros e Hermafrodito, Ártemis e Apolo, Castor e Pólux, Etéocles e Polinice, Antígona e Ismene; na mitologia latina: Remo e Rômulo, Narciso e sua irmã, os Horácio e os Curiácio; na área egípcia: Ísis e Osíris; no Corão: Kabil e Halil; na cosmologia dogon: Nommo e a Raposa pálida; no ciclo dos Nibelungos: Siegmund e Sieglinde etc.

Os mitos nos ensinam também sobre seu papel específico na origem da criação, da violência, da ordem (ou da desordem) social, da genealogia, do desejo e da morte. Eles codificam ordens de realidade diversas, prescrevem normas, explicam um enigma, mas nem sempre o resolvem.

Os contos mais do que os mitos, porque eles são ditos na intimidade de uma companhia restrita, como prelúdio à noite, porque neles se trata de passagem e de metamorfose, mantêm-se perto do espaço psíquico das origens. As relações de irmãos e de irmãs, os amores ternos e as invejas ferozes que os atravessam, as façanhas heroicas para salvar o pequeno grupo de um perigo são expostos no conto com uma familiaridade, se assim se pode dizer, que faz apelo às identificações e ativa o complexo adélfico em cada um dos ouvintes.

Em seu belo prefácio à coletânea dos Grimm *Branca de neve e Outros contos*, Marthe Robert (1964, p. 16-17) sublinha que um dos segredos do conto e a explicação de sua longevidade estão no fato de que ele fala unicamente da família humana:

"Ele se move exclusivamente neste universo restrito que, para o ser humano, se confunde desde muito tempo com o próprio mundo, quando não o substitui completamente. O 'reino' do conto, de fato, não é outra coisa senão o universo familiar bem fechado e bem delimitado, onde se representa o drama primordial do ser humano".

Então a fratria é um conjunto bem particular no grupo familiar: ora personagem heroico sujeito, como filho único, a uma prova importante, ora articulação dos complexos familiares, o conto nos relata a aventura desse subgrupo específico, no qual se trava um drama: o da ambição, da inveja, mas também do amor maravilhoso entre irmãos e irmãs.

Nos contos, as crianças sempre triunfam nas provas a que são submetidas: de seus desejos de abandonar e de suas angústias de abandono, de seus fantasmas de devorar/ser devorado, de destruição anal, de castração. Elas saem vencedoras da prova edipiana e entram sem conflito na felicidade, no casamento feliz e na descendência fecunda. Quando são irmãos, ou irmão(s) e irmã(s), eles formam então, antes de se separar, um casal perfeito, ideal, salvador. Na maioria das vezes, só há fratrias triunfantes.

Mas o conto não se limita a dar uma representação, em suma, bem pouco dissimulada, muitas vezes moralizante desses avatares do laço fraterno. Ele mergulha mais fundo nas formas e emoções da vida psíquica. O conto fala certamente da família humana, repertoria seus laços, suas figuras e transformações, prescreve suas normas e alerta sobre os desvios. Ele fala também da família interna, formada e deformada pelo jogo do desejo e das angústias, pelas imagens trabalhadas na "fábrica" do sonho. Ele dispõe então os personagens da família, e especialmente os da fratria, como os representantes dos aspectos, parciais, contraídos e combinados, de um mesmo personagem, aquele no qual "o ouvinte" do conto pode, se não reconhecer-se, pelo menos percorrer as diferentes facetas de seu ego, seus lugares de sujeito no fantasma.

A literatura, o romance e o teatro, mas também o cinema, têm um repertório impressionante de situações e de personagens que colocam em jogo o complexo fraterno, os laços fraternos ou o grupo dos irmãos e irmãs. Como o conto, o romance psicológico deve sua característica egocêntrica à tendência de representar nele a cisão, o desdobramento ou a difração do ego em egos parciais, "de personificar como heróis diversos as correntes que se chocam na vida psíquica" (Freud, 1908b).

Espero ter explicado que o relativo desaparecimento do complexo fraterno na pesquisa clínica e teórica da psicanálise não depende apenas da operação que consiste em reconduzir o complexo fraterno à estrutura edipiana, como seu deslocamento ou sua prefiguração. Também não depende apenas das resistências institucionais ou da insuficiência do método. Esses fatores acumulados já são uma grande dificuldade.

Descobrimos que há outros fatores e que, se aceitarmos enfrentá-los, novos rumos de pesquisa poderão abrir-se. O que se vislumbra no fim deste capítulo é a complexidade do complexo fraterno. Sustentar a especificidade do complexo fraterno não basta. É preciso perguntar se, nas abordagens clássicas, a concentração quase exclusiva na problemática da rivalidade, da inveja e da ambição não oculta outras dimensões do complexo fraterno. É isto que o estudo clínico de uma cura nos ensina.

Capítulo 2

Clínica do complexo fraterno na cura

O COMPLEXO FRATERNO NA CURA DE YSEULT

Pouco tempo antes de completar 50 anos, Yseult[1] veio perguntar-me se eu podia recebê-la em análise, mas, fez questão de precisar, com a condição de não lhe propor o divã. Notei *in petto* a singularidade de seu pedido (se eu podia recebê-la em análise) e disse-lhe que, no momento, não era possível saber de antemão se o divã devia ou não ser excluído e que seria interessante compreender por que ela rejeitava a ideia do divã.

Ela me disse que fez de fato uma experiência breve com o divã, mas muito infeliz. Depois ela acrescentou que sofreu, dois anos antes, uma série de cirurgias particularmente devastadoras: histerectomia, mastectomia. Ela se sente muito angustiada e atribui às sequelas de seu câncer e de suas cirurgias a persistência de vários sintomas particularmente incômodos: contraturas lombo-sacras, vertigens e cefaleias dolorosas, erupções ulcerosas e uma curiosa fobia por leitos. Ela dorme na maioria das vezes no chão ou numa poltrona. Está constan-

---

[1] Todos os casos clínicos apresentados nesta obra tiveram modificações em alguns dados fatuais, a fim de assegurar a discrição sobre as pessoas sem afetar a autenticidade dos processos descritos.

temente fatigada e nem sonha mais. Já não mantém relações sexuais há alguns anos.

Desde as primeiras entrevistas, ela me fala longamente de sua posição na fratria e das relações que ela mantém com seus irmãos e irmãs: ela é a terceira de uma família de cinco filhos, isto é, a filha do meio entre uma irmã e um irmão que nasceram antes dela e uma irmã e um irmão que vieram depois dela. Ela tem uma grande afeição pela irmã mais velha, com a qual sempre procura estabelecer um laço de cumplicidade, mas sofre ao senti-la distante, dando sempre mais atenção às relações com seu irmão caçula, das quais ela se sente excluída. O caçula foi também o querido da mãe, seu consolo e seu tesouro. Ela pensa que sua irmã mais velha foi para ela uma espécie de substituta de uma mãe da qual ela "não conseguia atrair para si o olhar", por estar fechada demais em sua depressão.

A irmã que veio depois dela, um ano mais nova que ela, é apresentada como a preferida do pai. Ela tinha tanta inveja dela durante toda a infância, que chegou a ter "pensamentos inconfessáveis" a seu respeito. Mas, apesar de tudo, ela se tornou sua irmã mais amada e sua confidente na adolescência. Mas isto não impedirá Yseult de começar, já no início de seu próprio casamento, uma ligação que vai durar alguns anos com seu cunhado, o marido da irmã mais nova. Com exceção das observações ainda carregadas de emoções a respeito das preferências parentais, ela não dirá nada, no curso das primeiras sessões, de seu irmão mais velho, nem de seu pai, nem das relações entre os pais, mas falará de sua família e do grupo de seus irmãos e irmãs como de um conjunto fortemente idealizado: uma família unida e de muitos recursos. Quando mais tarde chamei sua atenção sobre essa idealização, ela me disse que não era exatamente como ela disse e que seus sentimentos são mais complexos em relação a seus irmãos e irmãs. Também me disse que ela omitiu falar-me do irmão que a precede de dois anos, o qual ocupa para ela, mas também para sua mãe, um lugar que lhe é difícil evocar de improviso e que ela pressente que suas perturbações estão em grande parte ligadas ao "que lhes aconteceu". Disse apenas que gostaria que ele tivesse sido seu gêmeo. Neste momento de nossas conversas, não me parece útil insistir neste ponto.

Desde as primeiras sessões, as relações com irmãos e irmãs tomaram um lugar preponderante na apresentação que Yseult tenta fazer de si mesma. O relato feito por ela dos laços privilegiados que estabeleceu com sua irmã mais velha e com esse irmão desejado como gêmeo imaginário, sobre o qual ela quer guardar silêncio, mas deixa adivinhar que ele ocupa um lugar preponderante em suas "perturbações", me dá a pensar que as relações entre ela e seus dois irmãos mais velhos poderiam ser o simples deslocamento do cenário edipiano sobre o grupo fraterno. É isso que, sem que o saiba, Yseult gostaria de fazer-me acreditar, e eu estou pronto a entender que este cenário é possível, mas entendo também que por ora ele é apenas o primeiro plano de uma outra cena, e que ele oculta provavelmente uma outra.

O lugar particular que as relações fraternas tomam desde as primeiras sessões no relato dos futuros analisandos exprime antes de tudo, na transferência que começa no analista, a paisagem interna dos objetos, dos fantasmas, dos conflitos, de mecanismos de defesa e das identificações do paciente. A apresentação dos casais ou trios que se formam no grupo familiar, e nos quais o paciente se apresenta em relações de inclusão ou de exclusão, não é somente uma tentativa de edipificação de seus conflitos mais arcaicos. Ela é também, e algumas vezes sobretudo, uma apresentação de suas próprias partes internas excluídas, mutiladas ou enquistadas num fantasma autoerótico. Importa então que entendamos o que é dito das relações fraternas, ou do laço fraterno, através da organização inconsciente que lhe ordena o sentido. É precisamente um dos papéis devolvidos ao complexo.

A cura de Yseult verificará esta proposição a respeito da apresentação inicial que ela faz de sua irmã mais velha e do irmão ignorado: fazendo da primeira a substituta de uma mãe querida, mas deprimida, da qual ela "não conseguia atrair para si o olhar", ela se coloca em situação de filha incestuosa desta irmã. Ela dá a entender que a cena incestuosa se realizou com o irmão mais velho. A cura mostrará que esses cenários incestuosos são representações de seus desejos e de suas angústias de rejeição e de união.

Ao longo dessa cura, o grupo interno de seus irmãos e irmãs será para Yseult uma fonte inesgotável de objetos parciais disponíveis para a representação de suas identificações multifaces, de suas discordâncias, de suas clivagens: de seu teatro do arrancamento. Além do grupo dos irmãos e irmãs, mas como prolongamento dele, esses objetos serão também buscados em suas múltiplas experiências de casal e de grupo. Tentando reproduzir na fratria um casal parental substituto, Yseult não somente engana sobre o que está em jogo no complexo fraterno, mas também indica a via de sua superação. Creio que foi este o desafio principal dessa cura.

Renunciando propor-lhe de repente o divã, recebo-a nos dois primeiros anos no face a face, não somente para levar em conta sua reticência, pois compreendo que ela se funda numa série de experiências traumáticas, mas porque penso que ela não está em condições de enfrentar a angústia que a fobia dos leitos pode desencadear. O face a face desvenda o que está em jogo nos sintomas que ela produz: durante vários meses, as sessões são regularmente escandidas de crises de angústia e de lamentos, de conversões e de arqueações dorsais. Estou muito preocupado com a maneira como vou poder conduzi-la para transformar a cena espetacular de suas representações histeriformes num relato da cena interna, à qual faz falta a representação de palavra. Penso no que ela me mostrou e ocultou a propósito de seu irmão mais velho e lhe digo que, por suas crises, seus lamentos e seu corpo, ela me dá a representação de uma cena que ela não pode evocar senão fazendo de seu corpo o protagonista mudo de uma história sem palavra, sem dúvida violenta, a ponto de querer impressionar-me com ela.

Ela me entende, e seus sintomas dão momentaneamente lugar a uma lembrança confusa, depois mais clara, cuja espectadora foi ela mesma quando tinha dois ou três anos: sua irmã mais nova, nua sobre a mesa de trocar fraldas, acariciada e excitada a tal ponto por sua mãe, que a criança chega a perder o fôlego, deixando a mãe transtornada. Yseult ficou aterrorizada e excitada com o que viu confusamente como uma cena de devoração associada a uma violenta cena sexual. Ela condensa essas duas cenas, repete-as para mim, e comigo, que na transferência ocupo ora o lugar de uma mãe maníaca muito excitadora, da qual ela não consegue descolar-se, ora o lugar de uma mãe paraexcitadora, da qual ela espera proteção.[2] Identificada a sua irmã, Yseult é ao mesmo tempo tetanizada e excitada, ela toma também o lugar do espectador, diante do qual ela torna a representar a cena, desempenhando ela mesma todos os papéis ao mesmo tempo.

Depois que lhe reformulei somente essa cena e sublinhei o lugar que ela atribui a seus diferentes personagens e a ela mesma, a lembrança de uma segunda cena lhe voltará no mesmo instante, desta vez a propósito do irmão mais velho. Ela fala dos jogos sexuais excitantes e secretos, seguidos de uma tentativa de incesto, que eles tiveram durante quase um ano, na adolescência. Ela gostaria de poder esquecer essa cena sempre presente e constantemente rejeitada, que ainda a seduz e que lhe causa horror, que ela reivindica e ao mesmo tempo odeia. É essa cena, colada à outra, que ela revive atualmente com a violência de uma descarga elétrica, diz ela, a mesma que a descola do irmão no momento decisivo da penetração.

A partir da evocação das duas cenas, alguma coisa "descolou-se" para retomar aqui sua palavra-chave. A representação de pa-

---

2 A função paraexcitadora que ela busca e que encontra em mim é sustentada na medida em que mantenho o quadro do face a face, em que ela não consegue me desmontar, mesmo quando se obstina em deslocar a poltrona que inevitavelmente lhe serve também de leito.

lavra, ou mais exatamente a representação pela palavra, pôde ser substituída pela encenação do lamento e do corpo. No decorrer das sessões seguintes, voltamos de novo a sua recusa do divã. Parece-lhe então que o divã foi o significante, até então insano, do fantasma que tinha dado a essas cenas e a essa experiência sexual não pensadas seu valor traumático. A sequência mesa de trocar fraldas-leito-divã-poltrona se restabelece em seu sentido relacionado com questões de sedução e de incesto.

O que J. Guillaumin (1979, p. 225) chama "o retorno em massa ao corpo", como modalidade de defesa da histeria, aparece aqui em toda a sua força de condensação e de ocultação de várias cenas sexuais, ora fantasmadas, ora reais: uma cena de sedução, uma cena de excitação-fustigação de uma criança por um adulto, uma cena de incesto entre um irmão e uma irmã, uma cena primitiva, cujo lugar e desafio é o corpo bissexuado. Como esta hipercondensação é uma defesa da qual Yseult não pode prescindir e cujo significante é o leito, ainda vai levar tempo antes que eu lhe proponha o divã e que ela o aceite. Quando tiver chegado o momento, a cura se engajará segundo um ritmo de três sessões por semana.

Meu projeto não é explicar o conjunto da cura de Yseult, mas apenas colocar em relevo os valores e as funções que o complexo fraterno toma ao longo de todo seu percurso e nas formas de sua organização psicossexual. Devo, no entanto, dizer que o trabalho psicanalítico efetuado por Yseult se engajará, no essencial, na análise do complexo fraterno, em seus efeitos transferenciais e em sua descondensação.

Assinalei quatro momentos decisivos da análise do complexo fraterno na cura de Yseult: o primeiro se organiza em torno da figura do irmão como objeto parcial de seus investimentos narcísicos e libidinais, como fonte e fixação de suas angústias arcaicas. O segundo momento se caracteriza pela vinda – em suas transferências laterais e, depois da interpretação destas, em suas associações – do irmão e da irmã como duplo narcísico.

O terceiro momento fez aparecer as relações que o complexo fraterno mantém com a sexualidade, entre a primeira separação do corpo materno ou *sexion* (para retomar a fórmula de R. Lewinter, 1971) e a segunda separação ou *sexuação* (*sexuation*) estabelecida pelo fantasma de castração no complexo de Édipo. No interior deste momento, o trabalho da análise teve por objeto a emergência da bissexualidade psíquica e dos fantasmas de sedução no complexo fraterno. O quarto momento permitiu elaborar todos os componentes da separação e, correlativamente, os obstáculos ao reconhecimento da diferença dos sexos e das gerações. Essa articulação do complexo fraterno com o complexo de castração abriu o caminho para uma verdadeira instalação do complexo de Édipo. Correlativamente, o complexo de Édipo exerceu um papel decisivo na transformação do complexo fraterno arcaico.

O IRMÃO COMO OBJETO PARCIAL

O trabalho sobre o irmão como objeto parcial começou pela evocação de uma anedota contada a Yseult por sua mãe, à qual ela perguntava "se o irmãozinho que acabava de nascer era um menino ou uma menina". A mãe riu dela, e Yseult ficou muito envergonhada de ter feito a pergunta. Quando esse fato lhe volta ao espírito, ela diz que tinha boas razões para fazê-la com tanta ingenuidade. Para ela, a resposta não encerrava dúvida: um irmãozinho pode ser uma menina, visto que ela mesma era ao mesmo tempo irmão e irmã.

A sessão durante a qual Yseult conta a anedota sobre o sexo do irmãozinho recém-nascido é dominada por um sonho e um surto de angústia. O relato do sonho é o seguinte: "Num depósito de carros danificados, mas no qual havia também outros em bom estado, levanta-se um homem nu; fico angustiada, pois percebo que este homem é, sobretudo, uma mulher, e junto dela se encontram belos bebês bem gordinhos". Uma frase enigmática lhe ocorre no momento do despertar: "O ser jorrou da tonicidade". Ela pensa que essa frase a acordou e não sabe o que dizer dela. Proponho-lhe que essa frase provavelmente é um comentário da imagem do homem nu, uma alusão ao irmão em ereção, colado a ela. Na véspera, ela arrancou de seu jardim raízes de arbustos enredadas de hera. Volta-lhe a lembrança de um buquê de hera que ornava uma figura emblemática, também carregada por ela de um sentido insistente e enigmático: "Lá onde me prendo, morro".

A angústia por que é tomada depois dessa lembrança cresce quando ela evoca o fantasma de um arrancamento da placenta aderente ao útero, a "morte e o desaparecimento" da placenta no vaso do banheiro, cuja experiência ela faz no desenrolar de um de seus falsos partos.

Mais tarde, por ocasião de uma interrupção das sessões durante as férias, voltarei sobre as questões vitais que tornam toda separação ao mesmo tempo perigosa (ela está associada ao arrancamento, à destruição e à morte) e procurada (para encontrar o prazer do concubinato): Yseult fará de novo associação sobre esse fantasma do arrancamento da placenta e sobre o nascimento como "castração da mãe". Essa confusão entre separação originária e castração a levará a dizer que o nascimento é também uma castração para o bebê, tanto para o menino como para a menina: "Ele também deixa aí seu cordão, como a menina". Segundo sua teoria, o cordão é o primeiro pênis, tanto o perdem o menino como a menina e, assim, não haveria diferença entre meninos e meninas. "O ideal seria nascer gêmeo, menino e menina, a mãe teria tudo para ela. Quando lhe pergunto se, nessas condições, ela teria sido este gêmeo de duplo sexo, um em dois e dois em um, para sua mãe, ocorre-lhe por resposta a lembrança do anúncio do nascimento do irmãozinho e sua pergunta, no fundo sempre a mesma, aquela que a faz precisar, ainda hoje, quando fala do sexo masculino: "um pênis de homem".

Como ela mesma, o irmão será para ela uma figura de sua bissexualidade psíquica. Mas, antes de chegar a esta elaboração, o irmão terá sido para ela um objeto parcial, um objeto excitável como a irmãzinha afagada e estimulada pela mãe, um objeto excitante como o irmão mais velho colado a ela.

No curso da cura, o irmão tomará sucessivamente ou simultaneamente todos os valores dos investimentos narcísicos e objetais da libido e da pulsão de morte. Esse aspecto polimorfo e maleável do objeto-irmão será um dos vetores do trabalho da cura. Para ela, irmão inscreve-se em todos os valores de troca dos objetos parciais descritos por Freud em "Transposição das pulsões": pênis, bebê, fezes. É também sua língua e seu clitóris. Ele será ainda seu rival junto à mãe, depois junto ao pai; será também seu aliado contra os pais. Mas o que ele condensa poderá também ser difractado sobre outros membros do grupo dos irmãos e irmãs.

Ela teve muita dificuldade em admitir a existência desses irmãos e irmãs, em considerá-los por eles mesmos e, antes de tudo, em distingui-los uns dos outros. Estamos longe do que ela dizia nas entrevistas preliminares. Ela toma consciência de que alguma coisa de insustentável, como uma ferida, a impede de pensá-los um a um: muito numerosos, muito excitantes, eles testemunham muito da atividade prolífica dos pais. Como existir nesse magma? Dilema: fazer lugar para encontrar seu lugar, "esclarecê-los", diz ela, como sementeiras de cenouras, fazê-los desaparecer para ser a Única, o ídolo; ou retornar à massa dos irmãos aglutinada à mãe e idealizar o grupo dos irmãos e irmãs; ou ainda ser ela mesma prolífica como a mãe (terá ela tantas gravidezes como ela?). Por ora, uma outra saída é impossível para Yseult: sexuar-se na separação e castração simbólica e tornar-se uma entre outras semelhantes.

A análise mostrou claramente que o irmão ou a irmã tinha sido, primeiramente, para ela, e como ela mesma, uma parte do corpo materno; pedaços constituintes, eles também eram a partição dela. Os irmãos e irmãs são como apêndices do corpo da mãe, como os seios da Diana polimástica³ dos efésios, ou os pequenos animais que formam o corpo materno em certos quadros de N. de Saint-Phalle (*La Naissance rose*, por exemplo), ou o agrupamento de crianças sobre o corpo da mãe no santuário africano bamileque.

Uma das fantasias de Yseult era representar sua mãe cheia de crianças em torno do ventre, enganchadas como à parede de uma montanha. Quando seu irmão mais novo morreu num acidente, ela dirá que ele "desenganchou" da mãe. O sentido dessas figurações é múltiplo: os irmãos e as irmãs são a potência visível da mãe, mas eles podem cair dela, porque estar dentro é muito perigoso. Como ela, os irmãos e irmãs não estão separados do corpo materno. Ela está colada a ele, e colar-se ao irmão terá para ela esse valor primeiro de estar colada à mãe: ela precisa arrancar-se da mãe como o seio da boca, e a boca do seio, sangrantes. No curso de uma sessão precedente, evocando uma extração dentária dolorosa de quando ela era adolescente, ela teve de repente esse fantasma estupefaciente de uma boca arrancada com um anzol, ponta aguçada do mamilo que a penetrava e ensanguentava sua boca.

Em sua fantasmática, tudo se equivale, nessa circularidade metonímica em que irmão, irmã, pai e mãe estão ligados por um "conduto psíquico" que simboliza (da equação à equivalência simbólica) o cordão umbilical – primeira representação da série de transposições do objeto parcial, primeiro símbolo do risco mortal incluído na vida.⁴

---

3 A polimastia e uma anomalia anatomica que designa o fato de ter vários seios. A Ártemis polimástica do museu de Selçuk na Anatólia, como a do museu do Vaticano, é representada com numerosos seios; a cabeça, os membros e o corpo cobertos de fêmeas animais dotadas de seios humanos e de estatuetas humanas femininas.

4 Wisdom (1961) citado por H.V. descreveu a identificação fundamental do histérico como um pênis incorporando uma vagina, um "pênis oco". O cordão

Tudo se condensa sem geração, nem nexo, não se trata de engendramento, mas de reprodução por cissiparidade, seriação, levantamento halográfico prévio, clonagem. Ao extremo, não há mais nesse magma condensado nem filhos, nem pais; tudo é irmão e irmã, ou tudo é o pai, sem geração, nem sexo. Nesta indiferenciação, irmão, irmã e pais não são, na melhor das hipóteses, senão "pequenas partículas de substância viva, fratura inicial da vida, e que tendem a reunir-se sob o efeito de Eros", como o imagina Freud em "Além do princípio do prazer", depois de ter evocado o mito do Andrógino e o relato dos *Upanixades*, que descreve o eu dividido "para formar esposa e esposo".

Na melhor hipótese, eles são essa reunião. Mas, para minha paciente, nós ainda não chegamos lá: trata-se, antes, de uma solda com a mãe, na conjunção de um duplo movimento de indiferenciação, sustentada pela pulsão de morte, e de unificação sustentada pelo investimento narcísico, contra a primeira sexuação, o primeiro descolamento do corpo a corpo materno.[5] Nesse "grau zero" da estrutura prevalecem as identificações adesivas que, operando por colagem à superfície do objeto, tropeçam na constituição do continente e do conteúdo e na desconfusão sujeito-objeto.

A separação só pode ser feita pelo arrancamento. "Lá onde eu me prendo, morro": esta fórmula exata do masoquismo primário, ela a fez sua. Ela passará a noite em que sua mãe morre colada a seu cadáver, para controlá-lo, gelando-se a seu contato, depois rejeitando-o violentamente, não só para controlá-lo, mas para arrancar-se dele mais uma vez.

Essa cena a reconduzirá, como "pela força de um ímã" – será essa a sua fórmula –, para o quase incesto com o irmão. Tocando

---

umbilical é para Yseult o equivalente do "pênis oco", fantasma formado no momento da cena incestuosa com o irmão, segundo o modelo de sua identificação com a mãe primitiva bissexual.
5 Sobre a primeira sexuação e a "quimera do sexo", cf. Zaltzman, 1977.

o irmão, ela se tocava a si mesma. No jogo com o irmão, importa-lhe colar-se a ele, ser para um o pênis do outro, mas ser também sua língua, o oco vaginal, não o sexo, mas o oco, o continente. Importa-lhe ter sobre ela o pênis, não nela. Importa-lhe antes de tudo provar que ele é comum e que funciona como o "conduto psíquico". Pegar o pênis do homem, onde ele está, onde quer que esteja. Ela se relembra como, na juventude, frequentava os beliches dos trens noturnos para lá encontrar, não homens, mas portadores de pênis ("pênis de homem"), para estar em contato com "o princípio macho", sem necessária penetração, à qual ele se diz indiferente e insensível. É isto o que ela ainda buscou recentemente com médicos, por ocasião dos exames ginecológicos: uma "excitação insensível", com este paradoxo ela indica o conflito entre seu desejo de excitação e sua defesa contra si mesma.

Freud (1908a) defendeu a ideia de que a primeira teoria sexual infantil atribui a todos os seres humanos, e inclusive aos seres femininos, um pênis. Ele sublinha que a excitabilidade do clitóris confere à atividade sexual da menina um caráter masculino: é necessária uma repressão na puberdade para evacuar essa sexualidade masculina. A função sexual é atrofiada na mulher, precisa Freud, quando a excitabilidade do clitóris é mantida e quando a repressão é muito intensa, "a ponto de seu efeito ser em parte suprimido pela formação histérica de substitutos". Tudo isso, conclui Freud, está longe de não dar razão à "teoria sexual infantil que quer que a mulher, como o homem, detenha um pênis".[30]

Notamos aqui, desde já, que o fato de, para Yseult, o irmão ser como uma irmã, semelhante a ela, ele e ela dotados de um "pênis de homem", confere uma certa coloração a seu fantasma do incesto fraterno. Voltarei a esse ponto um pouco mais adiante.

A mais de um título e sob o aspecto da relação com o irmão, poderia ser feita uma comparação entre a história de minha paciente e a daquela cujo relato nos foi deixado por sua autora, Hilda Doolittle (H.D., 1945-1946). A relação de H. D., filha única entre cinco irmãos, com seu irmão Gilbert, o irmão mais velho imediato, notoriamente preferido pela mãe, inscreve-se em sua busca incessante de intermediários capazes de preencher a distância entre ela e sua mãe. Através desses intermediários, ela poderia enfim atingir essa mãe tão longínqua: "Ela prefere meu irmão. Se fico com meu irmão, se faço, por assim dizer, parte de meu irmão, talvez poderei aproximar-me dela".

O descobridor-editor do relato de H. D., o psicanalista N.-N. Holland, nota (1970, p. 149) que, por esse desejo insatisfeito de preencher a falta da mãe, de "fazer uma só coisa com seu irmão, ela buscava também possuir os poderes particulares que os homens parecem possuir"; ele sublinha o valor fálico assumido pelo irmão. Através dele, "duplo sólido da masculinidade perdida", ela tem acesso à mãe: ela pode ter e ser a mãe. Mais ainda, ela pode, por seu irmão, tornar-se mãe ela mesma, uma mãe-virgem, é claro, uma vez que o irmão seria apenas o pai de sua boneca.

A organização bimodal da psique de minha paciente descobre-se nessa primeira fase da cura: a loucura dissociativa é encaixada e protegida pela estrutura neurótica histérica; e, inversamente, a neurose é protegida pela regressão psicótica. Toda representação pode inscrever-se nesta dupla organização: por exemplo, seus irmãos e irmãs, que ela representa algumas vezes como uma aglutinação de vermes e de bichos, tomam um valor psicótico ou neurótico, segundo o modo de funcionar de sua representação: de modo metonímico ou de modo metafórico.

O IRMÃO OU A IRMÃ COMO DUPLO NARCÍSICO

Uma primeira transformação na organização do complexo se opera quando, em Yseult, se forma a representação do irmão ou da irmã como duplo narcísico. Este duplo se instala sob três formas: a primeira é desdobrada na imagem de sua irmã caçula, a rival bem-amada, e na de seu irmão sedutor. A segunda é a do grupo dos irmãos e irmãs. A terceira se forma num movimento de transferência lateral para um de meus pacientes.

É pela terceira forma que a transformação é iniciada. O trabalho que foi realizado até então sobre os objetos parciais e sobre a colusão das imagos materna e fraterna-sororal também suscitou resistências. Uma das vias habituais utilizadas por Yseult para contornar essas resistências é literalizar a carga transferencial e utilizar os objetos de transferência para a representar sob diferentes aspectos que devem permanecer reprimidos. Falaremos aqui de difração lateral da transferência.

Yseult inscreveu-se, sem me avisar, num psicodrama psicanalítico de breve duração. Ao retornar, ela me faz o relato de uma encenação no decorrer da qual ela desempenhou o papel de uma mãe sequestrada por sua filha mais velha e presa por ela a sua filha caçula por uma corda. Tudo se passa como se esta encenação tivesse sido feita para ela sob medida. Durante a dramatização, ela não pôde representar nada mais do que a passividade, depois soltou um urro de aflição quando, enrolada em torno de sua "filha", seu movimento para desprender-se dela provocou a queda de ambas, uma enredada na outra. Ela levantou-se mostrando-se louca de ódio diante das duas irmãs assimiladas uma à outra, a vítima e o carrasco, duplos dela mesma.

Esse jogo dramatizou e recapitulou para ela diversas cenas, cuja análise retomamos no curso das sessões: o atamento dos corpos um ao outro e das psiques e seu impasse, a queda narcísica que constitui a primeira diferenciação no corpo a corpo materno, o ódio experimentado diante das duas "irmãs" do psicodrama, em quem ela reconhece seu próprio ódio em relação a seu irmão mais velho e a sua irmã caçula. O atamento pela corda a sua filha do psicodrama a levará bem depressa à lembrança da cena de sedução com o irmão mais velho, depois à morte do caçula que foi "desprendido" de uma corda, indicando, mais uma vez, como para ela os irmãos e a irmã pertencem ao espaço corporal e psíquico da mãe.

Depois de J. Lacan, G. Rosolato (1978) descreveu como o irmão ou a irmã nascem para a psique do sujeito através dessa invenção de um duplo e da função que lhes é devolvida de serem objetos de deflexão pulsional em relação à mãe, para preservá-la. Esta proposição pode esclarecer a situação de minha paciente. Neste psicodrama, ela fez a experiência da intensidade da violência que ela experimenta na relação de horror e de perseguição que a liga à imagem materna. Em espelho, ela é assediada por representações terrificantes do interior de seu próprio corpo ameaçado de arrancamento, de seu próprio seio novamente ameaçado de aniquilação.

Este tempo de análise será também o tempo de uma série de transferências laterais, já inauguradas na experiência do grupo de psicodrama. Ela se arruma para travar uma relação totalmente "platônica" com um de meus pacientes que ela encontra ao sair de meu gabinete. Ele será para ela o representante de todos os duplos narcísicos aos quais ela recorreu para separar-se do corpo a corpo materno, evitando a "solução" do arrancamento destruidor: irmão, irmã, irmãos e irmãs, cunhados, amantes, marido. Essa solução não foi suficiente, naturalmente, pois, por seu câncer e pelas operações cirúrgicas, ela não pôde escapar da destruição parcial e bem real do seio e do sexo, em seu fantasma conjuntamente os seus e os de sua mãe.

A retomada elaborativa desses desdobramentos na cura permitirá interpretar o que esbarrou na deflexão pulsional sobre o outro fraterno e sororal para preservar a mãe: o homicídio necessário do duplo narcísico, na forma do filho maravilhoso, na linha de partilha entre o corpo da mãe e o corpo do filho, efetuou-se em seu corpo próprio, como *sexion* real e como castração realizada.

O caráter narcísico do investimento fraterno e sua ambivalência foram sublinhados por diversos autores. O duplo narcísico não é somente o representante do ego-ideal "captado" pela imagem especular do semelhante. Se a mãe mantém o lugar dele inicialmente, o irmão, a irmã ou o filho de idade vizinha também são suportes dele, e G. Rosolato mostrou a função central desse desdobramento na depressão. Minha hipótese é que este desdobramento narcísico é o alicerce sobre o qual se efetua o desdobramento da bissexualidade no laço fraterno.[6]

O DESDOBRAMENTO SEXUAL: BISSEXUALIDADE PSÍQUICA E SEDUÇÃO NO COMPLEXO FRATERNO

Sabemos agora que, para Yseult, um irmãozinho também pode ser uma irmãzinha. O irmão incestuoso é seu duplo sexual; com ele, pelo conduto psíquico do pênis umbilical, ela realiza seu fantasma de bissexualidade. Este fantasma não é somente uma defesa contra a *sexion* e contra a castração, mas é a base que ela erigiu contra a separação que, para ela, é idêntica a um arrancamento.

A separação sexual impossível em razão de uma impossível resolução entre as exigências de seu apego materno (privar-se, arrancar-se dela, mutilar-se ou permanecer ingênua) e de seu horror do interior feminino, de seu apego ao irmão e à irmã e ao fantasma bissexual que o sustenta: conservar a integridade andrógina. Para que a separação se tornasse possível, seria preciso que o escalpelo passasse pelo bloco que a coagula com a mãe, o irmão e a irmã. As operações cirúrgicas "realizaram" em seu corpo a separação, efetivando-a como arrancamento.

O acontecimento psíquico que vai acarretar esse movimento de separação inicia-se num sonho transferencial que ela teve num período da cura, em que eu sinto algumas dificuldades de representar-me como a cena do jogo incestuoso com o irmão terá atuado na fixação do fantasma bissexual, na adolescência.

---

6 Vou retomar esta análise no desenrolar do próximo capítulo. A pesquisa psicanalítica contemporânea traz sobre esta questão precisões úteis para compreender a oposição entre fantasma de bissexualidade e identificação bissexual.

"Tive um sonho muito estranho: dois fetos siameses, um menino e uma menina, estavam colados um ao outro pela bacia. Estavam muito agitados, remexiam-se muito, parecia uma dança. Tinham uma mão ao lado da orelha, ou talvez no lugar da orelha. Uma grande orelha no menino: na orelha, cascalho, animais, sujeiras, que eu limpava.[7] Depois, com os siameses, fui levada por um turbilhão: todo o resto à parte é sem importância."

O sonho a aliviou. Suas associações se desenvolvem durante várias sessões, e por muito tempo ainda depois do relato do sonho: elas testemunham a supressão parcial da resistência e da qualidade do trabalho interpretativo de seu pré-consciente. A cena da colagem com o irmão e o que ela chamou de descolagem "elétrica"[8] lhe voltam ao espírito; ela pensa em sua colagem com sua mãe, uma colagem no ódio que atinge a ela mesma na destruição dos objetos-zonas complementares (seio-boca; bebê-útero; pênis-ovários). Ela imagina o corpo comum que formou com sua mãe, a impossível e mortal separação siamesa, a ruptura do nascimento. Ele faz a ligação entre a simetria das intervenções cirúrgicas e as afecções em sua mãe e nela (ablação do seio, úlcera do estômago). Surgem imagens: o cacho de filhos, o filho como secreção do corpo materno.

Pela primeira vez, ela se interroga sobre o papel de seu pai em sua concepção e sobre seu lugar junto de sua mãe. Ela me fala de

---

7 Pelo fim da cura, ela dirá que albergou nela uma menininha, morena e suja, que fala de seu ventre; ela também é um menininho falido, boêmia cavalgando um cavalo negro, sem sela, idealmente livre e levada por suas pulsões. Ela se sente suja e compreende que esta imagem dela mesma é feita de sua culpabilidade, e que ela é o oposto daquela imagem de primeira comungante tão pura, sem sexo, que ela se esforça por manter para sua mãe.

8 Por ocasião de uma sessão, a propósito da diferença dos sexos, ela me havia dito que as peças de conexão elétrica sempre a preocuparam, porque zombavam dela quando ela dizia, na adolescência, que não via a razão de serem chamadas fêmeas ou machos.

sua teoria a respeito de sua concepção, uma teoria que ela partilha com sua mãe, que lhe teria dito que ela nasceu de uma "não contenção" de um "gozo precoce" de seu pai. Ela "se concebe" como um acidente do desejo do pai: a mãe é, no fundo, a única procriadora. Podemos compreender que separar-se dela é uma ruptura mortal para a mãe e para o filho/a.

Mais uma vez o complexo fraterno age no fundo da relação com a mãe. Mas o curso da análise vai centrar-se mais diretamente na figura do irmão-e-irmã siameses.

Anteriormente, eu lhe havia proposto uma interpretação da dimensão transferencial de seu sonho. A orelha grande me convida a compreender o que ela depôs em mim: sujeiras, pequenos animais, cascalho, excrementos.[9] São pedaços dela mesma e partes de seus irmãos e irmãs. Contudo, esse depósito em minha orelha-sexo-ventre é ativo, ela busca me arrastar nos turbilhões da excitação sexual. Mais uma vez, ela se encontra confrontada com a cena de sua irmã caçula (a rival bem-amada), nua na mesa de trocar fraldas e tetanizada pelos afagos de sua mãe. Uma outra lembrança lhe ocorre, a de uma surra nas nádegas que o pai deu na irmã mais velha, depois sua excitação no jogo sexual com o irmão, enfim um episódio recente em que ela desmaia dançando a valsa com seu pai. Digo-lhe que sua excitação dos primeiros anos da cura e seu desmaio são equivalentes orgásmicos que mantêm sempre ativo nela o prazer que experimentou com seu irmão, e que ela gostaria de repetir comigo, colando-se a mim.

Minha interpretação produzirá um efeito surpreendente: um jogo maníaco com a polissemia do significante siamês de seu sonho: *"Siamois!... Scia-moi... Scie à moi..."* (secciona-me). Ela está estupefata com o que ouve dizer. Em seguida, depois de um tem-

---

9 Como neste quadro de N. de Saint-Phalle, *La Naissance rose*, ao qual já me referi.

po de silêncio: *"Si y a moi* (se há eu), entendem o que quero dizer? *Si y a moi* (ela jubila) *y a moi, moi!* (há eu, eu!)". Faz-se silêncio durante algum tempo. Aquém da excitação que mantém seu manejo maníaco do significante, um movimento depressivo inicia o que me aparece como o ato de nascimento do Eu de Yseult.

Yseult está disposta a compreender que ela pode seccionar, enfim, o siamês bissexuado, o monstro[10] que ela traz em si, que ela forma com seu irmão, sua irmã e sua mãe internos. O monstro siamês é certamente para ela o filho imaginário, nascido dos fantasmas incestuosos de seu nascimento; é também o filho imaginário nascido do que ela chama depois de algum tempo "o acidente[11] com seu irmão", gêmeo masculino que realizava com ela o fantasma do Andrógino. O siamês gêmeo bissexuado também é o seu fantasma de ser o complemento narcísico de sua mãe fálica. Ele é, enfim, o filho incestuoso de seu acidente com ela mesma, de seu fantasma bissexual.

Na sessão seguinte, pela primeira vez, Yseult permanecerá completamente silenciosa. No dia seguinte, uma pergunta formulada de maneira enigmática surge de sua angústia: "Se há eu, então esvaziar-me? Ou então esvaziar o outro e sentir falta dele? E sexuar-me diferentemente?" A sintaxe comprova muito bem a coexistência tão precária e tensa entre a emergência do Eu e a regressão aquém dos fantasmas, para formas de representação que lembram os significantes de demarcação descritos por Anzieu, nas formas essencialmente verbais das ações psíquicas geradoras das angústias arcaicas. Mas Yseult liga numa forma de causalidade

---

10 Sobre o monstro e o nascimento do filho "anormal", cf. Bernos (1989).
11 A nomeação do "acidente com seu irmão" sobrevém depois que ela evocou a morte acidental de seu irmão caçula, aquele que se "desprendeu" da montanha, o que ela viu como um desprendimento mortal do corpo materno. A incestualidade arcaica deixa aparecer aqui seu componente mortífero numa união com a mãe, a impossível separação dela, cujo objeto parcial é o irmão.

paradoxal dois movimentos contrários e incompatíveis, o primeiro de existência (se há eu), o segundo de esvaziamento (então esvaziar-me). A solução que consiste em projetar o esvaziamento no outro (a mãe, a irmã) a confronta com o mesmo impasse, mas faz surgir a questão da falta (da qual o outro é constituído) e da separação. Mas como separar o que não pode sê-lo senão com o risco de uma ruptura vital, se o siamês é trinchado e o "conduto" oco e longo (o cordão umbilical comum à mãe e ao feto, transformado na cena com o irmão de "pênis oco") é cortado. Este corte do conduto não poderá ser admitido a não ser mais tarde, quando ele será ressignificado na representação da diferença dos sexos. Nesse momento da cura, esse Eu que está para nascer não pode ainda ser nomeado por ela.

A passagem da angústia psicótica à angústia neurótica se faz com apoio nessas representações paradoxais, mas também na análise de uma outra imagem do sonho, aquela em que a orelha-sexo está contígua à mão. Num primeiro tempo, ela compreende que a mão da masturbação realiza seu fantasma bissexual e que ele assegura a completude narcísica. Depois, num segundo tempo, mutativo, ela se introduz como sujeito (o que eu me ouço dizer...) na escuta de "mim" por "Eu".

Este sonho é a passagem crítica entre o isolamento de Yseult em suas criações de duplos narcísicos e os fantasmas bissexuais que organizam seu complexo fraterno e o acesso às identificações bissexuais. Com as identificações bissexuais sobrevém a representação da falta, da alteridade e da complementaridade; é isto que o complexo de Édipo vai colocar em crise, propulsando o complexo fraterno a um nível de estruturação mais diferenciado.

Antes que esse momento se estabilize, outros movimentos regressivos-progressivos serao trabalhados. Um sonho virá representar o relance do desejo narcísico no fantasma do incesto fraterno: "Minha irmã caçula estava deitada acima de mim, sem me tocar".

Yseult fará associações sobre a confusão entre a imago do irmão e a da irmã, entre esse desejo pela irmã e a aventura com o marido de sua irmã. Depois sobre uma relação recentemente engajada com um homem do qual ela só aprecia as carícias. Depois, ela voltará de novo à cena com o irmão; ela me lembra que lhe importava ter sobre ela e não nela seu pênis, como se ele fosse *seu* próprio pênis. E, pela primeira vez, ela fala de seu prazer de excitar no irmão, como nesse homem, como no cunhado, em suma, em todos esses outros-semelhantes-complementares, o desejo de possuí-la e de provocar a detumescência, recusando a penetração, tendo como prêmio de gozo a debandada do homem.

Esse cenário de aparência histérica é certamente uma defesa contra a deslocação interna que a penetração provocaria. Mas também o entendo na transferência e na angústia suscitadas pela progressão de sua cura. De fato, seu sonho sobrevém num período em que ela me pede para abreviar sua cura, ou ameaça interrompê-la, num movimento de transferência paradoxal. Ela considera que não avançou, que seus sintomas se agravaram e que eu não a compreendo. Eu retomo suas associações sobre o sonho para lhe falar de seu ódio: seu ódio pelo irmão, seu ódio pela irmã, seu ódio pela mãe, seu ódio da análise e seu ódio pelo que eu represento em seu movimento de separação. Falo-lhe também de seu ódio dos homens e de seu prazer de privá-los de seu triunfo depois de tê-los excitado.

Quanto a seu irmão interno, ela passou de um laço que se exprimia nos termos "ele, meu irmão, sou eu; o que ele tem, tenho eu, o que me acontece, acontece a ele" a um laço que os diferencia, ela, ele e sua irmã, e que se exprime nos termos "se há eu, sou eu ou ele", portanto salve-se quem puder. Nesse momento da cura, ela gostaria ao mesmo tempo de salvar-se e ficar com seu irmão e sua irmã, evitar a separação, talvez a fratura.

Esse momento é uma nova virada na história de sua neurose infantil e na transferência. A análise do sonho da irmã deitada sobre ela tornou possível que ela se pense nos braços de sua mãe, que ela sinta inveja em relação a sua irmã bem-amada. Ela deixa de encontrar o paciente que ela espera na saída de sua sessão, o duplo com o qual ela havia travado uma relação "essencialmente fraterna". Ela pode "pensar que nada é impensável". Mas será preciso passar, depois desse momento, pela tristeza e depressão, viver angústias de deslocação e de esvaziamento, atravessar um episódio de despersonalização, antes que se realizem os descolamentos da sexuação e as difíceis diferenciações de seus eu(s), difractados nos irmãos e irmãs, e a reapropriação deles.

O TRABALHO DA SEPARAÇÃO, A DIFERENÇA DOS SEXOS E DAS GERAÇÕES

O quarto momento da cura põe a trabalhar a separação, a diferença dos sexos e das gerações. Ele articula o complexo fraterno com o complexo de castração e abre a uma verdadeira instalação do complexo de Édipo.

Uma imagem obcecou-a durante muito tempo, da qual ela pode agora falar: ela se representa com as pernas para o ar, presa nas rodas de uma engrenagem. A análise descobrirá que esta imagem condensa uma cena originária, uma cena primitiva que a congela, mas da qual a imagem fixa a protege: imobilizada nessa ereção mortífera, ela imobiliza o casal parental, apertando-o num coito gelado, separando-o e unindo-o com ela numa disputa de pernas para o ar. Ela congela a cena, é muito perigosa, porque despertou sua inveja destruidora contra o ventre materno, para que se estanque enfim sua proliferação monstruosa: cinco filhos! A cena com seu irmão aparece-lhe agora sob a luz branca e fria dessa cena.[12]

---

12 Sua recusa do divã se esclarece assim sob uma nova determinação: seu medo-pânico de encontrar nele seus pais jacentes, congelados nessa cena que a mutila.

Um dia, ela faz a conta dos filhos que deveria ter tido, cinco como sua mãe, se ela não tivesse tido dois abortos. E esses dois abortados, que não nasceram, ela os descobre correspondendo ao seu próprio lugar e ao lugar do irmão sedutor em sua fratria.

A cena da engrenagem, que foi por tanto tempo obsedante e enigmática, vai transformar-se. Uma outra cena lhe superpõe-se, uma cena que vem do mito céltico: Tristão estendido ao lado de Yseult, sua espada entre eles, sob o olhar do rei Marco. Mas, por uma série de transformações, ela faz a cena mexer-se: a espada de Tristão se torna a espada de Dâmocles suspensa sobre sua cabeça, depois a espada se transforma em bebê deitado entre Yseult e Tristão. Ela retorna à cena incestuosa com seu irmão, seu pênis-bebê-espada sobre ela, sua rejeição violenta, "elétrica", quando ele quis penetrá-la. Impõe-se então a ela o sentido dessa rejeição violenta, cuja memória o corpo guardou na arqueadura da base das costas: não mexer as nádegas, imobilizá-las, gozar do terror diante da penetração temida. Depois o sentido aparece: ser penetrada é reconhecer correlativamente que ela recebia o pênis, era o fim da ilusão bissexual, era o perigo de ter um bebê dentro e não na superfície do corpo, como um seio, um animal, um pingente.

"Pela primeira vez, diz ela, posso fazer o laço em *fondu enchaîné* (efeito em que uma imagem é progressivamente substituída por outra, e se apaga) entre o pênis e o bebê". A metáfora cinematográfica atesta sua genial aptidão poética e seu *insight*. A espada-pênis-bebê: é o sexo comum que ela tem com seu irmão, é também o cordão ou o conduto oco entre ela e sua mãe. Nessa inversão dos protagonistas da cena primitiva, sob o olhar do pai, na transferência paterna para mim, o sexo comum desatou-se dela simbolicamente. O que foi perdido como copulação, foi reencontrado como cópula, como traço de união e de separação: laço e diferença.

A partir desse momento, seu irmão começa a existir como ser sexuado diferente dela. Esse movimento valida o que afirma N. Zaltzman (1977):

"O sexo (raiz *sectus*: separação, distinção...) é inicialmente demarcação de dois corpos, antes de tornar-se diferença entre masculino e feminino".

Como precisa Freud (e como lembra Zaltzman, *op. cit.*, p. 25): esta diferença não pode produzir-se e ser aceita senão "quando a criança se torna capaz de ver em seu conjunto a pessoa à qual pertence o órgão que lhe traz uma satisfação". Este órgão cessa então de fazer parte dela. Com o corte (*secare*, cortar), diferenciam-se o cordão, o seio, o filho incestuoso e o pênis. Todos esses objetos parciais, outras tantas metonímias do irmão, que faziam organicamente parte dela, como objetos a conservar para salvaguardar a integridade corporal, e que ela havia ejetado através de seus abortos e de suas mutilações sucessivas, podem separar-se dela psiquicamente.

Sobre essas bases, a elaboração do complexo de Édipo, que se faz à medida que declina o complexo fraterno arcaico, vai ocupar o tempo do fim da cura.

OBSERVAÇÕES SOBRE A TRANSFERÊNCIA DO COMPLEXO FRATERNO NA CURA DE YSEULT

Para explicar esta elaboração, devemos considerá-la sob o aspecto das transferências, da contratransferência e de sua evolução. Uma dificuldade desta cura foi não reconduzir o complexo fraterno ao complexo de Édipo. Ao receber Yseult, eu não tinha posição *a priori* sobre a especificidade do complexo fraterno, mas é certo que fui trabalhado em meu próprio complexo fraterno ao longo de toda esta cura. Foi útil para mim retomar essa análise. Também fui solicitado por meus fantasmas e minhas identificações bissexuais. A esta solicitação, independentemente do complexo fraterno, o histérico sempre dá uma ocasião de encontro e cultiva suas afinidades eletivas. Todavia, o componente psicótico da histeria de Yseult convoca o analista para outras organizações, mais arcaicas, de sua psique.

Existe, para o analista, uma dificuldade para receber a transferência do complexo fraterno, identificá-lo e interpretá-lo. Mesmo quando deve enfrentar uma organização limítrofe, ou uma histeria grave, como foi o caso de minha paciente, o analista pode ser tentado a descobrir antes de tudo os componentes da organização edipiana que poderiam servir de alavanca à cura. Ele certamente tem razão, mas também corre o risco de não perceber nada do que, no complexo fraterno, reconhecendo-o como tal, constitui uma organização dotada de uma lógica própria, distinta da lógica que ordena o complexo de Édipo.

A dificuldade começou com o pedido inicial de Yseult. Que eu possa (é questão tanto de capacidade como de poder) recebê-la (sexualmente) em análise toma um sentido diferente se o pedido, entendido pelo analista no registro da sedução, é compreendido segundo o complexo edipiano (simples ou inverso) ou segundo o complexo fraterno.

Transferência fraterna e transferências laterais

A dificuldade prossegue com as transferências laterais, a difração dos aspectos clivados ou conflituais do ego e de seus objetos, e sua análise. Teria sido um impasse entender essas transferências laterais somente como uma resistência à transferência para o analista. Acho de fato mais justo compreender as transferências laterais em termos de difração da transferência, processo cujo trabalho psicanalítico em situação de grupo me mostrou toda a importância econômica, tópica e dinâmica.[13] A difração

---

13 Em outros textos (1993a, 2007), sublinhei o interesse que apresenta o fato de considerar em conjunto, como Freud nos ensinou com a análise de Dora, as transferências e conexões transferenciais, isto é, a pluralidade dos objetos de transferência e suas correlações. A difração da transferência é uma das modalidades da conexão das transferências: ela realiza uma repartição dos encargos econômicos, uma rearticulação dos conflitos entre o ego, o id e o superego, ou clivagens entre objetos inconciliáveis, mas correlativos.

da transferência é um processo que permite o desdobramento do complexo fraterno.

Na cura de Yseult, a análise desta forma da resistência de transferência, como um dos efeitos do complexo fraterno na cura, abriu caminhos mais importantes para o trabalho psicanalítico. Muitas transferências laterais pontuaram a cura e manifestaram toda a gama dos objetos, dos afetos e das representações condensada no objeto irmão, no seio do complexo fraterno. As ligações furtivas com homens – muitas vezes cuidadores – repetiam a excitação erótica vivida com o irmão e o cunhado, mas também o rebaixamento do pênis "de homem". A busca de uma ligação com meu paciente era de uma outra ordem: uma relação que ela mesma qualifica de fraterna para designar as emoções ternas, a conivência, o apoio mútuo, mas também a reconstituição, através deste laço, de um objeto comum, a análise e eu, o analista deles. Pudemos analisar os objetos e o que está em jogo nessas transferências: recompor com ele o objeto comum com o irmão, o pênis oco, o cordão, o seio materno, mas também repetir, nesta ligação oculta, o terror de que os pais soubessem alguma coisa de seu laço incestuoso com seu irmão. Ela teve medo de que eu adivinhasse o que estava em jogo em sua ligação, ainda que tivesse presente ao espírito que meu paciente um dia ou outro me falaria disso, mas ela se agarrava a esse prazer de jogar com esse risco. Num outro momento, Yseult tentou perturbar meu paciente (ela atingiu parcial e temporariamente seu objetivo) e, por isso mesmo, atacar também sua própria cura e meu trabalho. Ela sentirá raiva e culpabilidade quando analisarmos suas transferências laterais, mas também se sentirá apaziguada: seus encontros cessarão, definitivamente, depois do sonho dos siameses. A análise lhe permitirá compreender que ele foi o "irmão de divã" que ela colocou entre mim e ela, como seu irmão sedutor tinha sido colocado por ela entre ela, sua mãe e seu pai. É a partir desse momento que a elaboração do complexo edipiano pôde ser iniciado. As transferências laterais de Yseult foram uma das modalidades da manifestação de seu complexo fraterno e uma das modalidades da elaboração de suas apostas arcaicas. É nestes termos que as analisamos.

No curso de sua cura, fui eu mesmo um dos objetos da transferência de seu complexo fraterno, mas o lugar que ela me reservou era de uma outra ordem. Eu podia ser, simultaneamente ou sucessivamente, o irmão na cena de sedução (os primeiros anos na poltrona) e a instância parental observando a cena (o rei Marco) ou adivinhando a ligação com o irmão (o paciente). Essa posição ambígua, complexa, plural, conformou o enigma, para ela, de minha presença. Eu era aquele que lhe permitiu manter a crença de que há o Outro e o desconhecido, ameaçando um após o outro com seu fantasma bissexual e sua busca do duplo narcísico, tanto ponto de apoio como de referência e, por isso tranquilizador. Mas durante muito tempo, seu temor e seu desejo, nutridos por sua posição passiva, foram de que o Outro (eu) abusa do poder de excitação que ela lhe atribui. Durante muito tempo, essa experiência de que há o Outro foi eclipsada ou rejeitada, porque muito perigosa, em proveito da busca do mesmo e da indiferenciação.

ALGUNS COMPONENTES DO COMPLEXO FRATERNO

A cura de Yseult colocou em relevo vários componentes do complexo fraterno. Restringir-nos a falar da importância do laço fraterno ou da relação fraterna no quadro de curas como a dela é insuficiente. Não alcançamos então o acesso à organização da realidade psíquica que se constituiu como complexo específico por ocasião do conjunto dos laços familiares.

A análise de Yseult levou-me a reconsiderar que a rivalidade seja a única dimensão do complexo fraterno.[14] Com certeza,

---

14 Encontra-se uma crítica desta única dimensão em J.-P. Almodovar (1981) e em J.-F. Rabain (1988).

Yseult experimenta a respeito de seus irmãos e de suas irmãs afetos e sentimentos de amor, ódio, inveja, ambição e admiração. Mas aparecem, sobretudo, outros componentes do complexo fraterno, ainda insuficientemente levados em conta, a despeito, para alguns deles, dos fortes esboços de Freud e dos desenvolvimentos de Lacan, particularmente a partir do complexo do intruso como momento fundador de sua teoria especular. O mesmo acontece com a estrutura do narcisismo, do desdobramento narcísico e da sedução, do desdobramento sexual e da bissexualidade no complexo fraterno.

Essas dimensões tomam toda a sua importância para abordar a questão central do incesto e dos fantasmas incestuosos no complexo fraterno. É especialmente tomando em consideração esta questão na análise que se pode argumentar sobre a hipótese de uma especificidade estrutural do complexo fraterno diferente daquela do complexo de Édipo, até mesmo oponível a ele. Trata-se de uma exigência clínica, e acho que foi não me precipitar sobre a teoria do deslocamento do complexo de Édipo no complexo fraterno que colocou Yseult face a sua questão central. Trata-se também de um requisito teórico para explicar a relação entre desdobramento narcísico e desdobramento da sexualidade, sendo o desdobramento narcísico o alicerce sobre o qual se efetua o desdobramento da sexualidade.

Proponho então interrogar essa passagem crucial para a organização sexual de um sujeito, na interface da área formada pelo narcisismo e na área formada pelo complexo de castração, uma passagem que pode ser apreendida na clínica, a partir das variações dos diferentes investimentos e representações do objeto irmão ou irmã no complexo fraterno.

Capítulo 3

Duplo narcísico e bissexualidade no complexo fraterno

Em todas as curas em que o complexo adélfico desempenha um papel determinante, somos colocados em contato com o que em cada um de nós é "irmão e irmã". Os mitos nos advertiram sobre isso: em Aristófanes, Eros é andrógino, Hermafrodito é seu irmão. Pausânias abre uma passagem entre Narciso e Hermafrodito; o mito nos apresenta um Narciso inconsolável com a morte de sua irmã gêmea. Vendo-se numa fonte que lhe devolve seu reflexo, e mesmo sabendo que este reflexo não era o de sua irmã, ele se consola com sua perda mirando-se no espelho da água e buscando unir-se a seu próprio reflexo. Narciso ama, ele ama sua metade como a ele mesmo.

A cura de Yseult colocou em relevo a estrutura do narcisismo e das condutas de sedução, o desdobramento narcísico, o desdobramento sexual da bissexualidade no complexo fraterno: terei ocasião de sublinhar sua importância para a compreensão do incesto adélfico e para a especificação do complexo fraterno em relação ao complexo de Édipo.

FIGURAS DO DUPLO NO COMPLEXO FRATERNO

Depois de Freud, Lacan, por sua vez, chamou a atenção para a bivalência do duplo, figura do ideal e perseguidor. Examinando isto mais de perto, a clínica do complexo fraterno nos oferece diversos tipos de figuras do duplo. Sem ser exaustivo, pude enumerar seis principais figuras do duplo no complexo fraterno.

O duplo narcísico especular é certamente a figura mais comum e a que foi reconhecida com mais precisão: o gêmeo imaginário e a gemelidade estão entre os paradigmas da fraternidade perfeita, suscitada pelo narcisismo especular. A figura do duplo na homossexualidade adélfica participa desta organização narcísica, mas distingue-se dela por alguns traços, à origem do fantasma da fratria mágica, forma da ilusão fraterna. A inquietante estranheza é um terceiro componente da figura do duplo fraterno. Ela se encarna principalmente na imago do irmão ou da irmã monstros. Uma outra figura do duplo fraterno é obtida por incorporação do irmão como um outro em si mesmo, ou por desprendimento ou clivagem de uma parte de si mesmo; o duplo é também o resultado de uma deflexão dos investimentos pulsionais destruidores sobre o irmão ou a irmã, visando a mãe. Uma quinta figura do duplo é a do companheiro imaginário. Enfim, o duplo fraterno também é, em alguns casos, um substituto do objeto perdido, como o filho de substituição.

Num mesmo sujeito, o irmão ou a irmã pode tomar o valor e a função de várias figuras do duplo. Ao lado das figuras ameaçadoras e desorganizadoras associadas à estranheza, é importante sublinhar, com G. Rosolato, a função estruturante, delimitadora, complementar e simétrica do duplo, como o ilustram ao mesmo tempo o mito de Eco e os processos de ecoisação (ecopraxias, ecolalias e ecomimias): são experiências do encontro com o outro no mesmo, da simetria na relação assimétrica.

O duplo narcísico especular

Freud, retomando o tema do duplo (1919a), escreve que o duplo é essencialmente uma figura do narcisismo originário. Ele corresponde "a uma regressão a épocas em que o ego não estaria ainda nitidamente delimitado em relação ao mundo exterior e ao outro".[1]

O duplo narcísico especular, irmão ou irmã, é a forma perfeita de si-mesmo, o ideal sublime e genial que representa em espelho o irmão para a irmã e a irmã para o irmão escolhido. É nesta configuração que o duplo é a figura, por excelência, do narcisismo originário. As identificações especulares por inclusão recíproca têm isto de específico: o que acontece a um, acontece também ao outro, como se eles tivessem, naquele momento, um mesmo espaço psíquico, um mesmo corpo para dois. Esta representação do casal irmão-irmã é frequente na vida cotidiana; ela foi muito celebrada nos contos e nos mitos; este foi um dos grandes temas da literatura romântica do século XIX.

Em Yseult, dois duplos narcísicos, a irmã rival bem-amada e o irmão incestuoso compõem sua própria imagem especular e formam a base de suas identificações narcísicas, numa combinação hermafrodita, fora de castração. O desenvolvimento de sua cura mostra que o duplo narcísico não é para ela somente o representante do ego ideal captado pela imagem especular do semelhante. Se a mãe detém o lugar dele inicialmente, o irmão, a irmã ou o filho de idade vizinha também são os suportes dele.

O gêmeo imaginário e a gemelidade como paradigma da fraternidade perfeita

A gemelidade, em suas diversas formas, é um paradigma da fraternidade perfeita e do amor fraterno. O Gêmeo é uma figura da especularidade narcísica encarnada: o outro semelhante, absoluto nos gêmeos verdadeiros, mostra radicalmente a dificuldade

---

1 G.-W. XII, p.168-169.

de ser dois na separação.[2] Os estudos psicológicos e psicanalíticos sublinham as experiências de fusão, de confusão dos afetos, dos sentimentos, dos pensamentos, e da dificuldade de lançar mão da diferenciação ego-outro.

G. Sand, com *"A pequena Fadette"*, tratou admiravelmente desta questão da paixão de um gêmeo por seu irmão e da inveja doentia que ele sente diante de todo investimento de amor do qual ele não seria o objeto em seu *alter ego*. A influência, o domínio do duplo, é portanto completa. Com *"Os Meteoros"*, M. Tournier descreveu com grande argúcia o que está em jogo na bissexualidade arcaica, intrauterina, num casal de gêmeos verdadeiros.

Em algumas culturas, a gemelidade também é o paradigma da organização do mundo, segundo o princípio antagônico e complementar do feminino e do masculino, da ordem e da desordem.[3]

O duplo e a homossexualidade adélfica

A homossexualidade narcísica originária, presente em cada um, mantém ao mesmo tempo a relação com o duplo primor-

---

[2] Sobre esta "impossível partilha" do espaço comum primordial, cf. J.-B. Pontalis (2006), "Uma mãe não se partilha", e o estudo de M. Fognini (2007) sobre a dificuldade da mãe de "partilhar-se emocionalmente com muitos lactentes", e a incidência de sua relação na patologia dos gêmeos.

[3] Entre os dogon, o mito conta que o deus Amma criou uma placenta que ele fecundou depondo nela os germes dos dois primeiros seres que, segundo as versões, eram gêmeos ou andróginos. Um dos dois seres tendo saído do Ovo do mundo antes do termo, contra a vontade de seu pai, nasceu sem sua metade fêmea, ou sua gêmea, buscando-a por toda parte, cometendo inúmeras transgressões, entre as quais o incesto com sua mãe, e roubando de seu pai a palavra e oito grãos primordiais que deviam vir a dar na humanidade. Punido, transformado em animal selvagem que só vive de noite, a Raposa pálida está sempre em busca de sua metade fêmea. O outro ser original é Nommo, o ser perfeito, que traz aos homens a cultura e restabelece o mundo na ordem desfeita pela Raposa, seu gêmeo.

dial e o sentimento da inquietante estranheza na relação com este duplo. No menino, a homossexualidade adélfica pré-edipiana é, fundamentalmente, diferente da homossexualidade na relação com o pai no tempo da estruturação do Édipo, ainda que, como sublinhou Lacan, neste primeiro tempo, se trate de uma rivalidade quase fraterna.

Sobre o fundo do narcisismo especular e do investimento homossexual da libido, os principais processos engajados nesta relação com o irmão duplo são a identificação com uma forma similar, a reunião de si consigo mesmo ou a coincidência como realização da forma do Um, a utilização do outro semelhante como substituto, delegação ou depositário de uma parte de si mesmo.

Analisando os sonhos que dois irmãos tiveram na mesma noite, cada um prosseguindo o sonho do outro, ou sonhando próximo do sonho do outro, tentei compreender como se realizava, desta maneira, o fantasma de uma unidade dual num espaço onírico comum e partilhado.[4] O desejo de sonhar os mesmos sonhos se forma neste espaço, neste umbigo interpsíquico, matriz materna de seu fantasma de unidade e das figuras de duplo ou de múltiplo geradas por ele.

Podemos extrair diversos componentes da figura do duplo. A tese clássica desde Freud é o retorno da rivalidade e do ódio no amor pelo semelhante. É ainda preciso distinguir o amor pelo semelhante e o amor do semelhante. No segundo encontramos a idealização projetiva, narcísica, e, poderíamos dizer, "dessexualizada" da imagem do semelhante. Esta imagem se apoia na busca da semelhança, ela é dessexualizada para não inscrever o sujeito desta idealização na história, na diferença dos sexos. Ela cultiva os efeitos sincrônicos da geração. Ela contribui para reforçar o imaginário da unidade. Ao extremo, ela supõe uma intercambialidade

---

4 *La Polyphonie du rêve*, p. 11-12.

dos sujeitos que, apoiando-se na recusa da diferença dos sexos e das gerações, evoluem para uma estrutura, não intersubjetiva, mas impessoal.

A fratria mágica

É nesta perspectiva que aparece a fratria mágica, reconstituição do falo materno mágico. A fratria mágica tem, por razão formar um conjunto uno e forte, onipotente; a fratria mágica é uma fratria maravilhosa, na maioria das vezes apoiada pela projeção narcísica dos pais (ou de um dos pais) sobre sua progenitura, mas também pelos fantasmas de autoengendramento. Cocteau desenvolveu particularmente esta relação homossexual adélfica pré-edipiana e esta imagem da fratria mágica em "*As crianças terríveis*" (*Les Enfants terribles*). Em Musil, a união mística de Ulrich com sua irmã Ágata em "*O homem sem qualidades*" (*L'Homme sans qualité*) é uma outra figura da fratria mágica.

Na maior parte dos casos em que este traço é dominante, podemos constatar que ela se apoia no fantasma da cena primitiva e na representação edipiana da origem. Os irmãos e irmãs são pares sem pai. A fratria mágica contribui desta maneira para formar um sistema de proteção contra a angústia de castração e, sobretudo, de defesa contra os fantasmas destruidores pré-genitais (orais, anais). Em Yseult, o amor homossexual pela irmã rival se realiza na ligação que ela mantém com seu cunhado. Aqui, mais uma vez, a literatura nos propõe situações romanescas de uma grande intensidade. R. Musil faz do amor de Ulrich por Ágata o substituto de um outro amor: S. de Mijolla-Mellor (1992) tem toda razão quando afirma que ele substitui o amor homossexual pelo irmão.

O duplo como figura da inquietante estranheza

A figura do duplo está associada à experiência da inquietante estranheza, na medida em que o duplo corresponde a uma identificação ainda instável entre o ego e o objeto. Ela sobrevive nas diferentes formas do superego, como duplo cruel ou como duplo autocrítico. Comentando o texto de Freud sobre a inquietante estranheza, J.-F. Rabain (1988) sublinha que, com a ultrapassagem do período do narcisismo infantil, "modifica-se o sinal algébrico do qual o duplo é afetado e, de segurança na vida, torna-se o inquietante (*Unheimlich*) premonitório.

A cura nos traz muitos exemplos da inquietante estranheza associada à relação com o duplo fraterno. A morte de seu irmão mergulha Pierre-Paul no terror. Morto, o duplo incestuoso odiado tornou-se o inimigo do sobrevivente. Semelhante todo-poderoso e intrusivo, ele o persegue, o vigia. O irmão se incorpora nele, por clivagem, tornando irrepresentável sua identificação com seu duplo e o laço narcísico masoquista que o liga ao "bubão" materno.

O monstro perseguidor

O sonho do siamês na cura de Yseult é uma outra saída da mesma dificuldade de separar-se do duplo: o monstro deve ser cindido em dois, colocando em perigo a integridade vital de Yseult. Em todos os casos, o sentimento do estranho inquietante, particularmente em sua versão perseguidora, testemunha uma perturbação profunda na consistência, na continuidade e na identidade do Ego (Freud, 1919). Em todos os casos, o duplo, como figura da inquietante estranheza, suscita a angústia da separação e da castração.

O duplo obtido por incorporação de um outro em si mesmo ou por desligamento e clivagem de uma parte de si mesmo

O duplo obtido por incorporação de um outro em si mesmo é a versão negativa, perseguidora, do duplo narcísico especular. A incorporação de um outro em si mesmo, um duplo que é ao mesmo tempo um corpo estranho, é muitas vezes o resultado de um luto não cumprido ou de um ódio do irmão ou da irmã: o artelho supranumerário de Ísis é para ela a figura perseguidora de um gêmeo residual abortado. Um outro exemplo é a incorporação cancerosa de um irmão odiado no corpo de um paciente. Irmão ou irmã inaceitável ou inadmissível, sobre o/a qual pesa algumas vezes o silêncio culpabilizado dos pais, o duplo morto-vivo é uma figura particularmente ansiogênica, sobre a qual se fixa a agressividade contra o objeto de uma identificação alienante. Não é raro que este duplo encarne uma figura da repetição (série de falsos partos ou de filhos mortos em tenra idade na família, algumas vezes em várias gerações).

Para O. Rank (1914), o duplo era originariamente uma garantia contra o desaparecimento do Ego, e a alma imortal um desdobramento para preservar-se do aniquilamento. O duplo obtido por desligamento de uma parte de si mesmo é uma figura da clonagem imaginária. Ele corresponde a um fantasma de salvaguarda pela reprodução ao idêntico. Um exemplo dele nos é dado por esta mulher que desejaria ardentemente retirar uma parte de seu irmão moribundo para fazê-lo sobreviver num clone.

O duplo formado por clivagem corresponde à salvaguarda de uma parte de si mesmo que poderia deteriorar-se ou perder-se. Bion escreveu, em 1959, um estudo sobre o fantasma universal do gêmeo imaginário, fantasma produzido pelo desejo nostálgico das partes do Ego desligadas por clivagem. A esta figura do duplo está ligado o sentimento de perda experimentado não somente por si mesmo, mas pelas partes de si mesmo que se perderam.[5]

A inquietante estranheza associada a esta experiência é muitas vezes objeto de um tratamento lúdico[6] e solicita o fantasma

---

5 No mesmo ano, Sutherland deu uma conferência sobre o tema do gêmeo imaginário na Sociedade inglesa de Psicanálise.
6 É o tema da *Comédia dos erros*, de W. Shakespeare, que encontra um grande tema da farsa italiana, complicada aqui por um duplo par de gêmeos,

da substituição de um pelo outro[7], do quiproquó, do engano (tomar a figura de um outro para duplicá-lo). Contudo, jogar para perder o outro no jogo especular também é um modo de conjurar o medo de si mesmo ser confundido ou perdido, como atestam as numerosas histórias sobre as confusões de crianças.

O duplo como deflexão sobre o irmão ou a irmã dos investimentos pulsionais destruidores visando a mãe

A análise de Yseult verificou esta proposição de G. Rosolato: a um duplo é reservada a função de servir de objeto de deflexão das pulsões destruidoras visando a mãe, para preservá-la. Mas encontramos também uma deflexão das pulsões destruidoras sobre um outro membro da fratria para manter a integridade do laço narcísico com um irmão ou uma irmã privilegiados.

O duplo como companheiro imaginário

A figura do duplo como companheiro imaginário distingue-se da figura do duplo formado por clivagem de uma parte de si mesmo. Os trabalhos de Harriman (1937), Nagera (1969), Bach (1971), Benson e Pryor (1973), Clancier (1983), Amado e Costes

---

uns comprados por um pai para colocá-los a serviço dos seus. Um naufrágio os separa, uma contradança os reúne de novo numa nova combinação, donde se seguem muitos imbróglios e confusões.

7 É o que ilustra o filme "Falsos semblantes", de David Cronenberg (1988), e o romance de Sylvie Germain, *Le Livre des nuits*, história de dois gêmeos que partiram para a guerra, mas só um deles voltou. Este recusa dar seu nome, deixando pairar a dúvida sobre a identidade do sobrevivente, e sobrevivendo ele mesmo graças a este desdobramento interior. Esta vontade de calar o nome do irmão encontra eco nas duas mulheres que ambos respectivamente amaram, e o sobrevivente tem assim oportunidade de viver para ele e para seu irmão nesta ilusão partilhada a três que é *o outro* que está morto, o duplo.

(1989), Benoît (1990) permitiram desvendar-lhe as consequências. A existência do companheiro imaginário é, na maioria das vezes, secreta e invisível; ele é, algumas vezes, um irmão ou uma irmã inventados por ocasião da experiência do abandono ou da separação da mãe, quando do nascimento de um bebê, ou então ele ressuscita um filho morto que permaneceu inominado. Suas funções e seus estatutos são portanto muito diversificados: duplo narcísico, duplo do objeto interno perdido, substituto da mãe, função defensiva contra a rivalidade, rivalidade com a mãe quando o companheiro imaginário é concebido como um filho. Acontece que a invenção de um companheiro imaginário seja sustentada pelo desejo de ter apenas um filho único, a fim de preservá-lo dos sofrimentos da inveja e da rivalidade, da qual eles mesmos sofreram, ou para concentrar seus "sonhos de desejo irrealizados" (Freud) sobre sua Majestade o Bebê, ao qual eles se identificam, fabricando, assim, um filho megalômano que se imagina ser a causa do desejo dos pais.

O companheiro imaginário, irmão ou irmã, é, mais frequentemente, como Freud o havia notado, um companheiro de jogo. É um investimento bem constante na formação do irmão como figura do duplo. Este estatuto lúdico está particularmente presente entre os filhos únicos, para os quais a irmã ou o irmão imaginários são aquele ou aquela com o/a qual eles encontraram uma compensação para sua situação, como o mostrou uma pesquisa de J.-P. Almodovar e M.-C. Chivot (1978). O irmão ou a irmã imaginários também são um consolador ou uma figura do ideal ou da perseguição.

O duplo como substituto do objeto perdido
O filho de substituição

O duplo obtido por incorporação de um outro em si mesmo é uma variante do duplo como figura do irmão desaparecido, morto ou perdido. A forma geralmente tomada por esta variedade do duplo está associada à figura do retornante que suscita o sentimento da inquietante estranheza. Freud teorizou sua própria experiência do duplo como substituto do irmão morto, a experiência que faz de Julius seu duplo e seu rival – e não a irmãzinha Anna que ele desdobrará em sua filha –, Julius reencontrado nas figuras de Fliess e mais tarde de Romain Rolland. H. Vermorel[8] colocou em evidência o laço que une em fraternidade de duplo esses dois homens afligidos, tanto um como o outro, em tenra idade, com a morte de um irmão (Julius para Freud) ou de uma irmã (Madeleine para Rolland). "Um distúrbio de memória na Acrópole" é oferecido por Freud a seu amigo, por ocasião de seu aniversário. Este texto que trata da inquietante estranheza e da morte precoce do duplo estabelece laço entre os dois homens, um funcionando para o outro como substituto do objeto perdido.

A clínica da cura nos ensina que, quando o paciente toma como amigo ou como amiga um duplo do irmão desaparecido ou da irmã morta, os laços que se estabelecem nesta conjuntura são interessantes de observar. Uma de minhas pacientes havia tentado suscitar em sua amiga uma identificação, a mais perfeita possível, com sua irmã morta, o que ela conseguiu, na medida em que a amiga se identificava com o objeto do desejo de sua amiga. A situação complicou-se ainda mais quando, sob o efeito de identificações cruzadas, a amiga se tornou invejosa da irmã defunta, em razão do amor que minha paciente dedicava à morta mais do que a ela mesma, enquanto minha paciente tinha ciúmes de sua amiga se ela estabelecesse a mínima relação com uma outra mulher. Isto era para ela um meio de manter viva sua irmã morta, em detrimento da amiga viva.

Neste debate doloroso com o duplo morto, o caso do filho substituto é particularmente interessante: não só ele é para os pais

---

8 H. Vermorel consagrou sua tese de doutorado (1992) à correspondência entre Freud e Romain Rolland. O essencial da tese foi publicado em colaboração com M. Vermorel em 1993.

o substituto do filho morto, mas estabelece uma relação muito específica com este no complexo fraterno. Frequentemente são citadas essas considerações de Salvador Dali:

> "Vivi toda minha infância trazendo meu irmão morto agarrado a meu corpo e a minha alma. Cometendo as mais extravagantes excentricidades, tive que provar a mim mesmo e aos outros que eu não era o filho morto, mas o filho vivo".

Dali não ignorava nada sobre a escolha de seu prenome (Salvador) como sinal desta salvação.

A situação reveste um grau suplementar de complexidade quando o filho substituto é para um dos pais, e às vezes para os dois, a substituição de um irmão ou de uma irmã mortos na infância deles. O filho de substituição cumpre as funções do duplo narcísico, de representantes das partes de si mesmo enlutadas, ou de substituto de filhos mortos, cujo luto não pôde ser assimilado pelos pais. Um tal entrelaçamento dos complexos fraternos constitui uma dificuldade da análise, como veremos a propósito da incidência da morte ou do desaparecimento de um irmão ou de uma irmã de um dos pais sobre o destino de (um de) seus filhos. Observaremos mais precisamente a projeção narcísica da imago de um irmão ou irmã mortos de um dos pais sobre um de seus filhos, ou sobre todo o grupo dos irmãos e irmãs.[9]

A BISSEXUALIDADE PSÍQUICA NO COMPLEXO FRATERNO

A questão da bissexualidade não se situa no mesmo plano que a do duplo no complexo fraterno. A bissexualidade psíquica é uma complicação do duplo narcísico: enquanto identificação, ela

---

9 Sobre o luto de um filho morto nos irmãos e irmãs e nos pais, cf. cap. 8.

implica a instalação da alteridade. No entanto, existe uma zona de correspondência entre o duplo narcísico e o duplo bissexuado. É o que aparece na cura de Ivan.

Duplo narcísico e fantasma de bissexualidade no complexo fraterno de Ivan

Sofrendo de impotência sexual, fixado na mãe pregenital de sua infância, Ivan pleiteia por seu ideal desde que a progressão da cura o confronta com suas escolhas do objeto de amor. Seu ideal: estabelecer a relação homem-mulher com base no modelo da relação irmão-irmã. Ele é fascinado pelo incesto irmão-irmã, fonte de paz e de harmonia. Ele tentou esta experiência com sua irmã querida. "Minha irmã tem as mesmas origens que eu, os mesmos genitores (o termo pais o incomoda), temos o mesmo rosto, o mesmo olhar". Eles se miram um no outro, se admiram perdidamente. Seus pensamentos são "comuns" como seus rostos e seus olhares são idênticos. Acontece que eles têm os mesmos sonhos.[10] Sonhar os mesmos sonhos é para ele o equivalente de um incesto com ela. Ele ignora, ou quer ignorar, que a comunidade do desejo no homem e na mulher, porque eles são outros, está longe de fundar uma similitude.

Ele observa um dia que trazia "o mesmo patrônimo que [sua] irmã antes que ela se casasse"; ele mesmo está surpreso e perturbado com sua fórmula, ele a recusa como insensata. Ele recusa, sobretudo, a ideia de sua completa identificação com a irmã casada, que o coloca em contato com seus fantasmas homossexuais. O que ele recusa ainda mais é o nome do pai como sinal de sua filiação na relação sexual de seus "genitores". Se ele realizava o in-

---

10 Sobre os sonhos comuns e partilhados entre irmãos e irmãs, cf. R. Kaës (2007), *La polynomie du rêve*.

cesto com sua irmã, se ele fazia amor com uma não estranha, uma não desconhecida, elas não teriam mais que perder seu nome. De fato, eles estariam – ele e elas – com seus genitores numa relação incestual familiar generalizada. Ao mesmo tempo, ele faz votos de que o incesto seja reconhecido socialmente, que não seja preciso dissimulá-lo ou mantê-lo em segredo.

Quando sua irmã pensar em divorciar-se, ele vai querer fazer o mesmo e encontrar sua irmã "incestuosa". Ele se casou provavelmente para escapar da tentação incestuosa. De sua mulher, ele diz que ela é ele no feminino. Se sua irmã é seu duplo narcísico, sua esposa é seu duplo bissexual. Com esta mulher interna externalizada, ele não estabeleceu uma relação de alteridade, mas uma relação de controle perverso, sádico, sobre seu corpo e sobre seus desejos. Com ela, ele encontra por intermitência sua potência sexual, essencialmente em jogos onipotentes em que ele pode humilhá-la, ridicularizá-la, desprezá-la: "Eu a faço fazer o que quero; posso fazer não importa o que com ela, masturbar-me sobre ela (quando ele está angustiado). Eu a dobro, utilizo-a como quero". Ele evoca jogos sexuais diante do espelho, onde ela se sobrepõe a ele e ele a ela, onde ele lhe cola um pênis e se dota de seios. Jogo de duplos perversos, certamente. Desde sua infância, ele é fascinado pelas máscaras e pelos disfarces.

E sempre o fantasma de autoengendramento associa a irmã com a esposa: "Com elas eu me conheço como se eu me tivesse feito, mas não as confundo". A irmã que ele busca, sua semelhança com ele, até à confusão é sempre um efeito: "Ela é eu mesmo no feminino. Ela tem os mesmos cabelos e os mesmos olhos que eu. Aliás, seu rosto tem algo de não feminino".

A irmã e a esposa são duas figuras de seus duplos femininos, o duplo narcísico e o duplo que deveria cumprir seu fantasma bissexuado. É nesta relação que ele busca com suas amantes, irmãs--amantes, substitutos de todas as suas fantasias incestuosas, de sua irmã e de sua mãe, mas também de sua tentativa de livrar-se delas. Com F., por exemplo, que é para ele "como uma irmã", com a qual ele tem relações ternas e pode até chegar a chorar, ele também é como um irmão: quer dizer que ele é impotente. Com ela, ele pode viver esta aspiração que ele apresenta como a verdade última de todo amor: fundir-se num único ser.

Se, com a irmã, ele está persuadido de que uma boa parte do caminho que leva a este ideal já foi percorrido, por outro lado não aceita que ela possa realizar-se com sua mulher nem com suas amantes. Aqui o duplo está numa relação de incompatibilidade: para Ivan, ele deveria ser ao mesmo tempo seu representante narcísico fálico e a delegação de seu próprio sexo recusado. Então, ele luta contra o que percebe e que nega: a diferença dos sexos e a separação primária que ela exige para constituir-se.

O complexo fraterno de Ivan comporta traços comuns com o de Yseult e de Ísis: a fixação ou a regressão para o duplo narcísico. A identificação narcísica com o mesmo se associa ao fantasma do duplo bissexuado: a representação de ser homem e mulher no laço incestuoso com as diversas figuras do irmão ou da irmã. Com o caso de Ivan, o duplo narcísico aparece mais precisamente como o alicerce sobre o qual se efetua o desdobramento da sexualidade. Nesses três casos, os componentes perversos do complexo fraterno são ativos. Eles estão fundados na representação do duplo narcísico e do duplo bissexual, como defesa contra a diferença dos sexos, a diferença das gerações e o fantasma de castração.

Fantasma de bissexualidade e identificação bissexual

A questão da bissexualidade psíquica inscreve-se fundamentalmente na da diferença dos sexos[11]. Portanto ela tem parte ligada com a castração e com a renúncia ao prazer com o outro sexo:

---

11 O estudo de Ch. David (1920) sobre a bissexualidade psíquica é uma obra de referência, cujo eixo principal é conceber a bissexualidade como um processo através do qual a sexualidade está em ação.

assim ela está no centro do acesso ao princípio de realidade. Ela é antes de tudo um fantasma, em seguida uma identificação, e algumas vezes uma reivindicação. São as variações em torno desses desvios que eu gostaria de evocar agora, para desenvolver algumas de suas consequências no complexo fraterno e sua evolução.

Tratando da bissexualidade na autoanálise de Freud, D. Anzieu observa:

> "A bissexualidade psíquica não deriva da bissexualidade biológica: esta explicação é da ordem das teorias sexuais infantis. A bissexualidade resulta de identificações ao mesmo tempo masculinas e femininas, isto é, de um processo puramente psíquico: lá estará a explicação propriamente psicanalítica" (1973, p. 189).

A bissexualidade psíquica inscreve-se na textura dos desejos que ligam as gerações umas às outras, como Freud o pressentiu em "Para introduzir o narcisismo". É com toda razão que A. Green (1973, p. 253) coloca o acento sobre o desejo parental no destino da sexualidade infantil, particularmente no poderoso papel indutor do fantasma materno. A atribuição, pelos pais, de um sexo ao filho é uma "marca psíquica" que se forma depois de sua percepção do corpo do filho como forma sexuada, forma a confirmar ou a anular por eles ulteriormente. O próprio pai está preso num conflito relativo à bissexualidade psíquica.

Os precursores do fantasma de bissexualidade

J. Mac Dougall (1973), P. Fédida (1973, N. Zaltzman (1977), Ch. David (1992) assinalaram os precursores do fantasma de bissexualidade no desejo de anular a primeira perda constitutiva do objeto e inauguradora da separação do Outro materno. Para J. Mac Dougall, o ideal hermafrodita encontra suas raízes no ideal de fusão que une o filho ao seio materno. A busca de um estado ideal, no qual a falta não existe, comprova que o seio já está perdido, isto é, percebido como a essência de um Outro. O fantasma teria então esta função de negar esta perda e esta *sexion*-separação (N. Zaltzman) na figura nostálgica de uma unidade originária reiventada como bissexuada (J. Mac Dougall). A este valor nostálgico acrescenta-se a "função reparadora das aflições inelutáveis infligidas pela realidade ao narcisismo humano" (*op. cit.*, p. 262).

Um triplo valor está, portanto, ligado ao fantasma de bissexualidade: o valor nostálgico da unidade desfeita, o valor defensivo contra a angústia de castração; o valor reparador da aflição de ser "uma metade apenas da coisa sexual" (Mac Dougall, 1973).

Fantasma e bissexualidade psíquica e seção da unidade originária

Assinalamos este triplo valor no complexo fraterno de meus pacientes. A "secção" da unidade originária é o drama de Yseult: sua fórmula fundamental, a do masoquismo primário, "Onde me prendo, morro", faz com que a linha de partilha entre o corpo da mãe e o corpo do filho não pode efetuar-se senão sobre seu próprio corpo, como *sexion* real e como castração. A separação não pode ser feita senão pelo arrancamento. A impossível e mortal separação siamesa é ao mesmo tempo a dilaceração do nascimento, a ruptura mortal do cordão umbilical com o corpo comum da mãe e dos irmãos e irmãs, com o pênis oco que ela tem em comum com o irmão. Todo o desafio de trinchar o siamês se exprime no dilema da violência fundamental:[12] Se há eu, sou eu ou ele".

A nostalgia da unidade desfeita e a ideia da unidade perfeita se exprimem neste laço com a separação até então impossível.

---

12 J. Bergeret (1984) fez da violência fundamental o móbil decisivo da elaboração do complexo de Édipo, cuja resolução se enunciaria num "ou ele ou eu" jamais completamente assegurado. Vê-se aqui que a fórmula também se aplica à violência do desprendimento da fusão mortífera com o duplo fraterno.

O bloco que a coagula com a mãe, o irmão e a irmã forma um conjunto fortemente idealizado. A unidade perfeita seria retornar à massa idealizada dos irmãos e irmãs aglutinados à mãe, figura de seu Ego Ideal na imagem especular da multiplicação do semelhante. É esta figura que ela atribui à mãe quando ela diz, antes do sonho dos siameses, que "o ideal seria nascer gêmeos, menino e menina, a mãe teria tudo para ela". Ela seria homem e mulher, como o seria ela mesma pelo cumprimento do fantasma incestuoso, bissexual, com o irmão.

A bissexualidade fraterna aparece exatamente aqui como o sobreinvestimento do complemento sexual fálico: ser a irmã no irmão, o irmão na irmã. De um outro ângulo, ela aparece como a réplica em espelho da imago materna originária bissexual, poderíamos dizer onissexual, e ela lhe é ao mesmo tempo superponível e oponível. Pode-se supor, nesta base, que o fantasma incestuoso, bissexual, com o irmão também é um fantasma incestuoso com a mãe bissexual.

Fantasma de bissexualidade, defesa contra a castração e negação da diferença dos sexos

Todos os autores que consultei retomam esta proposição de Freud, de que o fantasma bissexual é uma defesa do narcisismo contra a angústia de castração, diante dos desejos homossexuais e heterossexuais interditos.

O complexo de castração se organiza como o impacto da prevalência do falo no narcisismo. O acesso a este complexo se efetuará tardiamente para Yseult: o pictograma do arrancamento da placenta é o material de base sobre o qual se formará o fantasma do nascimento como castração da mãe. A castração só pode ser negada, na medida em que ela é sustentada pela representação da secção da unidade originária, representação intolerável obturada pelo fantasma de bissexualidade.

O fantasma de bissexualidade adquire seu valor da recusa ou da negação da diferença dos sexos.

"A ilusão bissexual é construída sobre os baluartes da diferença dos sexos, mas ela encontra seus alicerces na relação primordial, no desejo, sempre atual, de anular esta separação do Outro, de negar esta alteridade impossível". (J. Mac Dougall, *op. cit.*, p 264).

Negação do primeiro corte (Zaltzman, *op. cit.*, p. 271), a negação da diferença dos sexos sustenta o desvio mortal do narcisismo primário negativo descrito por A. Green: o gênero neutro (Green, 1973) sela a extinção de todo desejo de ser homem ou mulher: nem um nem o outro, na falta de ser o um e o outro.[13] Em vez de a perda do objeto ser o motor da instauração do princípio de realidade (Freud, 1925), o fantasma de bissexualidade mantém a ilusão de autossuficiência; ele tem por correlato a destruição do outro e do que em si o representa, ele é correlativo de um empobrecimento erótico.

É tanto a experiência de Ivan como a de Yseult. Em Ivan, os jogos especulares são as expressões desta igualdade em espelho, esta bipartição simétrica do masculino e do feminino, que, como nota P. Fédida (1973), funciona em cada indivíduo e no casal. Mas funciona eletivamente no casal irmão-irmã, certamente como resseguro contra a separação, mas também como garantia contra

---

13 A. Green introduziu a ideia de que o pendente e o complemento da bissexualidade psíquica é o fantasma do gênero neutro, nem masculino, nem feminino, mas *neutro*, dominado pelo narcisismo primário absoluto e pelo despotismo absoluto de um ideal do eu tirânico e megalomaníaco. Sua fórmula poderia ser: "Uma vez que não posso ter tudo e ser tudo não terei e não serei nada" (p. 254). Fórmula que indica o esmagamento pulsional, a aspiração idealizante e megalomaníaca para um estado de aniquilação psíquica inclusa neste fantasma. "Não ser nada" aparece como a condição ideal de autossuficiência em que o narcisismo primário absoluto, negativo, "deseja o retorno ao estado quiescente, ele se exprime nas condutas suicidárias, extinção de todo desejo, de toda excitação, fascínio pela morte que subtende um fantasma de imortalidade". A totalidade é salva, a falta negada e a Fênix autogeradora e andrógina triunfa, imortal.

o horror da castração. Em Ivan, nesta configuração, o fantasma de bissexualidade sustém a negação da castração pela própria representação da secção simétrica da unidade originária.

Em Ivan, como em Yseult, e outras curas o confirmam, o fantasma de bissexualidade é mobilizado na evitação do complexo de Édipo. *A contrario*, o trabalho da separação, da diferença dos sexos e das gerações articula o complexo fraterno ao complexo de castração e abre a uma verdadeira instalação do complexo de Édipo.

O duplo narcísico, a bissexualidade psíquica e o incesto fraterno

O duplo narcísico e sua complicação na bissexualidade psíquica tomam toda a sua importância para abordar a questão central dos fantasmas incestuais e do incesto no complexo fraterno. Retomaremos esta questão no curso do capítulo 6. As curas fazem pensar que a questão do incesto, fantasmado ou realizado, se situa na interface da área formada pelo narcisismo e da área formada pelo complexo de castração.

As identificações bissexuais

O segundo componente da bissexualidade psíquica integra a diferença dos sexos nas identificações introjetivas masculinas e femininas pós-edipianas. É a meta última e fecunda da análise da neurose e do declínio do complexo de Édipo: tornar possível uma relativa reconciliação das identificações complementares, conflituais e contraditórias.

A. Green lembra em seu estudo de 1973 que:

> "As identificações paternas e maternas, governadas pelo complexo de castração, obedecem a uma lei de circulação das trocas; o complexo de castração não é operatório, senão quando ele adquiriu o sentido do sexo ao qual pertence o filho; ele não é contemporâneo da descoberta da diferença dos sexos, mas do momento em que esta

toma um significado organizador. Sua superação depende dos estágios anteriores que são reinterpretados mais tarde como precursores da castração (perda do seio e desmame, dom das fezes e controle esfincteriano). É necessário que os estágios pré-edipianos não sejam por demais conflitualizados para que o complexo de castração seja elaborado".

É precisamente isto que esbarra no complexo fraterno de meus pacientes, na cura de Yseult, na de Ivan e na de Pierre-Paul, de que vamos tratar no próximo capítulo. A dificuldade, e em certos casos a impossibilidade, de elaborar o conflito psíquico num fantasma de cena primitiva não destruidor torna intolerável colocar em jogo desejos e identificações complementares e contraditórias que organizam os lugares e os papéis no fantasma, sua permutação e sua inversão. O acesso a este fantasma é também o acesso a um processo em que o sujeito se torna objeto e sujeito ao mesmo tempo.

O fantasma de bissexualidade e as identificações bissexuais como motor da criatividade

A bissexualidade psíquica é – como mostrou J. Mac Dougall – uma constante da criatividade e da criação artística. Libertação de energias, a criação supõe a superação do fantasma de hermafroditismo psíquico. Nem abolição, nem exacerbação da diferença dos sexos, ela é uma reconciliação das identificações conflituais, uma retomada da introjeção das diferenças. Ch. David coloca em questão esta concepção das relações entre sexualidade e criação (*op. cit.*, p. 74s) quando ele avança a ideia de que uma dinâmica antissexual, conduzida pela pulsão de morte, seria um poderoso motor da criação literária.

Sem estabelecer aqui a discussão sobre este problema, penso que a criatividade é, por um lado, uma integração da bissexualidade psíquica, mas também um debate com os componentes antagonistas, libidinais e destruidores da pulsão. Muitos exemplos foram dados por M. Clouzot (1990), em seu livro de antologia sobre os casais fraternos criadores, e pelos autores reunidos na obra dirigida por W. Bannour e Ph. Berthier (1992) sobre as "paixões secretas" entre irmão e irmã e suas expressões no mito e na criação literária.

Baudelaire escreve em *Paraísos artificiais* (1860):

> "Os homens que foram criados pelas mulheres e entre as mulheres não se parecem totalmente com os outros homens, mesmo supondo a igualdade no temperamento ou as faculdades espirituais. O embalo das amas de leite, as carícias maternas, as meiguices das irmãs, sobretudo das irmãs amadas, espécie de mães diminutivas, transformam, por assim dizer, moldando-a, a parte masculina. O homem que, desde o começo, esteve durante muito tempo banhado na mole atmosfera da mulher, no odor de suas mãos, de seu seio, de seus joelhos, de seus cabelos, de suas roupas macias e flutuantes, [...] contraiu uma delicadeza de epiderme e uma distinção de acento, uma espécie de androginidade, sem as quais o gênio mais áspero e mais viril continua, relativamente à perfeição na arte, um ser incompleto. Enfim, quero dizer que o gosto precoce do mundo feminino, ***mundi muliebris***, de todo este aparelho ondulante, cintilante e perfumado, faz os gênios superiores".[14]

Não se pode exprimir melhor a integração dos desejos bissexuais da primeira infância no ato criador, resultado "de crianças psíquicas partenogenéticas", como escreve J. Mac Dougall.

É neste debate com o fantasma de bissexualidade e as identificações bissexuais na infância que se formam, num registro mais radical ainda, os laços das irmãs Brontë com seu irmão Branwell. Em *O morro dos ventos uivantes,* Emily faz sua heroína, que ela

---

14 A celebração da irmã na poesia de Baudelaire é uma constante de sua inspiração.

dota de um irmão adotivo, Heathcliff, dizer: "Minha única razão de viver é ele. Se todo o resto perecesse, mas ele permanecesse, eu continuaria a existir; mas se todo o resto permanecesse e ele fosse aniquilado, o universo se tornaria estranho para mim. Eu sou Heathcliff. Ele está sempre em meu espírito, não como um prazer, não mais do que eu sou sempre um prazer para mim mesma, mas como meu próprio ser". No selvagem Heathcliff encontra-se a violência demencial de Branwell-Emily, a potência dos laços irmão-irmã.

Emily Brontë encontrou, reconstituiu e criou no personagem de Heathcliff, em sua selvageria, toda esta paixão violenta e demencial entre irmão e irmã; e poderíamos dizer que efetivamente eles são um e o outro, irmão é irmã, o autor único do *Morro dos ventos uivantes*.

Capítulo 4

O intruso e o rival

A ambição, a inveja e o ódio no complexo fraterno

> *"Vi e observei bem uma criança dominada pela inveja: ela ainda não falava, mas olhava, pálida e com olhar de aversão, seu irmão de leite. Quem já não observou este fato?"*
> (Santo Agostinho, *As confissões*, livro I, cap. VII)[1]

Freud lembrou-se desta célebre observação quando comentou a cura do pequeno Hans. Esta observação dos laços fraternos é, em suma, banal, como observa Santo Agostinho. Todavia, se a ambição, o ódio e a inveja são antes de tudo componentes essenciais do complexo fraterno, este não é estritamente dependente dos laços fraternos, visto que não é somente a irmã ou o irmão reais que são o objeto da inveja e da agressividade, mas também o irmão ou a irmã imaginários. M. Klein nos esboçou o retrato de Erna, filha única e mesmo assim invejosa.[2]

Neste capítulo exporei primeiramente as vicissitudes dos componentes arcaicos do complexo fraterno na cura de um paciente. Em seguida, veremos como se articula este momento ar-

---

1 Trad. de J. Trabucco, Paris, Garnier-Flammarion, 1964, p. 22.
2 Num breve artigo sobre o filho único, Winnicott (1945 a, trad. fr., p. 153-159) escreve que o que falta ao filho único é descobrir o ódio quando o novo bebê ameaça a relação segura estabelecida com a mãe e o pai. Ele também sublinha que a chegada de um novo bebê significa que a mãe e o pai se amam sempre.

caico com o impacto do complexo edipiano sobre o complexo fraterno. Examinarei, num capítulo ulterior (cap. 10), como os laços de grupo e de instituição mobilizam o complexo fraterno nas dimensões da rivalidade e do ódio, da ambição e da inveja; como, sem jamais serem reduzidos, eles são contudo transformáveis e necessariamente transformados para que os laços possam engajar-se sob o signo de Eros, para que os casais, as famílias, os grupos, as instituições e os sujeitos que os formam possam viver juntos.

PIERRE-PAUL OU O IRMÃO NASCIDO DE UMA MORTE CERTA

Partirei de um movimento contratransferencial na cura de um de meus pacientes. Pierre-Paul é o primogênito de uma fratria de quatro. Um irmão o segue, o segundo, com diferença de um ano. Dezoito meses depois vem uma irmã, só mais tardiamente mais um irmão. Esta cura estagnou durante um período difícil para ele e para mim, e esta dificuldade durou tanto que não estive em condições de compreender que o conflito que se havia estabelecido em torno de seu violento desejo homicida em relação a seu irmão caçula se organizava não diretamente na lógica do complexo de Édipo, mas na de dois outros, cuja estrutura é diferente: a que rege o que J. Lacan designou como triângulo pré-edipiano e a que organiza o que J. Laplanche nomeou como triângulo rivalitário.

O fantasma do homicídio do irmão

Para meu paciente, o fantasma de matar o irmão não era para ser entendido primeiramente, neste momento de sua cura, como o deslocamento defensivo de um desejo parricida, mas como a realização imaginária e angustiante de dois desejos intricados e contraditórios, desejos que se mantinham juntos em seu fantasma nodal. Em seu fantasma, o irmão era o filho nascido de um incesto oral sádico com a mãe, de uma mordida no seio da mãe. Ele não podia descolar-se desse irmão que lhe roubava o seio, que o desalojava de sua posição de complemento fálico narcísico de sua mãe. Seu medo era que, se ele crescesse, seu crescimento iria matar seu irmão e este homicídio o privaria definitivamente de sua posição fálica junto de sua mãe. Mas seu irmão colado à mãe como o fruto venenoso de seu desejo trazia também o calor e a sensualidade da mãe, e ele não podia renunciar, por causa de sua raiva, a manter este laço de sensualidade, de odor, e a ter contato, através do irmão.

Já se pode ver que mais de uma qualidade de laço o prende a este irmão: o laço que eu chamarei homossexualidade fraterna incestuosa, aquela que M. Tournier evoca na figura exemplar do casal gemelar do *Meteoros*; mas também o laço passional de amor e de ódio pela mãe, ódio projetado sobre o duplo fraterno. Não é raro que a violência contra o irmão seja de fato uma tela ou um escudo do ódio em relação à mãe. No caso de meu paciente, o ódio do irmão também tinha por função poupar os pais e protegê-los assim do ódio contra eles. Mas esta deflexão não passa de uma espécie de resolução mágica, visto que a questão é para o filho aceitar seu ódio e representar-se como terceiro excluído do casal parental.

Este irmão predador, nascido de sua própria ambição predatória, este intruso odiado e amado como seu duplo, é também um irmão "depósito de lixo": é sua senha, e na família é chamado, como é costume na Provença, o *cagonis*. Para ele, e desta vez em seu fantasma, o irmão é este bolo fecal informe, carregado de ódio e que se prestará à identificação projetiva com a mãe. Ele é, portanto, também este depósito no qual ele se desembaraça de suas representações e de seus afetos intoleráveis, de sua violência, dos dejetos que ela produz e que o transformariam em "piolheira",[3] se ele não tivesse a sua disposição este meio para

---

3 Temos aqui ainda uma confirmação da observação de Freud (1916, p. 154) sobre a simbolização do irmão ou da irmã como animal ou como *vermine*. Ver também o estudo de C. Rigaud (1992) sobre as figuras animais e as pulsões fratricidas.

manter esta imagem idealizada de si mesmo, que deveria fazê-lo lugar-tenente do falo materno, ser causa do prazer da mãe. É por isso que nem as exigências do id, nem sua violência e sua raiva, nem suas dejeções invejosas são compatíveis com a salvaguarda de sua posição de Único.

Irmão-enigma, por conseguinte, familiarmente inquietante a si mesmo, porque projeção de seu próprio enigma. Ele não podia, à letra, compreender seu irmão, nem compreender a si mesmo em sua relação com ele. Tanto que, diabólica intuição do ódio que está em jogo entre os irmãos e instalação de sua própria ambição, isto é, má sorte para seu filho, a mãe lhe havia confiado a guarda dele. Ela colava assim a seu fantasma e confirmava de alguma forma que ele havia se tornado como o Pai. Isto acontece muitas vezes com os primogênitos, e este episódio me fez compreender toda a ambiguidade do protesto de Caim: "Sou porventura o guardião de meu irmão?" É precisamente sobre esta questão que se elabora minha posição contratransferencial.

Mantendo no primeiro plano a referência ao complexo de Édipo, nesta fase da cura e da transferência da neurose infantil, eu mantinha o enigma do irmão, estendia para o Édipo o que não podia primeiramente desligar-se, a não ser nos desafios do triângulo pré-edipiano e das identificações precoces, escamoteava a violência do ódio e do amor no triângulo rivalitário. Inconscientemente, e para manter inconscientes para mim e para ele esses desafios, liguei num pacto negativo a resistência comum a não pensar a que ponto o complexo fraterno é de um vigor fundador na estruturação da psique.

Desejos de mortes e realização do homicídio
A intrusão do real

Eu apenas havia começado a elaborar os aspectos pessoais de minha resistência quando sobreveio, no real, a morte do irmão há muito tempo perdido de vista.⁴ A repentina realização de seu fantasma, o ponto de referência e a análise ainda insuficientes deste fantasma contribuíram talvez, não temos o meio de sabê-lo, para a eclosão de uma doença somática longamente preparada por um grave distúrbio de alimentação. À morte do irmão (ele não pôde dizê-lo, senão muito mais tarde), ele não pôde ter experimentado senão isto: branco, nada mais do que branco, e depois esta mordedura, esta picadura no ventre. O irmão mortífero tinha sido colocado em parto neste lugar de seu corpo, como ele tinha nascido desta mordedura e tinha sido votado a uma "morte-certa", uma morte que os aglutinava juntos, a mãe, o irmão e ele, como as células de um câncer, como um "tumor" da mãe. A violência fundamental apontava também para esta palavra sem designar-lhe o destinatário: ele ou o irmão?

O trabalho de análise que pudemos fazer desvelou as dimensões que o complexo fraterno havia tomado para ele, e foi preciso discernir os pontos de ligação antes que ele pudesse ser reconhecido em sua perlaboração edipiana. Matar o irmão é fazer desaparecer o dom incestuoso envenenado, o filho abismado e piolhento, preso no seio, alojado em seu corpo, seu próprio duplo que o colocou no desafio de se manter na posição de ser o falo materno ou em perigo de não coincidir com o objeto fantasmático do desejo da mãe. Não ainda o Pai, mas o Falo, isto é, o Filho-pênis-fezes, ao qual ele se identificava. De um certo lado, através de seu desejo de homicídio em relação ao objeto parcial da mãe, ele também realizava seu desejo de matá-la, de libertar-se de seu domínio. Mas, de um outro lado, matar o irmão, enquanto duplo odiado, era poupar a mãe e manter-se contraditoriamente na posição de

---

4 Cf. mais adiante, capítulo 8, o estudo dos efeitos psíquicos da morte de um irmão ou de uma irmã.

seu complemento narcísico fálico e, por conseguinte, na angústia de ser arrebatado em seu desejo, de ser soldado como o irmão a seu corpo ou de ser selvagemente arrancado dele.

É isto que Rosolato descreve como o duplo narcísico, sobre o qual pode efetuar-se a deflexão do ódio e graças ao qual a proteção da mãe pode ser assegurada. Esta deflexão é para ele uma tentativa inacabada de sair da armadilha, na qual está preso e que aferrolha seu conflito identificatório. Ele se identifica de maneira perigosa à mãe "portante", sendo ele mesmo porta-irmão e irmã, cola-os a ele, deve cuidar deles, em virtude do mandato materno que o obriga a "portá-los", especialmente o caçula. Mas ele também está em rivalidade vital com os irmãos e irmãs, portados por ela e por ele, que ameaçam destroná-lo de sua posição de primogênito. Este aferrolhar mostra a intensidade de seus ataques invejosos contra seu irmão mais novo, e o retorno de seu ódio contra ele mesmo. Ele também mantém seu desejo de ser uma filha para escapar à castração. Também aqui ele é confrontado com uma lógica paradoxal que o obriga a escapar da castração castrando-se: ele se identifica mais com o que "cai ou sucumbe" do que com o que é bem- sucedido.

Pierre-Paul identificou-se com seu pai como a um homem que sucumbe. Por ocasião de uma sessão, ele se pergunta como os pais morrem: "Num dado momento, o pai cai, não se sabe por que, ele é tomado de uma força que o domina". Ele associa: "Havia um acordo tácito em minha família, um acordo querido e defendido por minha mãe, segundo o qual meu pai não devia saber nada do que se passa na família, para não preocupá-lo". Em suma, sua mãe o tratava como um de seus filhos. Pode-se supor que a colocação do pai em sua função sexual junto à mãe se tornou difícil por causa do lugar que a própria mãe lhe atribuía. E pode-se também supor que o fantasma, segundo o qual o pai tinha sido para ele "como um irmão mais velho", provavelmente se apoia nesta percepção de seu lugar no desejo da mãe, que lhe abre assim a via para seu desejo incestuoso. É esta particularidade que constitui o complexo fraterno de Pierre-Paul em sua especificidade e em sua função de impedimento do complexo edipiano.

No decorrer de uma fase da análise, ele será tomado de raiva por não poder fazer um filho como a mãe. A análise de um sintoma de dor de barriga nos levará a pensar que ele quer colocar um filho em seu ventre para fazê-lo explodir; ela, como se a identificação projetiva (projétil) no ventre materno o ameaçasse, ele, como se a delegação feita a seu irmão de ser seu duplo violento não pudesse ter sido suficientemente eficaz, a ponto de dispensá-lo de pagar com seu peso de carne sua paixão por sua mãe e por seu apêndice fraterno.[5] Porque é exatamente numa relação de paixão açambarcada pelo complexo fraterno que se bloqueou a elaboração do complexo de Édipo.

Um outro fantasma aparece no sonho: ele bate em seus pais com um batedor de basebol. Ele os bate para separá-los e evitar que façam um filho. Para a sessão seguinte, ele traz um outro sonho: dois ovos colocados um sobre o outro, formando um oito, o leva a representar dois casais gêmeos que se abocam um ao outro, ameaçam devorar-se um ao outro, ou se transfundem sangue e sem dúvida esperma (a albumina do ovo). Ele forma com seu irmão um desses dois casais, o outro é o casal dos pais. O irmão está situado como uma espécie de chave que abre ou bloqueia a passagem entre os dois ovos, ou como uma abertura que regula o escoamento de um ovo num outro. As gerações são, ao mesmo tempo, separadas e soldadas, os protagonistas da cena primitiva permutaram, mas trata-se apenas de um efeito de espelho e de um movimento perpétuo, que o fascina, como a figura da banda de Moebius.

---

5 Os sonhos dos filhos no momento de nascimento de um segundo irmão, muitas vezes, têm este conteúdo, e acontece que eles voltam na cura, como foi o caso de Pierre-Paul: colocar o bebê no forno (colocá-lo de novo no forno, no ventre materno), ou fazê-lo ser devorado por um lobo, ou jogá-lo numa gruta, fazer explodir uma casa...

Trabalhamos sobre o estrangulamento do oito, que toma para ele a figuração do lugar de passagem para a porta do quarto dos pais e sua reverberação, simétrica e antagonista no ovo gemelar. O irmão se mantém no lugar da passagem e do bloqueio, do escoamento ou da oclusão. Ele é capaz de manter juntos ou, ao contrário, de fazer romper-se o casal parental. Portanto, é preciso cortar o oito em seu nó: o fantasma de matar o irmão oculta um outro, o de destruir o casal parental, ou mais exatamente matar a mãe, como no fantasma inicial o pai o fez, e como em seu fantasma, segundo ele, deve fazê-lo, para libertar-se do domínio materno e de seu fantasma incestuoso. O fratricida substitui-se por um matricida. É por esta razão que o irmão não poderá ainda ser integrado em sua psique: esta integração é impossível, enquanto não se desenvolver a análise dos valores tomados pelo objeto-irmão incestuoso para Pierre-Paul.

O trabalho da análise consistirá, para um longo período da cura, em desdobrar essas hipercondensações, depois liberar esses enquistamentos do edipiano no adélfico e essas regressões do complexo fundamental no complexo fraterno.

Somente quando a análise do complexo fraterno pôde ser engajada é que começou na transferência um recurso edipiano para a imagem de um pai ternamente amado, depois desafiado a salvá-lo deste impasse e a separá-lo da mãe. Primeiramente, o pai era constituído como um rival fraterno. A oscilação do triângulo pré-edipiano e do triângulo rivalitário para o triângulo edipiano passa por este traço da entrada no complexo de Édipo para o menino (Lacan o havia sublinhado em 1956), depois como polo identificatório homossexual. Com isso, a relação de Pierre-Paul com sua mãe foi transformada: para ele, ela tomou mais nitidamente o rosto da Amante, depois de ter tomado o da Morte.

"Quero que ele me deteste a fim de odiá-lo"

Este verso de Racine está na boca de Etéocles contra Polinice. O ódio implacável entre os dois irmãos, seu destino fatal, poderia ser um fio vermelho da tragédia de Pierre-Paul. Ele é Pierre e seu irmão Paul: também ele tentou nutrir seu ódio da detestação que ele suscitava em seu irmão. A antiga execração de Etéocles e de Polinice, em sua rivalidade para conservar ou conquistar o trono que Édipo deixou vacante, tem origem na história que os faz nascer "de um sangue incestuoso". Assim fala Etéocles a Creonte deste ódio arcaico, obstinado, que visa tanto o pai-irmão como a matriz materna:

> "Ele nasceu conosco; e seu negro furor
> logo que a vida entrou em nosso coração.
> Nós éramos inimigos desde a mais tenra infância;
> sou tentado a dizer que já o éramos antes de nascer.
> Triste e fatal efeito de um sangue incestuoso".[6]

O objeto irmão arcaico em Pierre-Paul

Indiquei brevemente como Pierre-Paul investia o objeto-irmão: um bolo fecal informe, carregado de ódio, destacável; este objeto arcaico está numa relação equivalente com outros objetos parciais e com os continentes similares entre o corpo da mãe e seu próprio corpo, devendo esta similaridade ser compreendida como o resultado de sua identificação projetiva com a mãe.

Pierre-Paul será o porta-irmão de seu filho seio-mamilo incestuoso mordido no coito oral sádico com a mãe. Mas o alojamento de seu irmão-inimigo, o irmão-câncer devorador em seu próprio corpo, havia tornado impossível, até então, o pensamento de que representava seu irmão. Para poder pensá-lo, foi preciso que ele pudesse separar-se dele, como da mãe. Ora, ele não podia desfazer-se dele sem desfazer-se de si mesmo. Ele não podia pensá-lo

---
6 J. Racine. *La Thébaïde ou les Frères ennemis*, ato 4, cena 1.

e pensar a si mesmo como irmão, em razão do retorno do ódio sobre seu corpo, como para preservar sua própria imagem junto da mãe. E como o sintoma era verdadeiramente "provido de diversos lados", ele não podia dar-se uma representação simbolizada de seu irmão e de seu próprio lugar junto dos pais, porque este enquistamento do irmão-câncer era sustentado por um fantasma incestuoso com o irmão incluso na mãe.

Pierre-Paul curou-se de seu câncer, sem dúvida sob o efeito do tratamento médico que ele seguiu, mas tudo dá lugar a pensar que isto também foi efeito de sua libertação da fantasmática mortífera que o ligava a este irmão, duplo odiado do qual ele podia enfim libertar-se.

A VIOLÊNCIA FRATERNA E SEUS DESTINOS

A análise de Pierre-Paul revelou a prevalência da ambição e do ódio no complexo fraterno. A inveja não pôde constituir-se, senão quando a cobiça foi reabsorvida. A violência inclusa nessas duas formas do ódio é muito diferente. A ambição é sustentada pelo ódio do que o outro é, a inveja pelo ódio do que ele possui.

Freud, a inveja, o ódio

Desde 1897, numa carta a Fliess, de 3 de outubro, a propósito da morte de seu irmãozinho Julius, Freud confia a seu amigo que o nascimento desse irmão havia suscitado nele "maus desejos, uma verdadeira inveja infantil, e que sua morte (ocorrida alguns meses depois) havia deixado [nele] o germe de um remorso". Em *Três ensaios* (1905), ele aponta a ameaça que o nascimento de um irmãozinho ou irmãzinha representa para a criança: o desejo de exclusão do rival está associado ao desejo de ter um filho com a mãe. Mas a posição de Freud sobre a inveja e a rivalidade fraternas parece ter sido contraditória, em todo caso flutuante.

*Posições contraditórias de Freud sobre a inveja
e a rivalidade fraternas*

Num excelente artigo sobre as perspectivas psicanalíticas que podem explicar relações entre a criança e a inveja, J.-F. Rabain (*op. cit.*) propõe um debate diversificado sobre a posição de Freud a propósito da inveja e da rivalidade fraternas.[7] Ele indica que dois textos de Freud, um datado de 1917 e o outro de 1932, enunciam, sobre esta mesma questão, duas opiniões radicalmente opostas e contraditórias. Em 1917, em "Uma recordação de infância em *Dichtung und Wahrheit* (Poesia e verdade) de Goethe", Freud faz alusão à inveja que Goethe havia sentido, na idade de três anos, devido ao nascimento de um irmãozinho, depois aos sentimentos semelhantes que se haviam apoderado dele diante de sua irmãzinha, Cornélia, nascida quando ele não tinha mais de quinze meses. Freud nega que Goethe pudesse ter sentido tal inveja: "Esta pequena diferença de idade, escreve ele, a coloca fora de questão como objeto de inveja".

Rabain nota que Freud escreve o contrário em seu artigo sobre a feminilidade, de 1932:

> "A criança, mesmo quando não tem mais de onze meses mais do que o recém-nascido [...], tem pelo intruso, pelo rival, um ódio ciumento. O recém-vindo não destronou e desaposou seu primogênito? E o rancor é tenaz também contra a mãe infiel que partilha entre os dois filhos seu leite e seus cuidados".

---

7 A obra de L. Corman (1970) foi importante referência na análise da rivalidade fraterna. É composta de duas partes, uma centrada nas manifestações da rivalidade fraterna, sua interpretação das modalidades de defesa do Eu contra a rivalidade fraterna, a outra no diagnóstico da rivalidade por meio das técnicas projetivas.

Rabain assinala que:

"[...] onze meses, é exatamente a idade de Freud no momento do nascimento de seu irmão Julius. Nesta idade precoce, o próprio Freud sentiu uma inveja que ele reconhecerá ter vivido diante de Fliess, ainda que tenha recusado atribuir tais sentimentos a Goethe na época do nascimento da irmã dele".

Rabain se pergunta se há lugar para compreender que esta negação surpreendente seria o traço de uma identificação inconsciente que ligaria Freud ao grande escritor, idealizando-o?

"Esta negação é tanto mais surpreendente porque na mesma época, no capítulo XIII da *Introdução à psicanálise* (1917), Freud reconhece que esta rivalidade pode ter lugar em relação aos dois sexos".

Freud escreve de fato que:

"A criança não ama necessariamente seus irmãos e irmãs e geralmente não os ama absolutamente [...] ela vê neles concorrentes [...] e geralmente é a atitude hostil que é a mais antiga. [...] Consequentemente, a criança aproveita todas as ocasiões para desqualificar o intruso, e as tentativas de prejudicar, os atentados diretos, não são raros nesses casos" (Freud, 1917, *op.cit.*).

Ele lembra que os sonhos de desejo de morte em relação a um irmão ou uma irmã, já assinalados em *A interpretação do sonho*, têm sua fonte na primeira infância do sonhador.

Voltaremos a isso repetidas vezes. Para Freud, o ódio e as pulsões fratricidas, a inveja e a rivalidade são primárias no laço entre irmãos e irmãs – no que ele chamará uma única vez de complexo fraterno. Freud faz, muitas vezes, a observação desse complexo, e primeiramente na análise interposta do pequeno Hans: ele observa que alguns sintomas fóbicos de Hans, a fobia do banho, por exemplo, estão associados a suas fantasias, nas quais imaginava sua irmãzinha afogar-se no banho dado pela mãe. Para Freud, como para seus discípulos, a inveja fraterna resulta nesta violenta percepção do irmão ou da irmã que priva a criança do seio e do amor da mãe. Vimos que A. Freud adotará esta posição que subordina o complexo fraterno ao complexo edipiano.

Freud não faz distinção entre a ambição, a rivalidade e a inveja, e é essencialmente da inveja que ele fala. Ele considerava que "a inveja pertence a esses estados afetivos que podem ser qualificados de normais, ao mesmo título que o luto" (1922). A inveja normal está ligada à dor sentida pela perda do objeto amado, à humilhação narcísica que está ligada a ela. Ele escreve em 1917:

> "Se nascem outros filhos, a inveja é reavivada cada vez com a mesma intensidade. O fato quase não é modificado quando o filho continua sendo o preferido da mãe, porque o amor do pequeno ser não tem limites, exige a exclusividade e não admite nenhuma partilha" (Freud, 1917, *op. cit.*).

A chave da explicação é que "é a si mesma que a criança ama em primeiro lugar. Só mais tarde ela aprende a amar os outros e a sacrificar a outros uma parte de seu ego... É o egoísmo que lhe ensina o amor" (*op. cit.*).

A inveja é, portanto, normal e necessária:

> "A inveja pertence aos estados de afeto que temos o direito de qualificar de normais. Quando a inveja parece faltar no caráter e comportamento de um ser humano, é justificável pensar que ele sucumbe a uma forte repressão e desempenha, por este fato na vida da alma inconsciente, um papel tanto maior" (1922, G.-W. XIII, 195, trad. fr., O.C.F., XVI, 87).

A inveja é constante em todo laço fraterno.[8]

---

8 C. Vidailhet e P. Alvarez, num artigo sobre a clínica da inveja fraterna (1988), sublinham a banalidade dos sentimentos de inveja. Ela é tal "que quase não existe consulta de pedopsiquiatria em que esses sentimentos de inveja não sejam evocados: quer os pais encontrem neles uma explicação fácil para os sintomas de um de seus filhos, permitindo-lhes prescindir de uma análise mais

"Os sentimentos hostis contra o rival que foi preferido estão profundamente arraigados no inconsciente. Remontam ao complexo de Édipo e ao complexo fraterno do primeiro período sexual" (1922, *op. cit.*).

Por conseguinte, a inveja fraterna é "proveniente do complexo materno" contra rivais (irmãos de mais idade). Esta rivalidade induz a atitudes intensamente hostis contra os irmãos e irmãs.

O que é a rivalidade?

A noção de rivalidade merece uma explicação à parte: a rivalidade designa primitivamente o acesso à água pela margem de um rio, de um afluente ou de um lago. A competição necessária para garantir este acesso a um bem necessário à vida carregou esta noção de uma nota de vigilância e de combate. O amor, o seio, o objeto possuído pelo outro são margens em que se vive o risco da falta, da raridade. A margem também é separação, partilha da terra e das águas, limites, fronteiras: brincar na margem, como o filho de Tagore de que fala Winnicott em exergo de *O brincar e a realidade,* é brincar com um espaço de trânsito. Se não encontramos este espaço, a margem nos imobiliza, nos prende, nos fixa.

Inveja e identificação homossexual: gênese da ternura e dos sentimentos sociais

Geralmente a posição de Freud sobre o complexo fraterno é considerada uma constante neste ponto: a inveja, a rivalidade e a

---

aprofundada de sua relação com este filho; quer, contra toda evidência, os pais neguem todo sentimento de inveja entre seus filhos, obcecados por seu desejo de criá-los num ideal de amor, de ajuda mútua e de partilha; quer os pais deplorem esses sentimentos em seus filhos, mais ainda porque há anos eles evitaram cuidadosamente fazer diferenças" (p. 65).

inversão do ódio em ternura homossexual constituem o essencial da experiência psíquica no laço fraterno. Freud escreve:

> "Existem, antes de tudo, moções de inveja e de hostilidade que não podem resultar em satisfação, e os sentimentos de identificação, de natureza terna como de natureza social, nascem então como formações reacionais contra os impulsos de agressão reprimidos" (G.-W. XIII, 206, trad. fr. p. 280).

E conclui assim:

> "Do ponto de vista psicanalítico, somos habituados a conceber os sentimentos sociais como sublimações de posições de objeto homossexuais" (G.-W. XIII, 207).[9]

Mais adiante ele precisa o laço com a identificação:

> "[...] os sentimentos sociais nascem no indivíduo como uma superestrutura que se eleva acima das noções de rivalidade invejosa entre Irmãos-e-Irmãs [*die Geschwister*]. Como a hostilidade não pode efetuar-se sem dano, opera-se uma identificação com aquele que era primeiro o rival. Observações feitas sobre casos leves de homossexualidade vêm em apoio da suposição, segundo a qual também esta identificação é o substituto de uma escolha de objeto terno que tomou o lugar da atitude agressiva-hostil" (G.-W. XIII, trad. fr. p. 250).

A matéria da identificação está aí, nesta transformação dos sentimentos de rivalidade, num amor pelo objeto anteriormente odiado.

A tese já foi formulada em 1922 em seu artigo "Sobre alguns mecanismos neuróticos na inveja, paranoia e homossexualidade".

---

9 Ou ainda: "Os sentimentos sociais foram adquiridos quando foi preciso superar a rivalidade que subsistia entre os membros da jovem geração" (G.-W. XIII, 265, trad. fr. 250).

A tese de Freud é que a homossexualidade se constitui a partir de uma rivalidade superada em face dos irmãos e de uma tendência agressiva reprimida. Os sentimentos hostis para com um rival são reprimidos sob a influência da educação, depois eles se transformam em seu contrário, se bem que "os rivais anteriores se tornam os primeiros objetos de amor homossexuais". Homossexualidade e inveja são "resultantes do complexo materno": isto é, "o complexo fraterno", ele mesmo, é resultado da primeira ligação com a mãe. Freud descreve o investimento erótico homossexual sob três dimensões: a fixação e a identificação à mãe, a escolha do objeto narcísico e a renúncia à concorrência com o pai, devido à intensidade da angústia de castração.

Freud comenta:

> "Uma tal saída da ligação à mãe apresenta numerosas relações interessantes com outros processos, particularmente com uma amplificação de processos que leva à gênese individual das pulsões sociais" (G.-W. XIII, 206; trad. fr. 280).

A violência da ambição: os aportes de M. Klein

Na teorização psicanalítica, a violência da ambição foi elaborada por M. Klein depois das primeiras perspectivas abertas por K. Abraham sobre os destinos da pulsão oral. A ambição de que se trata é a ambição primária dos seis primeiros meses de vida, a ambição dirigida contra o seio a esvaziar e a destruir, a ambição à qual os afetos violentos associados à angústia de castração oral conferem um poder incontível. A noção estendeu-se em seguida a outros objetos além do seio, a objetos parciais, entre os quais um dos equivalentes é o irmão.

Para M. Klein:

> "A ambição é uma manifestação sádico-oral e sádico-anal das pulsões destrutivas. Ela intervém desde o começo da vida e tem uma base constitucional" (1957, trad. fr. p. 11).

M. Klein faz da ambição uma manifestação dos efeitos da pulsão de morte. Ela a associa desde o nascimento à intensa angústia perseguidora provocada pelo dar à luz. Entretanto, desde a vida pré-natal, a dualidade das experiências desagradáveis e tranquilizantes vai formar a matriz da relação inicial com o seio. A ambição é responsável pela dificuldade de elaborar o bom objeto. Tudo se passa como se o seio tivesse conservado para si a satisfação da qual o bebê se sente então espoliado. A ambição o confronta ou a ser o objeto ou a destruí-lo, a devorá-lo com os olhos em vez de destruí-lo.

Eu gostaria de sublinhar, ao lado do componente sádico da ambição, sua dimensão masoquista. Suscitar a ambição, fazer cobiçar, é mostrar ao outro o objeto parcial que possuo, para fazê-lo sofrer, mas é também suscitar no outro o desejo de me destruir, retorno em espelho de meus próprios impulsos cobiçosos. Tanto de um lado como do outro, é manter o desconhecimento da falta na onipotência.

M. Klein distingue a ambição da inveja e da avidez. A ambição, escreve ela, "é o sentimento de cólera que o sujeito experimenta quando teme que um outro possua alguma coisa de desejável e usufrui dela; o impulso ambicioso tende a apoderar-se deste objeto ou a prejudicá-lo" (*op. cit.*, p. 18). Vamos reter dessas características a noção de um "impulso ambicioso", a ideia de que este impulso se inscreve na relação de exclusividade com a "mãe", que ele está marcado pelo narcisismo, mais precisamente pelo narcisismo de morte. Sua fórmula genérica é querer possuir o que o outro possui para ser o que ele é. Portanto a destruição do objeto é também uma destruição do outro. Por todas essas razões, a ambição é um componente importante da identificação projetiva, como M. Klein o sublinhou tantas vezes: ser o que o outro é; se não, destruí-lo.

A inveja se funda na ambição, mas M. Klein a inscreve numa outra estrutura: ela implica a triangulação. O sentimento invejoso refere-se ao amor que um ou uma arrebatou, ou poderia arrebatar ao sujeito que considera este amor como lhe sendo devido. Aqui o medo maior é de perder o que se possui. Por conseguinte, a fórmula genérica da inveja é diferente daquela da ambição: trata-se de ter e não de ser, ter o que o outro tem, essencialmente o amor do objeto. A experiência de uma perda possível abre para a depressão: a inveja está "além da ambição".

Quanto à avidez, Klein nos diz que ela é a marca de um "desejo imperioso e insaciável", sempre insatisfeito, que vai além do que o sujeito necessita e além do que o objeto pode conceder". A ambição é sustentada por um fantasma de esvaziamento, de esgotamento ou de devoração do seio materno, sua finalidade é uma introjeção destrutiva, sendo a destrutividade ou o dano um traço comum à ambição primitiva e à avidez.

Quando predominam os ataques sádicos orais e anais contra o seio e os conteúdos do ventre materno, a experiência do bom objeto e do prazer não pode estabelecer-se duravelmente e dar acesso à experiência da gratidão, isto é, à capacidade de amar, de ser generoso e criativo. Essas experiências e essas qualidades psíquicas novas se constituem além da ambição.

Classicamente, em Freud e M. Klein, a inveja está associada à rivalidade com o pai, e portanto ao complexo de Édipo. A evolução desse complexo está estreitamente correlacionada com as características da primeira relação exclusiva com a mãe. M. Klein afirmou que, quando esta relação é precocemente perturbada, a rivalidade com o pai aparece prematuramente e a ambição transforma o pai em intruso hostil.

Essas perspectivas inscrevem a problemática da ambição e da inveja essencialmente no complexo de Édipo. As relações imaginárias (fantasmáticas, imagoicas) com os outros membros da família, e especialmente com os irmãos e irmãs, são tratadas com base no complexo nuclear, o que faz prescindir da especificidade do complexo fraterno.

A violência fraterna, a ambição do seio e a destrutividade primária em Pierre-Paul

A violência invejosa contra o irmão em Pierre-Paul encontra sua fonte em duas organizações psíquicas intimamente correlacionadas: a ambição do seio e a destrutividade primária contra o seio materno; o fantasma de uma cena primitiva sádica. Este fantasma comporta duas versões, entre as quais uma é incestuosa: na primeira, o pai morde a mãe no seio, projeção sádica oral do fantasma do lactente não desmamado e teoria sexual infantil da origem dos bebês; na segunda versão, Pierre-Paul é este lactente mordendo o seio da mãe. Assim ele elimina o pai tomando seu lugar em seu ataque sexual da mãe. Esta segunda versão do fantasma provavelmente é apoiada ulteriormente pelo efeito do mandato de que ele seja o "guardião de seu irmão", o que ele interpreta como o desejo materno de colocá-lo no lugar do pai (em seu fantasma: um pai lactente). O *continuum* psíquico patogênico é esta cena primitiva incestuosa sádica.

Uma das manifestações clínicas da superposição das duas versões desta cena é seu fantasma de um acoplamento dos pais numa posição em que eles estão soldados um ao outro, num coito oral sangrento, hemorrágico. Esta cena é a versão, em Pierre-Paul, do fantasma dos siameses em Yseult.

Se mantivermos nossa análise numa referência kleiniana, podemos observar que a elaboração depressiva da ambição abre a Pierre-Paul, depois da cura de seu câncer, o caminho da criatividade: de fato, ele vai retomar uma atividade de escultura. Constatamos também que a ambição se manteve durante muito tempo ativa contra a depressão consecutiva a seus ataques contra o seio. Durante algum tempo, a escultura vai fazer as vezes do bom seio inventado pela criação, contra a destruição do seio pela ambição primária destruidora. Pierre-Paul coloca à prova, na transferência e em suas esculturas, a capacidade do objeto de sobreviver a sua destruição (Winnicott). A experiência que ele faz disto o coloca então em contato com sua própria capacidade de dar à luz estátuas, de estruturar suas identificações bissexuais à imago materna e à imago paterna. Ele poderá chegar até a esboçar o busto de seu irmão. Este processo não será linear: recaídas da ambição se alternarão com movimentos depressivos e com a idealização desse irmão mal-amado, pelo qual ele se sentia mal-amado. A idealização é uma séria proteção contra os afetos e os efeitos desastrosos da ambição, assim como a admiração que a um certo momento da cura ele me trouxe, e que pudemos interpretar como sua maneira de desconhecer a ambição que minhas próprias criações lhe inspiravam. Aprendi, nesta ocasião, como a experiência assumida da decepção é um critério do trabalho da análise.

Articulando todas as suas formas da violência fraterna à violência do fantasma da cena primitiva – cena da criação do mundo e de si mesmo –, pudemos começar a religar o complexo fraterno ao complexo de Édipo.

O complexo do intruso e a inveja em Lacan

Uma vez chegados a essas evocações da ambição e da inveja fraternas, é útil lembrar o aporte de J. Lacan (1938) sobre esta questão. A inveja não é da mesma ordem da ambição. Ela visa tomar posse do objeto do desejo do outro para privá-lo dele; ela depende do registro da falta e é simbolizável. Para Lacan, ela é a emergência do reconhecimento do outro e consiste numa exclusão estruturante.

O complexo do desmame é aquele que a criança vivencia primeiro: é a experiência da separação, da impossível completude. O complexo fraterno é, em primeiro lugar, o complexo do intruso, forma arcaica do outro, cujo destino evolutivo é tornar-se um rival. O complexo do intruso descreve este momento, no qual o ego se constitui ao mesmo tempo que o Outro no drama da inveja. Ele sucede ao estágio do espelho caracterizado, por ocasião de sua primeira definição, pela busca de similitude postural que induz na criança a percepção da atividade do outro. Resulta daí uma participação fusional nesta atividade, na qual a criança não se distingue da imagem do outro.

Lacan, que retoma o essencial da posição de Freud sobre a inveja, a ultrapassa "naturalizando" no campo psicanalítico o aporte da psicologia de Wallon. Ele sublinha a função estruturante do complexo do intruso como momento fundador da experiência do espelho. Daí ele extrai quatro componentes que formam, segundo ele, o princípio do complexo fraterno:

> 1. A *identificação* com o semelhante fundada no sentimento do outro imaginário. O irmão, no sentido neutro do termo, é o objeto eletivo das exigências homossexuais da libido; neste objeto, confundem-se duas relações afetivas, uma de amor e a outra de identificação.
> 2. A *agressividade* consecutiva a esta identificação com o irmão. Ela é, ao mesmo tempo, sofrida e praticada: a identificação permite que acabe o desdobramento esboçado, por ocasião do jogo do carretel, em sua aposta sadomasoquista. Lacan sublinha que a imagem do irmão fixa um dos polos do masoquismo primário: "a imagem do irmão não desmamado só atrai uma agressão especial porque ela repete no sujeito a imagem da situação materna e, com ela, o desejo da morte".
> 3. A *ambiguidade espetacular* da estrutura do ego narcísico. O ego é formado no estágio do espelho pela imagem da qual primeiramente ele não se distingue e que o aliena primordialmente: "O ego guardará desta origem a estrutura ambígua do espetáculo que [...] dá sua forma a pulsões sadomasoquistas escoptofílicas [...] destruidoras do outro em sua essência". O que faz Lacan dizer que o irmão (no sentido neutro) é o modelo arcaico do ego.
> 4. O *"drama da inveja"*. Ele se especifica como constituição correlativa e simultânea do ego e do outro:

> "O ego se constitui, ao mesmo tempo que o outro, no drama da inveja [...] Aqui, mais uma vez, a inveja humana se distingue da rivalidade vital imediata, uma vez que ela constitui seu objeto muito mais do que ele a determina, ele se revela como o arquétipo dos sentimentos sociais" (Lacan, 1938).

Este drama implica (e antecipa) a introdução de um terceiro objeto que vai substituir a confusão afetiva e a ambiguidade espetacular pela "concorrência de uma situação triangular". Lacan sublinha a nova alternativa na qual desemboca o sujeito engajado na inveja por identificação: ou encontrar o objeto materno, isto é, recusar o real e destruir o outro; ou admitir um outro objeto que faz obstáculo à realização dos desejos do sujeito e lhe permite aceder ao conhecimento de um objeto comunicável. Este outro fraterno está pois ordenado ao conhecimento: é com ele que se engajarão luta e contrato, nascimento dos sentimentos sociais, fora de toda rivalidade vital.

Lacan considera a inveja infantil, em termos de "identificação mental", fundada num "sentimento do outro imaginário", consequência da experiência da intrusão. A criança diferencia, através de suas frustrações, seus próprios motivos dos motivos do outro, permitindo a passagem da confusão especular ao pleno reconhecimento do outro em sua realidade (isto é, na medida em que ele constitui obstáculo à realização dos desejos do sujeito).

Com a posição de Lacan, passamos da concepção do irmão e da irmã como usurpadores do amor da Mãe e do direito do Pai (para Freud), ou como usurpadores do seio e do ventre materno (para Klein), à concepção do intruso como representante do outro, obstáculo à realização dos desejos do sujeito. Pode-se dizer também que a exigência de semelhança entre os irmãos e as irmãs é a consequência do sentimento do outro imaginário.

Penso que essas concepções não se anulam, mas acentuam processos que emergem em certos momentos da cura mais do que em outros. Elas devem também ser completadas, como a isto nos convida o caso de Yseult, por exemplo, articulando a fixação do complexo do intruso numa irmã e o deslocamento do amor num irmão. Em Yseult, a idealização do primogênito é uma parte projetada de seu ideal narcísico grandioso. Ela é o pendente da parte clivada, o ódio da rival e o ódio da mãe. O primogênito (ele ou ela) ocupa muitas vezes no complexo fraterno de seus irmãos/ irmãs mais novos o lugar do delegado parental, do representante do superego e dos ideais dos pais (ou de um deles). É por isso que o primogênito está particularmente exposto à rivalidade.

Os triângulos rivalitários e a violência no complexo fraterno

A noção de triângulo rivalitário pode esclarecer ao mesmo tempo a natureza desta violência e a estrutura do complexo fraterno, que J. Laplanche distinguiu nitidamente do triângulo edipiano.

Em seu comentário do artigo de Freud sobre o fantasma "Uma criança é espancada", Laplanche mostra que Freud aborda nele a dimensão edipiana sob um viés particular de modo oblíquo:

> "Do ponto de vista pulsional, o que é colocado em primeiro plano não é a relação erótica, mas a relação de "ternura"; sobretudo, porém, na estrutura (desse fantasma), o triângulo em causa não é o triângulo edipiano: ego-(filha) pai-mãe, mas o triângulo rivalitário designado em outras ocorrências, como "complexo fraterno": ego--pais-irmão ou irmã" (1970, p. 171).

Freud havia prefigurado esta noção, sublinhando na análise do pequeno Hans que "seu inconsciente trata da mesma maneira as duas pessoas, porque sua irmã e seu pai, tanto uma como o outro, tomam-lhe sua mãe, impedindo-o de estar só com ela".

Quando Yseult é espectadora da cena das carícias excitantes que a mãe faz em sua irmã, ela percebe esta cena através do fantasma arcaico de uma cena de devoração, depois, num segundo tempo, de uma violenta cena sexual em que a mãe bate eroticamente em sua irmã e suscita nela uma intensa inveja, e finalmente como uma cena em que o pai toma o lugar da irmã.

O triângulo rivalitário está bem presente em Pierre-Paul: "ego-pais-irmão". Mas ele está presente sob duas formas: uma organizada pela ambição e outra pela inveja. A essas duas formas correspondem duas direções da violência rivalitária: em Pierre-Paul, a violência que está ligada ao triângulo rivalitário invejoso é tal que é preciso desdobrá-la em dois casais fundidos, simétricos, unidos um ao outro: "ego-irmão colados um ao outro" e "pais combinados num coito oral sangrento".

Para Pierre-Paul, a questão não é, antes de tudo, separar os pais combinados e separar-se de seu irmão. Trata-se primeiro de destruir o que eles são. O fantasma que elabora esta questão é "bater nos pais" com um batedor de beisebol, o que restitui uma posição ativa ao sujeito na cena sádica. Pierre-Paul é assediado pela inversão das situações no fantasma de fustigação: um filho (seu irmão ou ele mesmo) bate nos pais ou então ele é o espectador desta cena, invejoso dessa relação íntima.

Laplanche precisa que este triângulo rivalitário não deve ser considerado como cronologicamente anterior ao triângulo "sexual" do Édipo. Como Lacan, ele coloca o acento na estrutura, e a estrutura faz a diferença: os objetos, as imagos e o que está em jogo na rivalidade, as identificações e os interditos não são os mesmos no triângulo rivalitário e no triângulo edipiano. O triângulo rivalitário não é superponível ao triângulo edipiano, ele o prefigura ou o reconfigura.

Quando o triângulo rivalitário se constitui na inveja, é uma saída para o impasse do desdobramento narcísico e da ilusão bissexual. Por ocasião de uma sessão seguinte ao fantasma de bater nos pais, Pierre-Paul admite que o ser humano está "cortado" em duas metades, que cada indivíduo não tem por si só os dois sexos.

O valor fundador da violência fraterna

Uma vez instaurada a ordem simbólica resultante do interdito edipiano, o valor fundador da violência fraterna é que ela o reinstaura sem cessar. Evidentemente, a violência fraterna pode ser apenas um redobramento ou um deslocamento da violência edipiana, e ela também tem sua especificidade na estrutura rivalitária pré-edipiana.

R. Dadoun (1978) sublinhou que a violência fraterna não é o simples reflexo da violência do pai. Ele insiste no fato de que ela se libera "como uma energia específica, inscrita numa determinada rede de sentimentos, de práticas, de acontecimentos, de ações". Dadoun detalha seus componentes:

> "Fraqueza originária, sujeição, exílio ou fuga, rivalidade e inveja imediatas, atadas com solidariedades e amizades imediatas, trocas contratuais, estratégia de rebelião e de luta entre irmãos contra o Pai, que não é excluído por um homicídio, mas que funciona como simulação permanente etc.".

Dadoun coloca à prova a eficácia de suas proposições a propósito da figura conflitual do "Moisés egípcio", tal como Freud a apresenta em sua última obra. Esse Moisés é uma figura de compromisso entre o princípio paterno e o princípio fraterno. Se ele traz aos judeus o monoteísmo, Moisés se revolta contra os Pais e os Mestres do Panteão egípcio. Conforme ele escreve, "é inimigo de seus próprios irmãos, os egípcios, e irmão de seus inimigos, os judeus em exílio, com os quais ele faz contrato". Dadoun faz observar que esta segunda versão do pacto fraterno deve ser situada em continuidade com a primeira, a que Freud explica em *Totem e tabu*.

O que descobrimos além do ódio e da inveja?

Como derivam, transformam-se e pacificam-se as pulsões destruidoras implicadas na violência e no ódio fraternos? Na cura individual, como nos grupos – nós o veremos no capítulo 10 –, diversas possibilidades se abrem como saídas a esses movimentos. "Uma vez expresso o ódio, o amor tem uma chance", dizia Winnicott.

Além do egoísmo primário, a generosidade

Winnicott insiste na necessidade de uma experiência de egoísmo primário como resultado de uma boa maternagem de uma mãe que deseja adaptar-se às necessidades de seu bebê, esperando pacientemente que ele aceda à capacidade de admitir que o outro existe independentemente dele. Antes, a criança deverá ter experimentado o ódio e sua potencialidade destrutiva:

"Sem este egoísmo primário, a generosidade de um filho é contrariada pelo ressentimento" (Winnicott 1954b, trad.fr. p. 162).

O "drama da inveja" e o nascimento da alteridade

A inveja e a triangulação das relações rivalitárias, o "drama da inveja" e a experiência da formação correlativa do Ego e da alteridade são um dos principais resultados da superação da inveja.

A pulsão epistemofílica e o desejo de saber

Associados à inveja e à rivalidade, a curiosidade e o desejo de saber são superações da ambição. Freud, Klein e Lacan concordam sobre este ponto. Para o pequeno Hans, como para todas as crianças, o nascimento do outro fraterno obriga a tomar conhecimento da origem da vida e da atividade sexual dos pais. O nascimento de um ou de uma rival leva a criança a construir ou a reelaborar suas primeiras teorias sexuais infantis. A menos que ela se fixe em manter a ilusão de encontrar a unidade com a mãe, isto é, a recusar a realidade do outro, a destruí-lo, ela é confrontada com a necessidade de reconhecer o desejo do outro, o da mãe pelo pai, o da mãe e do pai por um outro semelhante. Em sua obra sobre *Le plaisir de penser* (*O prazer de pensar*, 1992), S. de Mijolla-Mellor dispôs alguns elementos clínicos e teóricos que sublinham o papel do irmão ou da irmã no desenvolvimento do pensamento.

A inversão do ódio em ternura e a identificação com o irmão

A transformação dos sentimentos de rivalidade em um amor pelo objeto anteriormente odiado, a virada do ódio em ternura homossexual se produz no movimento da identificação com o irmão. O irmão, no sentido neutro do termo, é então, diz Lacan, o objeto eletivo das exigências homossexuais da libido.

A aliança simbólica dos irmãos

As identificações secundárias com o pai sustentam a aliança simbólica dos irmãos contra o retorno de suas pulsões parricidas ou contra a deflexão dessas pulsões sobre eles mesmos.

A gratidão

A gratidão é a memória das boas coisas recebidas e das pessoas de quem elas provêm. A gratidão implica o reconhecimento de um outro. É por isso que Melanie Klein a opôs justamente à inveja que só conhece o outro para destruir e que só dá lugar ao ego. A gratidão não está reservada à mãe ou aos pais. Ainda que ela não seja expressa tantas vezes, ela também se sente em relação ao irmão ou à irmã. A gratidão fraterna é a da camaradagem que mantém irmãos e irmãs em suas explorações deles mesmos como semelhantes e diferentes. Um primogênito pode experimentá-la em relação a seu irmão mais novo.

FIGURAS MITOLÓGICAS DO ÓDIO FRATRICIDA

A violência e o ódio fratricidas são atestados pela observação direta. Os sonhos de nossas noites, como também os romances diurnos, nos permitem sua realização imaginária. A mitologia e os contos são trabalhados por essa dimensão do complexo fraterno, em seus componentes destruidores e fundadores, na medida em que esta desemboca numa aliança simbólica. O mito da fundação de Roma nos fala do fratricídio originário, da unidade rompida e das guerras internas que se seguiram. Evocarei, em segundo plano, análises que já apresentei, como este tema foi tratado na Bíblia e no Corão.

O fratricídio originário nos relatos da Bíblia e do Corão

Os relatos da rivalidade fraterna, do desejo fratricida e do homicídio do irmão percorrem o relato bíblico, mas desses mitos fundadores não se trata em Freud. Sem dúvida será preciso evocar, para poder explicar, a parte que cabe às negações de Freud a propósito da inveja fraterna (cf. *infra*, a análise de seu comentário sobre uma recordação de infância de Goethe em *Poesia e verdade*, 1917) e da morte de seu irmão Julius.

O crime de Caim inaugura a primeira morte da humanidade, pelo homicídio violento de Abel seu irmão.[10] O relato bíblico aborda diversas vezes o que está em jogo neste homicídio ou, pelo menos, o desejo de tomar o lugar do irmão: por exemplo, Isaac e Ismael, Esaú e Jacó, José vendido por seus irmãos invejosos. José é o filho amado de Raquel, a mulher preferida do pai Jacó, o mesmo que obteve de Esaú seu direito de primogenitura e que se beneficiará do artifício de sua mãe para fazer o pai reconhecer seu filho. Vê-se aqui desenhar-se uma genealogia da rivalidade fraterna ancorada nas preferências dos pais por um de seus filhos. No livro do Êxodo, depois do episódio do bezerro de ouro, cuja fabricação foi autorizada por Aarão, o irmão de Moisés, este diz aos filhos de Levi: "Que cada um de vocês mate seu irmão, seu amigo, seu parente" para atrair a bênção de Javé.

---

10 A história da psicanálise vai reter o que Ch. Baudoin (1932) propôs chamar "complexo de Caim", o conjunto das reações e sentimentos de inveja mortífera provocado pela chegada de um recém-nascido numa família.

O relato do primeiro fratricídio na Bíblia (Gênesis 4, 1-16)

O relato do Gênesis coloca em evidência dois elementos da estrutura do complexo fraterno:

• O investimento imaginário de Caim por Eva, que "ganha de Javé um homem".[11] Ela não ganha seu filho de Adão. Caim, filho primogênito de Eva, é de fato herdeiro de um incesto que evita um outro: "ou com Adão, criado como ela por Javé, ou com Javé seu criador".[12] Portanto, Caim é destinado ao lugar do objeto incestuoso da mãe no triângulo pré-edipiano das origens. Por conseguinte, Abel só pode ameaçá-lo de ser desalojado desta posição na qual ele se mantém apoiado no destino materno. O primeiro homicídio, o do Irmão, toma este duplo significado paradigmático: o de uma saída violenta do espaço do desejo materno e o da supressão de um rival não paterno. O Pai fica por ser constituído.

• A indução da violência edipiana pelo próprio Javé. O Pai se constitui simbolicamente com Abel: Caim é a escolha da mãe que desacredita o pai biológico. Abel é a escolha de Javé, que o adota. Javé escolheu Abel porque Caim é o filho da mãe, e é este filho Abel, seu irmão, seu duplo, que é morto por Caim, porque este não é escolhido por Javé: ou ele ou eu.

Num primeiro tempo, o homicídio leva à redução do triângulo pré-edipiano, inaugurado pelo desejo de Eva de "ganhar um homem". Esta redução é representada como uma relação dual, se esquecemos que o terceiro termo é o *Phallus*. Num segundo tempo, o homicida esbarra na lei que proibirá que o homicídio seja perpetuado; mas esta lei só terá sentido se for reconhecida a violência e limitada por um sinal de reconhecimento do desejo do homicídio. Caim é protegido pelo sinal que Javé lhe impõe e que

---

11 Gênesis 4,1, trad. de A. Chouraqui.
12 Segundo a boa formulação de C. Cohen-Boulakias (1992), em sua excelente análise do primeiro fratricídio. Ver também a obra de Birman C., Mopsik Ch., Zaklad J. (1980) e o estudo de N. Jeammet (2000).

o preserva ("todo assassino de Caim sofrerá vingança sete vezes"). Este reconhecimento da violência fratricida por Javé interrompe simbolicamente a cadeia da transmissão tanto da falta como do homicídio expiatório. Ele instaura ao mesmo tempo a exogamia.

Estou de acordo com C. Cohen-Boulakias (*op. cit.*, p. 24) quando ele pensa que este relato não é somente uma "interpelação do poder paterno onde ele faz falta", em sua missão de ser o garante da proteção de seus filhos, mas também na missão de separá-los e de separá-los da mãe deles: "Caim mata o irmão em vez de separar-se de sua mãe". Também concordo com a proposta de N. Jeammet quando ela considera que este primeiro ato homicida expõe o fracasso do que ela chama "tornar-se irmão", a retomada do projeto fraterno no Gênesis passando ulteriormente pela palavra.

O relato do Corão

O relato do Corão (V. 27-31) é bastante lacônico e trata da aceitação por Alá da oferenda de Habil e de sua recusa da oferenda de Kabil. No entanto, os comentários insistem, à primeira vista, na questão do incesto irmão e irmã na gênese do fratricídio originário e desvelam outras dimensões do complexo fraterno. Al-Baïdawi, relata A. Chouraqui, explica a rivalidade entre os dois irmãos por causa da disputa por uma mesma mulher: a mãe ou a irmã? Segundo outros comentários, Eva só concebia gêmeos: um menino e uma menina, à imagem do primeiro casal. Adão decide um dia dar por esposa a Kabil a irmã gêmea de Habil, e a este a irmã de Kabil. Habil aceita a proposta de Adão, mas Kabil a recusa e deseja guardar sua gêmea por esposa. Adão propõe a seus filhos que façam uma oferenda a Deus que os desempatará em seu conflito. Eles aceitam: Habil oferece seu cordeiro mais gordo, Kabil seu pior trigo; "a oferenda de um foi aceita com agrado, a do outro foi rejeitada".

Aqui cabe interrogar a posição de Adão. Enquanto ele estava ausente do relato bíblico do primeiro fratricídio, o comentário do relato corânico o mostra intervindo e fazendo incidir o interdito do incesto não sobre a mãe, mas sobre a irmã gêmea. A saída do conflito entre os dois irmãos é proposta pelo pai na concorrência do dom deles a Deus, não na separação relativamente à gêmea. Como supôs K. Arar, Adão propõe a rivalidade entre os irmãos na concorrência da oferenda, em vez de impor um limite ao desejo deles pelo duplo, duplo narcísico e duplo sexuado. Este sacrifício situa a relação Pai-Filho não no registro da rivalidade edipiana, mas no registro da separação narcísica. Ele mantém intangível a relação com o Pai idealizado na onisciência, na onipresença, na onipotência, e por conseguinte ele barra o acesso ao fantasma do homicídio do Pai (G. Rosolato, 1969).

A história das relações fraternas violentas na Bíblia e no Corão tem seu correspondente em outras culturas, nas figuras de Etéocles e de Polinice, por exemplo. Em nossa área cultural, a Bíblia, os mitos gregos e romanos, as tragédias, os contos (os dos irmãos Grimm particularmente) e as lendas estão cheios de relatos de irmãos inimigos que se invejam, se odeiam, se enfrentam até o desaparecimento do rival ou da rival.

O cristianismo privilegiará um Deus Amor fundado no sacrifício do Filho único, fundando uma fraternidade espiritual dos Irmãos e Irmãs em Cristo, fraternidade dessexualizada, especialmente na inflexão paulina da cristologia. Mas nem a ocultação da questão dos irmãos e irmãs "carnais" de Jesus, nem o deslocamento no grupo dos apóstolos do desejo de levar à morte o Filho pelos Irmãos na figura de Judas conseguirão apagar o peso da violência fratricida na Igreja. Mais reprimido ainda é provavelmente o desejo adélfico incestuoso.[13]

---

13 Sobre este ponto, o estudo do historiador A. Boureau (1992) sobre o casamento egípcio entre irmão e irmã e seu esquecimento ocidental poderia abrir algumas hipóteses de pesquisa.

Capítulo 5

O complexo fraterno arcaico

Hesíodo, em *Os trabalhos e os dias*, conta como, bem no começo, Gaia, a Mãe-Terra universal, dá à luz sem estar unida a qualquer coisa, pela força íntima que ela traz em si mesma e que nutre tudo que existe. Depois, Urano, concebido por Gaia, a cobre num coito interrompido que mantém seus filhos incestuosos bloqueados no seio da Terra. Seis Titãs e suas seis irmãs Titãs são retidos no ventre materno, como seu próprio pai esteve incluso em Gaia. Outros filhos também foram retidos na obscuridade, confinados no espaço: os Ciclopes e os Hecatonquiros.[1]

Grávida e comprimida por seus filhos que a sufocam, Gaia os empurra contra seu pai-irmão. Ela arma Crono, o mais novo dos Titãs, com uma podadeira que, de dentro do ventre materno, emascula seu pai. Crono rejeita o membro viril cortado, e de algumas gotas de sangue nascem as Eríneas, os Gigantes e as Ninfas. Urrando de dor, Urano se desprende de Gaia e vai fixar-se definitivamente no alto do mundo.

Dessas forças de engendramento nascem formas elementares, brutas, primárias e primitivas, são figuras do arcaico. Esta potência dos começos é também uma ordem criadora que triunfa do caos, do vazio, da noite. Esta ordem é eminentemente frágil: a

---
1 Ver J.-P. Vernant (1999).

vida e a morte estão separadas uma da outra por um fio, e é grande a incerteza sobre sua união e sobre sua desunião.

Uma das leituras deste mito nos coloca diante dos irmãos e irmãs neste momento do arcaico, do começo, violento, incestuoso; no início de tudo que existe e, portanto, em seu princípio e em sua origem.

Sob o enfoque da clínica, a categoria do arcaico designa um estado primitivo da construção do objeto e dos processos que nela presidem. Ela corresponde a um estado em que a estruturação do objeto ainda não está concluída, onde, correlativamente, o ego dispõe de mecanismos de defesa rudimentares para enfrentar os movimentos pulsionais violentos, os fantasmas crus que o invadem e as angústias pré-edipianas que o assaltam. Ela coincide com um começo indiferenciado, não subjetivado, ainda não transformado pela introjeção ou pela projeção, no qual prevalecem formações e processos relativamente simples, organizados pela lógica das relações binárias e por formas primitivas de investimentos e de representações. O arcaico designa uma forma não subjetivada do inconsciente e dos mecanismos de defesa. O arcaico é caracterizado por seus efeitos de repetição sem transformação.

O PRIMADO DA RELAÇÃO COM O CORPO DA MÃE ARCAICA

As formas arcaicas do complexo fraterno nascem no espaço psíquico, cujo lugar é o corpo fantasmático da mãe repleto de irmãos e irmãs; não sujeitos irmãos e/ou irmãs, mas objetos parciais. Em pouco tempo, objetos perfeitamente complementares, cuja união sela a ilusão retrospectiva de uma beatitude sem igual, uma espécie de nirvana inacessível ou de paraíso jamais perdido, como ulteriormente os congelará a experiência do desmame e da rivalidade pré-edipiana. É deste ponto de vista da fusão e da complementaridade que se pode compreender a paixão do irmão ou da irmã um pelo outro. Não somente porque um e o outro foram retidos no mesmo espaço corporal e psíquico materno, e lá ocuparam o mesmo espaço carnal, corporal, sucessivamente ou, como é o caso dos gêmeos, simultaneamente. O imaginário da comunhão fraterna, da unidade, da não separação, como os cinco dedos da mão, funda-se nesta relação com o corpo da mãe.

Esses objetos parciais também são objetos ameaçadores: bocas devoradoras, partes do corpo materno ou magma indiferenciado de órgãos. Eles são os suportes primitivos da violência e do ódio na paixão adélfica. O que está em jogo nos ódios e nas rivalidades precoces não é apenas o seio nutridor, mas também a luta para ocupar sozinho o espaço materno ou para livrar-se de seu empecilho.

Nesta organização primitiva, prevalece o que poderíamos chamar imago da mãe-com-irmãos-e-irmãs.[2]

A imago da mãe-com-irmãos-e-irmãs

Esta imago se constitui nas identificações precoces com o poder de fecundidade da mãe. Com a análise do pequeno Hans, Freud colocou em evidência os fantasmas de parturição múltipla que sustentam esta imago, mas ele os compreendeu essencialmente sob o aspecto da rivalidade edipiana. Podemos fazer deles uma outra leitura: para Hans, este fantasma comporta uma identificação com a mãe grávida de filhos, mas também uma rivalidade em relação a sua potência procriadora.

---

2 O quadro de Reno Guido, da capa deste livro, uma *Charité*, é uma ilustração pacífica da mãe-com-irmãos-e-irmãs. A composição se fixa no triângulo formado por três crianças agarradas ao corpo da mãe, uma no seio, a outra a seu lado e a terceira atrás dela. A mãe nutriz tem o olhar voltado para longe, enquanto duas crianças, como em triunfo, olham friamente o espectador da cena. Neste conjunto calmo e moderado, envolvido de ricos tecidos, tudo parece regulado pela harmonia. Mas o lampião, emblema barroco, mostra chamas da paixão contida.

Ele afirma, além disso, o desejo de ter inúmeros filhos para extinguir os filhos da mãe (os irmãos e irmãs), isto é, o desejo de ter com ela seus próprios filhos imaginários.

G. Rosolato (1978) colocou em evidência a importância que podem tomar em algumas curas os fantasmas do irmão ou da irmã, mortos, eclipsados, eliminados. Os desejos de morte de irmãos e irmãs, na inveja em relação à mãe, entendem-se como o desejo de "destruir o resultado da união parental, os rivais potenciais e, por conseguinte, o desejo que o sustentou na origem de sua existência intrauterina". A este fantasma acrescenta-se o de controlar a fecundidade da mãe, seja para protegê-la dos bebês irmãos-e-irmãs que a atacariam ou invadiriam, seja para confortar-se na ilusão de ser capaz de procriar sozinha. É a este nível da identificação da rivalidade invejosa do filho com a fecundidade da mãe que se forma esta imago arcaica no fantasma do coito interrompido com o pai, ou numa cena de pais combinados. Frequentemente, esta identificação-rivalidade em relação à mãe-com-irmãos-e-irmãs está associada a ataques contra o corpo (o ventre, os seios) da mãe e contra os bebês imaginários de que ela está grávida. É frequente que esses bebês sejam trocados por substitutos animais, como foi sublinhado por S. Freud e M. Klein.[3]

Flora

Flora me diz que para ela seria muito grave reencontrar um dia alguém que estivesse dentro de si mesmo em luta com uma ambição tão intensa quanto a sua. Ela encontra logo sua angústia de estar vazia, depois lhe vem a ideia de que eu poderia esvaziá-la, se me manifestasse ávido de seus pensamentos e de sua intimida-

---

3 O quadro de Niki de Saint-Phalle, *La Naissance rose* (1964, Moderna Museet, Estocolmo), é trabalhado por essa fantasmática. Ver também sua escultura *La Mariée. Eva Maria* (1963) exposta no Museu Nacional de Arte Moderna de Paris.

de. Por mais que ela diga que minha escuta está "a boa distância" e que minha disponibilidade benevolente lhe é preciosa, ela começa a pensar fugazmente que esta escuta e esta disponibilidade podem transformar-se num engodo, numa armadilha. Reconhecemos o lado negativo de sua transferência para mim, alimentado por sua angústia diante do domínio materno, do qual ela já falou; mas o que a sessão traz de novo é o que se refere a sua própria avidez e a seu fantasma de esvaziar o seio materno: "Seria, diz ela, um abismo onde eu poderia desaparecer". Esse abismo a apavora e a atrai. Ela não se vê como a principal causadora desse abismo que ela mesma teria cavado. Ela se surpreende muito mais com a comicidade do pensamento que lhe vem à mente quando ela representa as sessões como mamadas, e acrescenta: "Mamadas que devem ser perfeitas". Um seio (ou uma boca) que não faz por encontrar a beatitude de uma mamada perfeita é um mau seio (ou uma má boca): dois abismos.

Até aqui, Flora fala, na transferência, de seu fantasma do seio perfeito e do seio abismo. Já reconhecemos que este fantasma foi uma das bases de sua depressão, uma das molas de seu pedido de análise, o que se especifica quando ela pode dizer que busca comigo "uma sequência relacional perfeita". É uma exigência que ela diz não saber donde vem, que sempre a atormentou e que a esgota na energia que gasta para atingir alguma coisa que jamais acontecerá. Esta exigência a "espreita" em suas relações: ela pensa então naquela relação idealizada e perigosa que teve com seu cunhado: "Também neste caso havia a expectativa de uma sequência relacional perfeita que não podia realizar-se, um "irmão" (cunhado), uma espécie de seio-pênis..., eu me manipulei muito com isto". Esse cunhado, como ela me diz, não mantinha o lugar do irmão e da irmã condensados no seio-pênis, atributo fantasmático do corpo materno.

Na sessão seguinte, os traços de um sonho voltam-lhe de repente: este sonho foi sonhado na noite seguinte à sessão que acabo de relatar. Ela participava com seu irmão de uma sessão de terapia de grupo. Havia também uma mulher com um peito enorme, ela se mantinha à sombra, atrás de um grande vaso. Um de seus seios estava recoberto de bebês e de crianças,[4] o outro estava ensanguentado, com pregos. O sobressalto que ela tem diante dessa visão se acalma quando ela percebe que todos os membros do grupo falam a uma só voz harmoniosamente, mas ela não se lembra mais do que é dito, nem da sequência do sonho. Eu a convido a imaginar a sequência, como numa sessão de psicodrama: ela aceita essa proposta e imagina que os membros do grupo vão refugiar-se no vaso e que o vaso explode, seu irmão o terá feito explodir, como no mito dos Titãs, de dentro e armado pelos irmãos e irmãs. Depois, ela pensa em seu cunhado que evoca ao mesmo tempo seu irmão e sua irmã, como havia feito a comparação deles por ocasião da sessão anterior. Ela se surpreende de viver no mesmo bairro que seu irmão, "tão próximo", e mesmo assim ela jamais tinha feito essa constatação; no entanto, neste verão, sua irmã partiu de viagem por um mês, e ela teve de novo o desejo de ser sua substituta junto a seu cunhado. Entendo que a ausência de sua irmã relançou seu fantasma desta "mamada" perfeita e impossível: eliminar a irmã para ter o "irmão" (cunhado), atacar o seio materno que contém muitas crianças para que a mamada seja perfeita. Um seio abismo, um seio abismado.

Constata-se de novo, com esta sequência de análise, como as figuras arcaicas dos irmãos e irmãs são confundidas com e no corpo materno: o fantasma incestuoso oral e a prática da felação com o "irmão" têm para Flora essa significação.

Será que se pode supor que esta imago da mãe-com-irmãos-e-irmãs no complexo fraterno arcaico é mais frequente nos sujeitos membros de uma família numerosa? Não sei. Essa imago

---

4 O que está no interior pode ser representado na superfície, como na Diana polimástica dos efésios, cf. nota 3, p. 66. No méxico, representações da Pachamama, a terra-mãe universal, são figuradas por uma mulher que traz crianças sobre todo o corpo.

estava presente no complexo fraterno de Yseult, que tinha muitos irmãos e irmãs e cuja mãe também era membro de uma família numerosa. Flora tinha um irmão e uma irmã, Ivan tinha uma irmã e Pierre-Paul tinha um irmão. Essa imago existe também nos filhos únicos, e admitimos que o complexo e a imago são relativamente independentes da configuração real da fratria.

O ataque contra a imago arcaica da mãe-com-irmãos-e-irmãs aparece diversas vezes na cura de Yseult: o ataque tem por objeto a mãe e seus bebês imaginários e, às vezes, o pênis do pai. Como em Flora, existe em Yseult uma oscilação constante entre um núcleo arcaico depressivo e uma organização edipiana frágil. Em cada uma, o desejo nostálgico por um seio materno perfeito, nutritivo e fonte de prazer sexual, tem por reverso um amor decepcionado e a introjeção de um objeto materno insatisfatório, um seio muito cheio de crianças,[5] que há lugar e razão para atacar e fazer explodir.

O complexo fraterno arcaico é um recurso contra o poder da imago materna pré-edipiana. Ele mantém a mãe como um objeto parcial: seio oral, seio matriz, questão do laço de rivalidade invejosa e das identificações arcaicas. Inclusos nessa imago materna todo-poderosa, perigosa, intrusiva predatória,[6] irmãos-e-irmãs são uma invenção do seio perfeito. Eles formam uma fratria mágica, onipotente e inseparável, soldada pelo narcisismo primário, a menos que esses objetos parciais se entreguem a uma guerra total.

A mãe-com-irmãos-e-irmãs, objeto parcial, tem por correlato

---

5 A situação de grupo mobiliza este fantasma de que o grupo é um corpo materno cheio de crianças, que é preciso eliminar, ou cujo princípio procriador (o casal parental combinado) deve ser neutralizado, ou cujo pai deve ser castrado. Uma ilustração dessa situação está longamente exposta na análise de um grupo, *in* Kaës, 2007.
6 Cujo paradigma é o milhafre-abutre que, para Leonardo, representa sua mãe (Freud, 1910b).

irmãos-e-irmãs que também são objetos parciais. Prosseguimos, então, nosso estudo por uma análise dos valores que o irmão ou a irmã adotam enquanto objeto de investimento pulsional e de representação psíquica.

O OBJETO IRMÃO OU IRMÃ NO COMPLEXO FRATERNO. INVESTIMENTOS PULSIONAIS E REPRESENTANTES PSÍQUICOS

A análise de Yseult esclareceu que o objeto Irmão é para ela um objeto polimorfo e maleável, que se inscreve em todos os valores de troca dos objetos parciais, representantes das pulsões parciais: boca, seio, língua, clitóris, pênis-oco, cordão, fezes, bebê, pequenos animais.[7] O Irmão que detém contraditoriamente o "pênis de homem" e o pênis oco que associa o cordão, o pênis e a vagina, é tanto seu irmão-clitóris como seu irmão língua, irmão-vagina e irmão boca, como a irmã para o Homem dos lobos e o lobo.

Para Yseult, o irmão é a irmã, a irmã é o irmão, e a unidade bissexuada que eles formam é a própria imago da mãe fálica. Mantendo essa imago da mãe fálica nos filhos, ela evitava simultaneamente a *sexion*-separação e a *sexion*-castração.

O irmão e a irmã também são, como mostrou R. Jaitin (2001), primeiros "brinquedos", com os quais a criança experimenta relações pulsionais e fantasmáticas, faz a experiência do Ego e do não ego, faz-se diversas perguntas, entre as quais a da origem e do conhecimento de si mesmo e do mundo externo. Nessas relações

---

7 Já fiz alusão a esta figura do irmão ou da irmã enquanto pequeno animal ou verme na cura de Yseult. Sobre este ponto, cf. meu estudo (em Kaës e colab., 1984) sobre as representações animais das relações fraternas nos contos. Mais recentemente um estudo de C. Rigaud (1992) sobre as figuras animais e as pulsões fratricidas.

com a imago fraterna, acontece que o irmão ou a irmã doentes sejam representados como um brinquedo quebrado.

Mas antes de adotar todos esses valores, o irmão e a irmã são para Yseult secreções do corpo materno, não estão desligados dele, como está colada ao ventre da Ártemis de Éfeso a tripla fileira de suas mamas ou de seu colar de âmbar. Quando eles se desligam dela, em seu fantasma, eles se "desprendem" e se matam, como seu irmão caçula, ou caem nos vasos sanitários, como os fetos de seus falsos partos. É baseada neste modelo do objeto-zona complementar (seio-boca; bebê-língua ou excremento; pênis-cordão) que ela representa a si mesma no arrancamento sangrento da boca e do seio, do pênis e do cordão. São tais objetos que ela pensa ter em comum com seu irmão: o pênis oco, o cordão, o seio materno, mas também com suas irmãs. Esses objetos parciais são objetos comuns excitáveis e excitantes; a cena da excitação da filhinha pela mãe e a da surra do pai na filha primogênita confirmam e legitimam esta representação, confundindo-se então o pai ou a mãe com uma figura adélfica.

Como já analisei no curso do capítulo 3, irmãos e irmãs serão também seus duplos narcísicos, os da homossexualidade especular e dos fantasmas de bissexualidade. O grupo interno de seus irmãos e irmãs será para Yseult uma fonte inesgotável de objetos disponíveis para a representação de suas identificações multifaces, de suas discordâncias e de suas clivagens, eu diria também: de seu teatro do arrancamento.

Figuras do objeto irmão e imagem do corpo

Numa outra analisante que poderíamos chamar Ísis, encontrei vários traços do investimento e das representações do objeto irmão. Para ela, o irmão estava na ponta de seu pé: ele havia tomado o valor que ela atribuía a um artelho suplementar, traço de um irmão desejado pela mãe e que deveria ter sido seu gêmeo, se ela não o tivesse "perdido". Ísis não podia imaginar quanto este irmão-artelho, pequena ponta de pênis, poderia ter sido seu próprio destino. Esse apego ao irmão residual, seu duplo, o artelho suplementar que ela traz em seu próprio corpo, ela o encarnará no filho que terá no incesto com o pai. Ela poderá, então, fazer-se operar de sua excrescência, sem todavia restabelecer a integridade narcísica, a qual ela não cessa de buscar nas relações sexuais pré-genitais.

Uma outra paciente havia investido sua própria mão como a figuração narcísica de sua fratria imaginária, solidária como os dedos da mão.

O objeto irmão: o ódio do intruso

Para Yseult, a figura do intruso e o ódio que a acompanha é encarnada por sua irmã caçula, sua rival bem-amada, de quem ela tomará o marido, e pelo irmão caçula, o irmão morto. A transformação do ódio da rival num amor homossexual por ela (o que ela realiza por intermédio de seu homem comum, que não serve senão para este fim) é parcialmente feita. Em revanche, a morte do irmão caçula congelou os sentimentos de ódio que ela sentia a seu respeito e o remorso experimentado por ocasião de sua morte real. Ela se livra dele depois do sonho do siamês.

Para Pierre-Paul, o irmão intruso tomou um tal lugar em seus investimentos de ódio que ele acabou ficando doente. O câncer que ele desenvolverá depois da morte desse irmão, que morre "como uma larva abandonada", tornou-se um pedaço de sua carne, a torturá-lo, a mantê-lo entre a vida e a morte. A análise revelará como esse irmão terá sido uma parte incorporada nele, que adere a ele, mas também uma parte comum a ele e a sua mãe.

Esse irmão é, em seu fantasma, seu filho incestuoso, que nasceu de um coito oral sádico com a mãe. Ele é um objeto parcial: o bico do seio, o mamilo, o "bubão" (é seu nome oculto) de sua mãe, entre sua boca e o seio – seu duplo "negro", negativo, que ele traz em si, que traz nele a morte. O irmão odiado é um "bolo de merda", ora uma massa disforme que vem colar-se à mãe, ora um projétil duro, carregado de seu ódio contra a mãe que lhe impôs esse irmão que o fere em sua posição de Único, de filho maravilhoso. Esse irmão maldito, a mãe o cobriu de carinhos e o corrompeu, e é esse filho que a mãe lhe confiou e do qual ele deve cuidar, que o dilacera e o faz cair de seu trono.

O irmão é mantido aí, imobilizado por seu ódio. Ele não pode nem desprendê-lo de sua mãe, nem dele mesmo. O ódio pelo rival nutre as exprobações que ele dirige a sua mãe (ele preserva por muito tempo o pai), e seu câncer será a última manifestação de seu ódio enquistado em seu corpo e lançado como um ato de vítima na cara de seus carrascos.

No complexo fraterno de Pierre-Paul, o irmão forma com ele um casal antagonista e simétrico ao casal dos pais, uma espécie de duplo casal de gêmeos unidos um ao outro. No estrangulamento dessa figura que volta sem cessar em suas fantasias, em seus fantasmas e em seus sonhos, dois ovos colocados um sobre o outro formam um oito, e pode-se pensar que esta figura representa os dois casais simétricos. Ele é com seu irmão o que são seus pais entre eles: uma mãe excitada cujos gritos expressam a dor de não ser um menino; um pai deprimido, castrado, feminino demais. Um reverbera o outro, a ponto de lhe vir esta ideia de que seus pais são irmão e irmã de um mesmo e único casal de avós. O irmão tomou o valor de uma "chave" ou de um "furo" que faz manter juntos o casal parental ou que pode destruí-lo, como ele mesmo pode também destruí-lo. É só tocar nesse ponto que toda sua construção desmorona.

A análise poderia prosseguir[8] e apresentar outras figuras do irmão ou da irmã, em seu estatuto de objeto pulsional e de representações inconscientes: anomalias físicas ou traços de cará-

---

8 Resta fazer-se uma análise diferencial para estudar mais precisamente como se constituem os valores do objeto "irmão" e do objeto "irmã" para um homem e para uma mulher.

ter odiados ou queridos, "pertencendo" ao sujeito, são tratados por ele como irmãos ou irmãs imaginários, perdidos ou a perder, abortados, mortos ou a manter em vida. Esses duplos parciais de si mesmo, esses atributos do outro em si, são elementos compósitos disponíveis para entrar na composição das teorias do duplo narcísico e da bissexualidade no complexo fraterno.

A imagem do corpo no complexo fraterno arcaico e em sua evolução simbólica

O conjunto desses investimentos e dessas representações formam uma das dimensões do complexo arcaico. Não devemos negligenciar o fato de que esta isomorfia da representação do objeto fraterno e da imagem do corpo assinale muitas vezes uma organização psicótica do complexo fraterno e, em numerosos casos, uma organização inteiramente psicótica da psique do sujeito, como ilustram o filme *O outro,* de R. Mulligan, ou o conto de Tom Pouce e, próximo de nossas referências, as teses de G. Pankow (1969) sobre as relações entre a estrutura familiar e a imagem do corpo.

Sem dúvida vale a pena lembrar como esse psicanalista articula a imagem do corpo e os obstáculos da função simbolizante. Essa função visa, segundo G. Pankow, "uma regra de troca, uma lei imanente do corpo" (*op. cit.*, p. 182). Para G. Pankow, o registro simbólico é a função que cada membro executa na família (em relação ao corpo da mãe e do pai), dando assim esse registro acesso às estruturas familiares. As zonas de destruição ou de alteração na dinâmica do corpo vivo correspondem (nos psicóticos e em certos doentes psicossomáticos) às zonas de destruição na estrutura familiar desses doentes.

Essas proposições são fecundas para compreender duas consequências do complexo fraterno arcaico: a primeira, como o indica frequentemente G. Pankow, é que a abordagem do outro é prefigurada e determinada pela dinâmica do corpo vivo, isto é, pela imagem do corpo. Não só o corpo da mãe organiza previamente o ego-corpo primitivo, mas organiza também as formas arcaicas do complexo fraterno, assim como a forma do complexo de Édipo.

A segunda refere-se aos destinos ulteriores do complexo fraterno nas relações intersubjetivas. Estudei repetidas vezes como a situação de trabalho psicanalítico em grupo, em consequência das propriedades estruturais do grupo e das regressões que nele se produzem, coloca em jogo esse complexo através das primeiríssimas elaborações da imagem do corpo em sua relação com o corpo da mãe.

A FRATRIA ARCAICA EM DOIS CONTOS DOS IRMÃOS GRIMM

Os irmãos Grimm retiveram do folclore muitos contos que constituem o relato de histórias de fratrias. Dois dentre eles representam os componentes arcaicos associados à oralidade e ao complexo do desmame.

O lobo e os sete cabritinhos

Neste conto que chamou a atenção de Freud, a fratria é representada por animais como maneira para exprimir o arcaísmo das relações de objetos e das identificações;[9] ela também é a figuração difractada de um só e mesmo filho. Seu organizador é o complexo outrora apresentado por Lacan como o do desmame, e o vemos aqui articulado com o do intruso.

O lobo e os sete cabritinhos conta a história de sete cabri-

---

9 Sobre este ponto, cf. meu estudo (1984) sobre as representações animais das relações fraternas nos contos, e o já citado de C. Rigaud (1992) sobre as figuras animais e pulsões fratricidas.

tinhos confrontados, na ausência da mãe, com o grande lobo mau. Por astúcia, o lobo engoliu seis deles; o último cabritinho, que se refugiou num relógio, conseguirá libertá-los com a ajuda da mãe, que voltou a tempo. Juntos eles vão matar o lobo. Pode-se ver que as morais e as pedagogias podem apoiar-se de diferentes modos num conto como este. Também é interessante entender este conto como uma admoestação dirigida aos mais velhos, como um reconhecimento diante do último filhote.

Ouçamos o conto ainda de outra maneira: como a história de uma criança que, faminta e abandonada por sua mãe, é assaltada por fantasmas de devoração e de destruição do corpo, do corpo materno e de seu próprio corpo. Esses fantasmas estão associados às identificações precoces e ao complexo do desmame, às angústias do começo do laço, do antes da palavra. A metáfora animal, tanto quanto o relógio, assinala a regressão tópica e temporal. O lobo é, nesta perspectiva, a representação condensada dos fantasmas orais infantis de destruição do corpo da mãe, desejo mortífero da criança faminta, ao mesmo tempo que uma punição desses fantasmas, segundo a lei que prevalece nesse momento da vida psíquica: a lei do talião. Mas o lobo também é o Pai arcaico predador confundido pelo *infans* com a mãe do tempo das origens.

G. Róheim, que propôs uma análise muito interessante desse conto (1953), observa que, na versão romena desse conto, o narrador comete um curioso lapso: quando ele evoca a corrida da mãe em busca de alimento para seus filhotes, ele introduz no lugar da palavra mãe a palavra ladrão. Assim a mãe é assimilada ao lobo, ao animal predador, rapace. Em outras versões francesas, ao lobo está associado o leite ("abri a porta meus cabritinhos, tenho minhas tetas cheias de leite e meus chifres cheios de urzes!"). A figura do lobo para o último filhote é uma figura clivada da imago materna. A mãe dos cabritinhos não satisfaz os apetites devoradores de seus filhotes: ela se torna, portanto, um lobo predador. O fantasma da criança: ser devorada pela mãe não é nada mais do que o retorno à angústia de seu desejo de devorar a mãe. A ameaça é deslocada para a figura do lobo, que condensa as figuras do pai invejoso e faminto, da mãe má e dos filhos devoradores. Este conto difracta em diferentes personagens "as correntes que se chocam na vida psíquica" da criança. A fome do lobo é a fome dos cabritinhos "famintos como um lobo", uma vez que a mãe cabra os abandonou (sob o pretexto de ir buscar alimento). A sede do lobo é também a sede das crianças, que, como ele, cairiam no sono se tivessem a barriga cheia. No total, nota Róheim, se o último filhote escapa e salva seus irmãos, é que ele representa o estatuto privilegiado do bebê que permanece o mais próximo de sua mãe. No relógio no qual ele se esconde, onde tempo e realidade são abolidos, ele está em segurança como estava no ventre de sua mãe.

Outros contos são construídos com base nesta fantasmática: eles contam que crianças ou filhotes de animais ligados por um laço fraterno são engolidos por um bicho-papão ou por um lobisomen (*Os três bodinhos*, *Os três porquinhos*).

João e Maria

É também sobre esta dramatização das relações de objetos arcaicos que está construído um outro conto dos irmãos Grimm, *João e Maria*. Um irmãozinho e uma irmãzinha são confrontados com variações de seu sadismo oral e anal, que eles projetam sobre as figuras da mãe. Mas o conto também é a história de uma irmã e um irmão confrontados com sua ambivalência, com sua posição ativa e passiva, com representar sua origem e a sexualidade, com restaurar e reparar os objetos que eles tiveram medo de destruir. O conto funciona aqui como *O lobo e os sete cabritinhos*, mas ele afronta mais diretamente o drama da humanização sexuada de um menino e de uma menina.[10]

Por isso é que podemos aqui ainda considerar as duas crianças como uma única pessoa, mas somente para uma única dimensão do conto: de fato, é exatamente a frustração oral, representada pela pessoa de Maria, que transforma a mãe numa bruxa canibal. É o fantasma de destruição anal que suscita a representação de que a bruxa quer assar Maria como se assa um pão, mas é ela que mete a bruxa no forno. As crianças queriam comer a (casa da) mãe bruxa: elas serão comidas.

Não nos esqueçamos de que, chegados a esta peripécia do conto, as posições de João e Maria se invertem, se diferenciam e nos remetem ao começo da história: João, ativo, salva sua irmã e a si mesmo. Mais tarde, é Maria que, com astúcia, salvará seu irmão e a si mesma. Mas a menina será constrangida pela bruxa a contribuir para engordar seu irmão para a bruxa, e ela mesma será privada de alimento. Se eles lutam juntos contra a malvada mãe, o conto os coloca em posições tais que, num dado momento de sua história, um se torna o carrasco do outro, complementares que eles são no fantasma.[11]

Este esboço de diferença já estava marcado nas figuras parentais: ainda que aceite o abandono, o pai sofre com ele. A figura positiva do pai, oposta à da mãe, contrasta com o casal ideal e solidário das crianças abandonadas. Tal é a situação de partida. No fim, a bruxa queimada e sua casa destruída, o corpo da mãe se abre e mostra os tesouros que ela guardava para si: pérolas e pedras preciosas que eles restituem ao pai, uma vez que a madrasta está morta com a bruxa.[12]

---

10 Cf. Róheim (1950) e A. Nunziante-Cesaro e colab. (1976).
11 Cf. a análise, diferente da minha, proposta por J. Bellemin-Noël, 1953.
12 O tema da fratria solidária contra a malvada mãe bruxa e canibal também é o tema de um mito melanésio do Vanuatu: conta-se nele como o herói Ambat, confrontado junto com seus quatro irmãos com o apetite da bruxa Nevimbumbao,

Na verdade, esses primeiros esboços de diferenciação, fundados na clivagem e na elaboração da posição depressiva, não resultam numa destruição dos protagonistas: o conto diz claramente onde deve parar a evolução: "De suas inquietações, por conseguinte, eles não souberam mais nada; e viveram juntos em perpétua alegria". A criança, menino ou menina, que escuta o conto pode adormecer: a separação não é para essa noite. A crise que o conto coloca em cena foi dramatizada, perlaborada, resolvida. P. Fédida (1975) explorou esta função do conto: a história contada não preenche apenas uma ausência, a da mãe e a do mundo, ela funciona como um organizador secundário do espaço corporal ameaçado em seus limites no momento de adormecer. Ch. Guérin (1984) desenvolveu nessas bases uma tese original sobre a função contenedora do conto, isto é, sobre sua função de transformação dos afetos ou dos objetos pensáveis, porque destruidores do próprio pensar, em representações toleráveis: mais ainda, em representações capazes de gerar representações.

No fim deste capítulo, podemos compreender melhor o que especifica a dimensão do arcaico no complexo fraterno: relevamos a constância da representação e do investimento dos irmãos e das irmãs como objetos parciais, inclusos como parte do corpo materno e como parte de seu próprio corpo. A confusão e a indiferenciação dos espaços psíquicos (um corpo, uma psique, um narcisismo para dois) são traços característicos. O que B. Brusset (2003) descreveu como "os vasos comunicantes" entre irmãs ilustra bem esse fenômeno de coinerência, pelo qual o que acontece a um acontece ao outro de modo idêntico ou sob forma inversa. A imago do siamês, que encontramos diversas vezes, condensa notavelmente esta dimensão do com-

---

chega a vencê-la e matá-la. A façanha de Ambat toma o sentido de um renascimento.

plexo fraterno arcaico: inseparabilidade e risco mortal na fusão como na separação; radicalização do antagonismo entre a vida e a morte, entre a autoconservação, a afirmação narcísica fálica e a destruição dos objetos parciais.

Pudemos também compreender como o complexo fraterno muda do arcaico para o simbólico. Ele se transforma quando os irmãos e irmãs são simbolicamente não fundidos e desligados do corpo materno e, por conseguinte, reconhecidos como distintos dos irmãos-e-irmãs. Nesta transformação, a *sexion*-separação é a condição da *sexion*-sexuação.

A cura de Yseult seguirá um curso decisivo quando seus irmãos e irmãs internos se tornarão seus rivais junto da mãe, depois junto do pai; quando eles se tornarão seus aliados contra os pais, eles serão para ela um apoio valioso para afrontá-los e para começar a encontrar em uma de suas irmãs uma figura de identificação aceitável. A esta altura, a incidência transformadora do complexo de Édipo sobre o complexo fraterno é decisiva.

Neste percurso, encontramos a conjunção entre o complexo de Édipo e o complexo arcaico, como já a encontramos inscrita nestes dois grandes relatos: o do mito, Crono emasculando seu pai-irmão de dentro do espaço da mãe-com-irmãos-e-irmãs, e o da tragédia, em que o destino de Édipo se liga com o de seus filhos-irmãos e irmãs. Mensuramos, assim, a diferença entre esses dois complexos.

Capítulo 6

O amor e a sexualidade no complexo fraterno

Parece que a maioria dos psicanalistas estabeleceu uma relação bastante unívoca e, na maioria das vezes, bem duvidosa no que diz respeito ao amor entre irmãos e irmãs. Na maioria das vezes, a posição deles é fiel à posição de Freud, Klein, Lacan: eles não a questionam.

Já chamei várias vezes atenção sobre isso no decorrer do capítulo anterior, relativo a Freud: o amor na fratria é uma formação reacional aos movimentos hostis suscitados pela vinda de uma irmã ou de um irmão recém-nascidos. A hostilidade e a inveja não têm outra saída senão a repressão ou sua superação pela ternura homossexual. Essa ternura é a do irmão pelo irmão, da irmã pela irmã. Quando Freud diz que é a inveja que leva ao amor fraterno, ele não diz nada sobre a consistência deste amor, nem sobre a ambivalência que o confronta com o ódio. Muito menos se diz algo em Klein, Lacan ou Bion, que escreve sobre o gêmeo imaginário. Note-se que não se trata de ternura mútua entre irmão e irmã, mas de um laço que evoca imediatamente a suspeita do desejo incesto ou da consumação incestuosa. Algumas vezes, é evidentemente esse o caso.

Esses pontos de vista clássicos não podem ser seguidos sem mais nem menos. Não deveríamos antes dizer que eles estão essencialmente fundados na experiência de uma perturbação do laço fraterno? A psicanálise, na maioria das vezes, trata apenas das manifestações patológicas do amor, e é verdade que as curas, cujas implicações eu já expus aqui, são todas atravessadas pelas perturbações deste amor nas formas da sedução, da paixão, da loucura, do incestual e do incesto. Não temos evidentemente nenhuma razão para negligenciar o que essas perturbações revelam quanto à estrutura do complexo fraterno. O desejo de incesto fraterno é um poderoso vetor das pulsões libidinais, da erótica e, em certos casos, do amor fraterno. Ele é universal e possui sua consistência própria, e as consequências de sua consumação são diferentes daquelas do "genuíno incesto", o da mãe com o filho.

OS SONHOS DE INCESTO, O INCESTUAL E O INCESTO CONSUMADO

Importa fazer a diferença entre o fantasma ou o sonho de incesto, o incestual e a consumação do incesto. Os sonhos e os fantasmas de incesto são universais, são partes constituintes do complexo fraterno; o incestual corresponde a uma organização psíquica sob o primado da relação de sedução narcísica; o incesto consumado é um ato cujo sentido e valor de transgressão dependem de fatores estruturais que organizam o laço fraterno no seio da família.

O incestual é um conceito introduzido e teorizado por P.-C. Racamier (1991). Ele caracteriza uma fantasmática fundada numa relação de sedução narcísica, cuja resolução é impossível. O incestual se instala, e esse ponto chama particularmente nossa atenção na clínica do complexo e dos laços fraternos, quando o luto originário não é cumprido. Portanto ele está fundado nas primeiríssimas experiências pulsionais e intersubjetivas do *infans*. Com efeito, esse luto é consecutivo à perda da harmonia mãe-bebê, na qual prevalecem o narcisismo primário e a sedução narcísica recíproca. O cumprimento (sempre parcial) do luto originário é a raiz do pensamento das origens: origem da vida e de tudo o que existe, reconhecimento da origem. Quando esse luto é impossível, o incestual impregna a relação de sedução narcísica, e ele desempenha um papel determinante no complexo fraterno. O incesto consumado é, então, segundo a palavra de Racamier, "o último combate contra o sexual".

A união incestuosa do irmão com a irmã destrói tanto o laço familiar como o laço social. Freud havia estabelecido em *Totem e tabu* um laço bem estreito entre o incesto e a destruição do laço social.[1] Ele escrevia que o interdito do incesto é o único obstáculo à regressão da sociedade natural para a horda, para o estado de massa e de confusão.

Não estou certo de que exista uma teoria psicanalítica do amor adélfico. A dificuldade é que sabemos falar mais facilmente do ódio, das dificuldades de amar ou das desordens da paixão amorosa do que do amor. E, uma vez que vou me arriscar, certamente encontrarei algumas dificuldades para falar do amor entre irmãos e irmãs.

Penso que o amor entre irmãos e irmãs não se reduz a uma formação reacional, a uma inversão do ódio e da inveja, que ele não é somente a reversão do ódio em ternura homossexual. Podem-se opor a essa concepção casualmente justa todas as nuances do amor: não somente a ternura, mas também a confiança, a conivência, o apoio, a solidariedade, mas ainda a gratidão, a camaradagem, a atenção para com o outro e o dom de si; mas também todos os excessos do amor: a paixão, o incesto, as perversões, a afinidade com a morte... O tempo desse amor pode ser precoce ou tardio, breve ou durável, pode ter sido precedido ou seguido de ódio, marcado pela ambivalência habitual, ou ter sido isento dele, ou quase.

Existem casos em que o amor pelos irmãos e irmãs só se manifesta mais tarde, no momento da morte dos pais, por exemplo: as cargas de rivalidade, de inveja ou de ambição que foram cuidadosa

---

1 Numa carta a Fliess, de 31 de maio de 1897, ele caracteriza o incesto como "um fato antissocial, ao qual, por existir a civilização, teve de renunciar pouco a pouco".

e eficazmente reprimidas na primeira infância, por causa do próprio filho ou filha ou por causa dos pais, preocupados em manter a harmonia entre irmãos e irmãs, por razões que lhes são próprias. Então, o que determina a parte que cabe ao amor no complexo fraterno deve ser referido ao complexo fraterno dos pais.

CLÍNICA DO AMOR ADÉLFICO

Há análises em que predominam não a inveja e a rivalidade, mas os sentimentos amorosos pelo irmão ou a irmã, sem que esses sentimentos sejam formações reacionais, mas antes o efeito de uma segurança suficiente do filho ou filha diante da vinda do recém-nascido. Neste caso, o papel dos pais está longe de ser negligenciável.

O amor de uma irmã por seus irmãos

Claire vem consultar-me para um estado depressivo consecutivo a sua aposentadoria. Durante toda a sua vida, ela se ocupou com os outros, e ei-la agora sem "emprego", sem função, *defuncta*, quase defunta. No transcorrer da análise, ela se lembra que já teve uma experiência análoga, quando seus irmãos partiram para o exército. Se isso contasse, o perigo que eles corriam não estava no primeiro plano de sua confusão, mas, em primeiro lugar, a perda de seu "emprego" diante deles: de irmã amante ao lado de irmãos que a adoravam. Ela lhes dava atenção, solicitude e cuidado, desde a mais tenra idade deles, e eles eram tocados e seduzidos, tanto por seu espírito como por sua ternura. Ela não mostrou inveja quando um deles começou a namorar sua primeira noiva: estava segura de que seu lugar era diferente e não podia ser tomado por ninguém. Ouvi com ouvidos benevolentes, mas atentos, as manifestações negativas que este amor por seus irmãos poderia disfarçar. Não que deixasse de haver entre eles disputas, conflitos, momentos de desapego. Mas nada que denunciasse inveja ou rivalidade. Estranhei isto, ainda que minha própria experiência me tivesse ensinado que essas relações podiam existir com alguns irmãos ou algumas irmãs, cabendo aos outros as cargas hostis, em suma, variáveis em intensidade e em periodicidade. Claire falou-me da solicitude e da amabilidade de sua mãe em relação aos mais velhos quando ela lhes anunciou que estava grávida e que a família, segundo o desejo dos pais, ia crescer, e que cada um encontraria seu lugar. Ela falava assim aos pequeninos, dizia minha paciente, inspirada nas ideias de F. Dolto e persuadida de que o bebê *in utero* ouvia o que ela dizia. Quando nutria no seio seus bebês, a mãe falava a seus outros filhos de seu aleitamento, do prazer que eles mesmos e ela tinham tido nesses momentos, das reações próprias deles e do desmame de cada um. Mas nem por isso desaparecia a inveja que se manifestava a propósito dos brinquedos, das roupas ou das suspeitas de que os pais tinham uma preferência por um ou por outro, mas nem sempre o ódio estava associado a isso.

Penso que esta atitude de prevenção da mãe, que associa o pai à procriação e os filhos a pensar cada novo nascimento como um evento partilhável, contou muito para Claire no desenvolvimento de seus sentimentos de amor por seus irmãos e irmãs. O lugar que sua mãe lhe confiou, o de uma grande irmã associada às experiências de cuidado e de conciliação maternal, estabeleceu os objetos e os laços que lhe permitiram identificar-se com o filho e com a mãe. A contrapartida foi uma grande dificuldade para encontrar seu lugar de mulher, totalmente absorvida por seu desejo de manter-se nesta função maternal que, no momento de sua aposentadoria, lhe fazia falta.

Diante de tais configurações, somos muitas vezes inclinados a buscar no relato de nossos pacientes uma idealização nostálgica deste amor fraterno sem nuvens. De fato, no caso de minha paciente, esta idealização era o correlato defensivo contra sua depressão atual; e esse amor fraterno, real, muitas vezes criativo, nas relações entre irmãos e irmãs, era também o parceiro de uma fixação edipiana a uma mãe "boa", graças à qual minha paciente podia defender-se contra a rivalidade feminina com a mãe. Analisamos, pois, esta idealização e esta fixação antiedipianas e suas relações com o complexo fraterno de Claire.

Também pode acontecer que nossa escuta seja obnubilada por uma teorização normativa da questão do amor no complexo fraterno, tal como a concepção clássica a estabeleceu, e que deveria ser nuançada.

Seja como for, é importante entender, nas associações de nossos pacientes, o que eles peceberam do que os pais dizem e comunicam em verdade de seu desejo em relação a seus filhos, o apoio que trazem ao reconhecimento de suas diferenças e de sua singularidade, as identificações do Ego ao semelhante que eles sustentaram em seus filhos, o contrato narcísico no qual eles os inscreveram. Todas essas dimensões inflectem o complexo fraterno numa direção em que a experiência do amor é possível. A solidariedade entre irmãos e irmãs nutre-se disso, mesmo que ela se exerça contra os pais, mesmo que ela instigue a rivalidade fraterna, ela é também uma manifestação do amor no complexo fraterno.

Complexo fraterno e escolha do objeto amoroso

A escolha do objeto amoroso, na teoria freudiana, está sempre articulada à relação com os pais e com as diversas formas do complexo de Édipo. Em *Três ensaios sobre a teoria da sexualidade* (1905), em 1910, em *Considerações sobre a vida amorosa*, depois em *Para introduzir o narcisismo* (1914), Freud distingue entre dois tipos de escolha de objeto amoroso: na escolha, segundo o tipo narcísico, ama-se o objeto de acordo com o modelo da relação de si-mesmo com sua própria pessoa representada pelo objeto. Esta escolha nos leva a buscar no outro o que somos, o que fomos ou o que gostaríamos de ser, um duplo de si-mesmo. O segundo tipo de escolha de objeto amoroso se efetua segundo modelo do apoio, da sustentação: "ama-se a) a mulher que nutre; b) o homem que protege e as gerações que dele descendem" (*Para introduzir o narcisismo*). Buscamos então no outro a mulher maternal e nutriz ou o homem protetor. A oposição entre esses dois tipos de escolha faz aparecer suas fontes, mas também que os laços que unem dois parceiros amorosos são libidinais e narcísicos em proporções variáveis.

Nesta abordagem, parece que a escolha do objeto de amor é sempre uma escolha de objeto parcial e pré-edipiano. Ora, em muitos casos, a escolha de objeto de amor não é apenas narcísica, nem somente por apoio ou sustentação, é uma condensação dessas duas modalidades.

Este modelo persiste em muitos autores contemporâneos[2] para descrever os laços amorosos: são sempre laços que apresentam o objeto como parcial. Acho que convém dar uma atenção particular ao complexo fraterno e a seus efeitos na escolha do objeto amoroso.

Para Silvia, é a escolha do irmão objeto de amor que a leva a estabelecer laços amorosos com o homem que se tornará seu marido. O irmão foi primeiro idealizado como objeto narcísico complementar, duplo masculino. Depois ele a decepcionou quando fez uma escolha de objeto amoroso que não era sua irmã. Esta decepção e o ódio que a acompanhou levaram primeiramente Silvia a concentrar-se em satisfações autoeróticas, depois a escolher como marido um homem como substituto desse irmão e a tentar fazer-se adotar por seus sogros como sua filha, a fim de reconstituir um casal irmão-irmã ideal para pais idealizados. Ela dizia frequentemente em relação a seu marido: "Somos como irmão e irmã". O que explicava muito bem os fracassos da vida sexual deles e suas inibições ligadas a este fantasma incestuoso.

---

2 Sobre este ponto, a obra de Ch. David (1971) sobre o estado amoroso continua sendo uma referência importante.

No curso da cura, ela travou relações amorosas com outros homens, sem contudo engajar-se em relações sexuais. Nesta ocasião, o trabalho da análise modificou a relação com sua escolha de objeto narcísico para dar lugar a uma escolha de objeto verdadeiramente heterossexual. Operou-se, no curso de sua análise, uma reorganização considerável de suas escolhas de objeto, num movimento depressivo bastante severo. Ela teve muitos amantes, mal conquistados, logo abandonados, mas acabou por fazer uma escolha estável de um homem que não coincidia mais puramente com seu objeto narcísico e que não cumpria mais a função de apoio que ela buscava em sua depressão.

A SEXUALIDADE, OS FANTASMAS DE INCESTO, O INCESTUAL E O INCESTO CONSUMADO NO COMPLEXO FRATERNO

Evidentemente, o amor fraterno não é idêntico ao incesto, mas os fantasmas incestuosos demarcam-lhe as vicissitudes, as delícias e os terrores. Quer trabalhemos com um sujeito singular ou com um conjunto de sujeitos atados em seus laços em suspenso, temos a ver com a questão central do incesto fraterno. Dificilmente, conheço curas em que o fantasma do incesto fraterno não se tornou, num ou noutro momento, um polo predominante do conflito neurótico. O fantasma incestuoso impõe-se como um componente do complexo fraterno, como uma figura do desejo pelo duplo e como uma modalidade sexual de sua realização. Os fantasmas do incesto entre irmãos e irmãs, ou entre irmãos, ou entre irmãs fazem surgir a questão da sexualidade no cerne deste complexo, especialmente na adolescência. A história de Yseult o mostrou com toda a intensidade e a complexidade das formações psíquicas em jogo em sua experiência de quase-realização do incesto: sonhos de incesto, sedução narcísica dependente do incestual, estase do luto originário.

O amor de um irmão por sua irmã e o despertar dos fantasmas incestuosos na adolescência

O amor fraterno adquire características específicas com a irrupção da sexualidade, particularmente na adolescência. Ele é trabalhado por fantasias ou por fantasmas incestuosos. "Por que o desejo de incesto entre irmão e irmã? Porque a metade do caminho amoroso já foi percorrido e porque cada um se encontra diante de seu semelhante", escrevem, citando R. Musil, C. Alexandre-Garner e G.-R. Garner (1986).

Bernard é educador. Ele veio pedir-me ajuda para resolver suas dificuldades de afirmação, particularmente em suas relações com as mulheres e as adolescentes. Ele sofre de depressão. As relações com seus irmãos e irmãs, especialmente com sua irmã preferida, vêm à tona nesse momento da cura em que ele tem este sonho: "Eu me encontro num castelo com muitas peças, elas são vastas, uma arquitetura do século XVIII, mas o castelo se transforma em castelinho. Grandes portas envidraçadas dão para um parque. Chego ao parque com árvores centenárias, um lugar sombrio, o castelo está abandonado. Entro de novo por uma das portas envidraçadas. O interior está cheio de móveis, mas não encontro nenhum ser vivo. É como se este castelo tivesse sido abandonado pelas pessoas. Estamos no inverno, não há ninguém. Depois subo para os andares superiores e lá alguma coisa me anima, há famílias, grupos, mais particularmente meus irmãos e minhas irmãs e primos, mas sobretudo minhas irmãs, de modo particular Irene (sua irmã preferida). Num quarto, há duas meninas que de repente se tornam adolescentes, cochicham entre si alguma coisa e remexem numa cômoda, curvadas sobre as gavetas, de tal modo que posso ver o traseiro delas. Depois volto para baixo e lá o tapete do salão é na verdade uma relva. Sobre a relva-tapete, minha irmã Irene está deitada junto com seu bebê; vou pegar a pequenina, tão pequena que faz pensar num camarão, ou num embrião que ainda está no ventre da mãe. Ela tem um gorro na cabeça, o que lhe dá um ar de pequeno duende".

As associações do sonhador e a análise desvelam vários pensamentos latentes, organizadores deste sonho; vou reter apenas três deles. No relato de seu sonho, Bernard havia imediatamente sublinhado a redução do castelo em castelinho, não para referenciar-lhe o diminutivo, mas para precisar que ele pensa num castelinho para marionetes. Suas associações o levarão a pensar na masturbação que o obsidiava quando era interno no colégio, sobretudo quando um professor ia encontrar-se com a enfermeira, na enfermaria vizinha ao dormitório, e em sua angústia de ter um sexo pequeno demais, "um sexo bebê", um embrião de sexo.

Depois, ele voltará à cena do sonho, onde encontra sua irmã e seu bebê tão pequeno, com o gorro na cabeça que lhe dá um ar de pequeno duende. Penso na interpretação do gorro como preservativo, assim como Freud o analisa no conto dos Grimm, *Rumpelstiltzschen*, depois lhe digo que ele vem pegar o bebê como se fosse o pai dele. Surgem fantasias de relações incestuosas que ele imaginava ter tido com esta irmã na adolescência, provavelmente no tempo do colégio. O sonho aparece, então, como uma encenação de encontros sexuais excitantes: o tapete-relva que evoca os pelos pubianos, o traseiro das meninas que se transformam em adolescentes. Toda a excitação é contida no espaço desse castelo – Bernard se fixa no significante *"chatte"** que ele entende no castelo, antes de voltar a castelinho, *"castafiore"* ou "casta flor". Sua negação reiterada: "Não há ninguém neste castelo abandonado", torna-se: não há ninguém no ventre de sua irmã. Mas, em seu trabalho de educador, ele é excitado pelas adolescentes, é assediado por fantasmas de fazer-lhes filhos.

No sonho, a negação (não há ninguém no castelo, na *"chatte"* de minha irmã) é contradita pelo que ele encontra ao subir os andares. O grupo fraterno, do qual se destaca a figura da irmã preferida, aparece mais precisamente como a figura central do sonho.

---

* N.E.: Termo afetuoso que se dirige a uma criança ou pessoa com quem se mantém relações de intimidade.

A análise do sonho mostra que o grupo é um verdadeiro condensador de suas pulsões e de seus fantasmas, das imagos parentais e fraternas, mas também dos bebês no ventre da mãe (outra figura do castelo). Este fantasma edipiano não pode tornar-se acessível nem desdobrar-se, senão na análise do complexo fraterno.

Eis, portanto, um sonho no qual a sexualidade do adolescente dirige seu componente libidinal para a irmã, e devemos admitir que as associações do sonho nos levam ao sonho edipiano de incesto com a mãe. Mas é preciso saber ainda que sua irmã é o objeto de seu amor, de sua ternura, de sua atenção. Bernard fala dela com emoção e não tenho como questionar a autenticidade de seu amor por sua irmã preferida. Não descubro neste amor o resultado de uma formação reacional que teria sido o retorno dos movimentos hostis que acompanham a inveja. O que dizer, então, de suas outras irmãs que não são suas preferidas? Vários anos mais jovens que ele, elas contam menos em sua vida, não vêm perturbá-lo, pois lhe bastava o amor de Irene. Então de onde vêm suas dificuldades com as mulheres? Certamente de seu apego a sua irmã cujo equivalente ele não conseguiu encontrar. Magicamente, ele achou que desposando uma mulher que traz o mesmo prenome "Irene", ele reviveria com ela seu amor por sua irmã. A escolha do objeto de Bernard não é nem narcísico, nem simplesmente busca de apoio, mas é uma condensação das duas modalidades. Irene é seu duplo feminino, seu objeto complementar e, sem dúvida, uma figura materna, cuja frieza o desviou para um objeto mais acessível.

A sedução adélfica e o desejo de incesto

A sedução do irmão pela irmã e da irmã pelo irmão é a fase preliminar ao despertar do desejo incestuoso. Esta fase é frequente e banal. Alexandre-Garner e G.-R. Garner (*op. cit.*) descrevem este cenário e o que está em jogo: "eles se olham um ao outro, ou se veem num espelho, e quando olham o corpo do outro, o que encontram nele é o conhecimento ou o reconhecimento de seu próprio corpo, de seu próprio sangue. O longo caminho que vai da descoberta da existência do outro à fusão dos corpos já está quase completamente percorrido por este olhar que traz em si o reconhecimento do totalmente semelhante, do já conhecido, do quase si-mesmo. Não é preciso dar um passo em direção ao outro, arriscar-se para o exterior, aventurar-se para fora: o outro está ao alcance de si-mesmo, bem próximo, totalmente semelhante, tendo já partilhado as experiências fundadoras".

Sedução, defesa contra a angústia de castração e a rivalidade fraterna

Uma tese clássica sobre a sedução é considerá-la como uma defesa contra a angústia de castração: seduzir o outro equivale a excitar no outro, semelhante e complementar, o desejo de possuir o outro sexo.

Existem outros motivos da sedução no complexo fraterno, por exemplo a inversão da rivalidade em sedução: o rival se transforma em sedutor, a rival em sedutora. É o caso da irmã do Homem dos lobos que é sua rival antes de ser sua sedutora.[3] Para Yseult, o sedutor é o irmão rival depois de ter sido seu complemento narcísico fálico e seu aliado: ele é seu rival na possessão do "pênis oco". A rivalidade para com sua irmã caçula "bem-amada" fará do cunhado um mediador homossexual para seu desejo incestuoso em relação a sua irmã, mas o cunhado será também uma figura do deslocamento do desejo para seu irmão. Condensam-se, assim, diversos personagens na figura do sedutor e na realização incestuosa. A cura de Yseult vai permitir que se desdobrem todas as nuances e os harmônicos do desejo incestuoso no complexo fraterno. Em outros casos, a sedução do cunhado ou da cunhada

---

3 Sobre a irmã do Homem dos lobos, cf. a obra de N. Abraham e M. Torok (1976).

pode tomar o valor de um deslocamento do triângulo edipiano. Desta forma, o incesto fraterno toma o valor de uma defesa contra o incesto verdadeiro. Ele é um desafio ao casal parental.

Com a história de Yseult, explorei as implicações da sedução narcísica, do incestual e dos fantasmas bissexuais do incesto fraterno. Mas é preciso também incluir nesta relação incestuosa o efeito da sedução primária negativa, cujos fantasmas de colagem e de arrancamento do corpo da mãe, depois as experiências de carícias paroxísticas e os fantasmas de fustigação são as expressões e, sem dúvida também, as fontes no real. Quando analisei a história psicanalítica de Yseult, tornou-se evidente que o duplo narcísico e sua complicação na bissexualidade psíquica tomaram toda a sua importância para abordar a questão central de seus fantasmas incestuosos, do incestual e do incesto em seu complexo fraterno. Entre outras, esta cura dá a pensar que a questão do incesto, fantasmado ou realizado, se situa na interface da área formada pela sedução narcísica e da área formada pelo complexo de castração.

A configuração incestual fundamental é o incesto com um dos pais: esta situação paradigmática do complexo de Édipo, quando ela se realiza, faz do filho que dela nasce um filho-irmão ou uma filha-irmã de seu pai ou mãe: os filhos de Édipo estão nesta situação. O incesto verdadeiro inclui, portanto, o complexo e o laço fraternos.

Os atos incestuosos nas fratrias

Entre os trabalhos sobre o incesto fraterno,[4] a obra de R. Jaitin (2004) é um estudo de referência: ele tem por fonte principal a clínica da psicoterapia familiar psicanalítica. Por isso ele

---

4 Cito frequentemente os trabalhos de C. Alexandre-Garner e G.-R. Garner (1986), S. Grimm-Houlet (1999), J.-M. Talpin (2003).

traz uma dimensão que não é diretamente acessível nas terapias ou análises individuais, a de fazer trabalhar os fantasmas, os complexos, os laços e os discursos do conjunto da família. Mesmo quando certas observações de R. Jaitin, entre as mais esclarecedoras, foram efetuadas em instituições para crianças, sua escuta atenta dos fantasmas e dos traumatismos consecutivos aos atos incestuosos nas fratrias é profundamente informada pela experiência da psicoterapia familiar psicanalítica. Sua atenção aos diversos componentes psíquicos que levam à passagem ao ato incestuoso o testemunham: a indiferenciação entre as gerações, o enfraquecimento do invólucro familiar e o não reconhecimento do irmão como outro são marcadores constantes disto, e seu agenciamento especifica as diferentes configurações do incesto fraterno. Reconhecemos os efeitos disto quando trabalhamos com um paciente.

Também é da prática da psicoterapia familiar, conduzida por diversos terapeutas, que R. Jaitin tira este princípio metodológico, resultante da conduta psicanalítica dos grupos: face a certas famílias, e segundo a consistência da escolha mútua dos terapeutas, os fantasmas incestuosos são reativados entre eles, e esta reativação intertransferencial abre uma via específica ao conhecimento das resistências e das transferências.

R. Jaitin considera que o laço fraterno e o grupo formado pelos irmãos e irmãs tomam sua consistência de inscrever-se no romance familiar e na filiação intergeracional, isto é, num conjunto imaginário, real e simbólico. No entanto, uma questão continua em debate: será que o incesto tem a mesma consistência psíquica, como parece pensar o autor, se ele se realiza diretamente entre irmão e irmã ou se ele se realiza "indiretamente, com pares que assumem simbolicamente esta função"? De minha parte, penso que convém manter uma distinção entre o que, entre pares, depende da realização do incestual (é o caso, em certos casais, como a história de Silvia o mostra muito bem) e o que entre irmão e irmã (no sentido genérico) consiste numa realização transgressiva do incesto. A categoria que faz a diferença é a do interdito do incesto, barreira erigida contra o aniquilamento do outro, como a regressão para a consonância da sedução narcísica originária, e contra a destruição das trocas sociais. Retomando este tema, R. Jaitin mostra, com o apoio da clínica, que "o incesto realizado destrói o laço e que ele é um homicídio do irmão como outro".

OS AMORES FRATERNOS NO MITO E NA LITERATURA

Os mitos, a tragédia e a literatura romanesca descreveram com muita constância e intensidade o ódio e o amor fraternos. *Antígona* reúne, numa trama exemplar, o combate fratricida entre Etéocles e Polinice e o amor que a irmã deles lhes dedica. Nesta trama, ela engaja Ismene[5] e a confrontação com a lei injusta de Creonte.

Os laços de amor e de ódio entre os filhos de Édipo, no mito e na tragédia de Édipo

Sófocles, como o mito grego, não reconhece irmãos e irmãs a Édipo, além de seus próprios filhos. A tragédia é encenada na colusão de um duplo espaço triangular: o da sucessão e da diferença das gerações, o triângulo edipiano; e o da sincronia das gerações, o triângulo fraterno rivalitário.

---

5 "Tu és meu sangue, minha irmã, Ismene, minha querida", diz-lhe Antígona, anunciando-lhe a desgraça que está a caminho e fere seu irmão; e quando Ismene hesita ultrapassar o interdito sancionado pelo morto, ela o convence: "É meu irmão – e o teu, quer queiras ou não. Eu confesso que ninguém tem o direito de dizer que eu o traí". Sophocle, *Antigone*, Paris, Les Belles Lettres.

Édipo e seus filhos irmãos-e-irmãs

Édipo tem irmãos e irmãs incestuosos: seus próprios filhos, Etéocles e Polinice, e suas próprias filhas, Antígona e Ismene. Duas vezes dois casais, o amor e o ódio que os une e que os separa.

Para Laio, Édipo é o filho que o ameaça: ele ficou com muito medo quando Édipo nasceu, depois do anúncio do oráculo. Ele arranca seu primeiro e único filho de sua ama de leite, mas, expondo-o em vez de matá-lo, ele deixa que se cumpra o oráculo que o fará morrer pela mão de seu filho e dá a ele acesso ao leito de sua mãe.

Depois da morte de Jocasta, Édipo vive em Tebas. O irmão de Jocasta, Creonte, garante o governo. Por sua exortação e com o acordo de Polinice e Etéocles, malditos por seu pai-irmão, Édipo é expulso de Tebas. Suas filhas lhe permanecem fiéis: Antígona (cujo nome significa aquela que vem no lugar de uma mãe) o acompanha para guiá-lo e cuidar dele; Ismene permanece em Tebas e vela por seus interesses.

"Meu irmão, meu inimigo, mas tão caro..."

Os dois irmãos entram em rivalidade[6] para fazer-se eleger como rei: o conflito entre o rei sagrado e seu *alter ego* é regulado temporariamente pela fórmula do reino alternado. Etéocles chega a instalar-se na realeza e expulsa Polinice, que se refugia em Argos e subleva inimigos contra sua cidade natal. Polinice cumpre o destino que lhe fixa seu nome: ele é o homem das "numerosas vitórias".

---

6 A rivalidade e o ódio entre Etéocles e Polinice são tratados por Racine em sua tragédia *La Thébaïde ou les Frères ennemis*. Cf. p. 117. e nota 6.

As duas irmãs acompanharam Édipo a Atenas, onde permanece apaziguado até a hora de sua morte. Quando elas retornam a Tebas, seus dois irmãos estão em guerra aberta; elas não tomam partido nem por aquele que tinha por si o direito (o primogênito, Polinice), nem pelo mais novo, cujo dever é defender a cidade. Sete príncipes se conjuram contra Tebas para atacar suas sete portas, que defendem sete outros príncipes. A porta defendida por Etéocles é aquela que Polinice deve atacar.

Os dois irmãos se defrontam em combate singular para decidir a sorte da batalha. Eles se exterminam mutuamente, concluindo sua relação de duplo na anulação, na morte. Também é por Etéocles e por ele mesmo que Polinice murmura a seu irmão silencioso: "Meu irmão, meu inimigo, mas tão caro, sempre tão caro. Faz-me sepultar em minha terra natal, que eu possa ter pelo menos isto".

Recusando aos que combateram contra Tebas uma sepultura, Creonte pune os mortos, recusa a Polinice seu retorno à terra-mãe. As duas irmãs se opõem sobre a resposta a dar ao decreto de Creonte. Ismene se submete, Antígona protesta e arrisca sua vida para sepultar seu irmão. Ela se junta a ele, enterrada viva na tumba de seu irmão, unida a ele na morte.

Antígona, uma figura heroica da irmã perfeita

Antígona não é um caso clínico, ela é uma figura trágica, a da irmã perfeita. O que justifica a atenção que lhe prestamos não é somente seu valor alegórico: Antígona também é uma figura que surge no ponto de ligação entre o complexo de Édipo e o complexo fraterno: ela é filha e irmã de Édipo, como Ismene; Etéocles e Polinice são seus irmãos, como são filhos e irmãos de Édipo. As questões que ela nos propõe, assim como a figura trágica de Édipo, nos levam a buscar que *analogon* psíquico universal ela representa.

Que ela seja antes de tudo uma figura heroica e trágica, G. Steiner, J. Lacan e outros comentaristas já o sublinharam. Em seu ensaio sobre *As Antígonas*, G. Steiner (1984) precisa: "Antígona frequenta, sem passar além das fronteiras, a linguagem do ideal". Seu nome fala esta linguagem: aquela que vem no lugar de uma mãe traz o nome do absoluto.

Paradigma do ideal, ela é por este fato intratável, imutável. É por isso que ela não pode deitar-se num divã, mas somente, por toda eternidade, no corpo tumular de seu irmão, no qual ela encontra seus pais: "Túmulo, minha câmara nupcial, minha eterna prisão na terra... Nutro a esperança de que, aqui embaixo, minha vinda será cara a meu pai, e também a ti, mãe querida, e a ti, irmão bem-amado". Ela mesma se coloca em postura de ser o ideal, e sublinharei, por minha vez, a fascinação que exerce o nome desta heroína da ação pura (em Hegel), do desejo puro (em Lacan), da fraternidade pura das virgens-irmãs (em Péguy). Ela é pura e purifica (R. Rolland): esta purificação mantém os ideais narcísicos intactos. Ismene lhe diz que ela está apaixonada pelo impossível.

Mas ela também é pura pelo fato de situar-se nesta intransigência do ideal, nesta recusa do luto e da história. Para precisar isso, é preciso situar Antígona como paradigma da irmã-virgem-mãe em sua relação trágica com Ismene e com Polinice.

Antígona, Ismene, Polinice

Desde o prólogo da tragédia, Antígona incorpora em si sua irmã, forma com ela um casal simétrico àquele que é formado por Etéocles e Polinice, na morte que eles se causam mutuamente. Este quarteto configura uma unidade orgânica que, sublinha G. Steiner, "perpetua a indizível coesão genealógica da Casa de Laio".

Um quádruplo laço dá a sua qualidade de irmãs uma solidez sem igual: elas são filhas de Édipo e de Jocasta, netas de Jocasta, irmãs do filho de Laio e, enfim, irmãs de Polinice e de Etéocles. É sobre esta qualidade fraterna que as outras se entrelaçam. Este nó obscuro (Steiner, *op. cit.*, p. 227) que as faz

```
Laio                                    Jocasta
┌─────────────────────────────────────────────┐
│                                          ╱  │
│                                       ╱     │
│                                    ╱        │
│                                 ╱           │
│                              ╱              │
│                           ╱                 │
│                        ╱                    │
│                     ╱                       │
│                  ╱                          │
│               ╱                             │
│            ╱                                │
│         ╱                                   │
│      ╱                                      │
│   ╱                                         │
└─────────────────────────────────────────────┘
Édipo                                   Polinice Etéocles
                                        Antígona Ismene
```

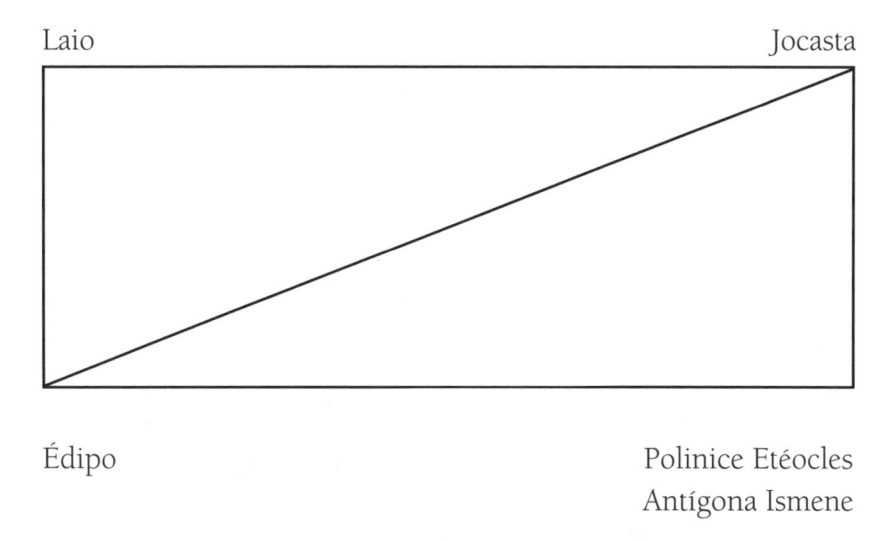

Figura 5. Complexo fraterno incluso no complexo de Édipo

irmãs e filhas de Édipo, "as religa às monstruosidades inevitáveis das origens humanas. [...] Esta 'comunidade' anárquica [...] monstruosa, [...] as liga mais estreitamente do que irmãs jamais estiveram ligadas [...] pelo fato de serem elas 'comuns' uma à outra, e provoca nelas uma fusão [...] que faz das duas filhas-irmãs de Édipo um ser singular, 'comum'. Esta massa única, na qual elas estão soldadas entre si, como Etéocles o está com Polinice, é o testemunho da busca da coletividade primitiva da origem".

Polinice é o irmão que Antígona e Ismene têm em comum, "em total simbiose", precisa Steiner. Eles formam uma unidade orgânica e consanguínea, na qual Antígona encontra o lugar de sua própria reunião mortal, noturna. Uma afeição terna e forte e um laço provavelmente incestuoso unem na morte[7] Antígona

---

7 A propósito do tema do incesto na mitologia grega: "esta codifica, escreve G. Steiner (p. 175), a evolução sem dúvida progressiva e conflitual das convenções, dos termos e dos tabus do parentesco... os mitos fundadores são tais pelo fato de serem sistematização linguística e ordenação social".

e Polinice. Steiner constata que Antígona aspira por "uma terna reunião com os mortos", e que os sons da frase grega encerram de uma maneira velada o nome querido de Polinice.

A literatura e o amor fraterno

A literatura – a correspondência, as memórias, o romance – celebrou o amor fraterno e, sem dúvida, mais do que nós o compreendemos na clínica da cura. O amor fraterno não é somente celebrado, também é fonte de criação ou, em todo caso, considera-se que ele exerce uma influência profunda sobre o processo e sobre os conteúdos da criação. As correspondências e as memórias desvelam o papel desempenhado por um irmão ou uma irmã neste processo, sob o efeito dos componentes amorosos do complexo fraterno. Criar é então criar o outro, criar para o outro, o duplo semelhante, ao mesmo tempo modelo e testemunho internos.

M. Clouzot (1990) estudou a história de uma vintena de irmãos e irmãs, célebres escritores do século XIX. De seu estudo, podemos deduzir algumas constantes que formam outras tantas hipóteses de pesquisa a serem trabalhadas no espaço psicanalítico. O casal irmão-irmã, e em certos casos uma fratria mais ampla, teve muitas vezes de vivenciar a morte precoce de uma mãe idealizada, ao mesmo tempo modelo e obstáculo a todo amor futuro fora da fratria: este foi o caso de Th. De Quincey, mas também das irmãs Brontë e do irmão delas. Nessas fratrias, as mortes precoces não são raras, algumas vezes os suicídios, muitas vezes a loucura de um ou de outro, ou do irmão e da irmã (os Brontë, Kleist, Trakl, Nietzsche, Camille e Paul Claudel,[8] Lamb, Byron...). A instalação da irmã como duplo feminino do gênio criador é

---

8 Sobre as relações de Paul e Camille Claudel, ler o excelente trabalho de D. Dravet (2003).

um outro traço constante. A preocupação obsessiva do irmão pela virgindade de sua irmã e a inacessibilidade ao corpo de toda mulher aparece com muita frequência: foi este o caso de Renan, Nietzsche, Fournier. Outras histórias de irmãos e irmãs criadores estão marcadas pela consumação do incesto (Byron, Trakl).

O amor de Goethe por sua irmã foi provavelmente uma das fontes de inspiração de seu Werther; ele também esteve à origem de seu sonho de "romance poliglota". W. Weidlé conta, assim, a fonte desse sonho:

> "Uma página charmosa de *Memórias* nos diz como lhe veio a ideia, para facilitar seu acesso a esse paraíso de poliglota com o qual ele sonhava, de compor um romance epistolar onde os diversos membros de uma família dispersa pelo mundo se escreveriam em dois gêneros de alemão, em latim (com algum P.S. em grego de tempos em tempos), em inglês, em francês, em italiano e até, para colocar aí uma pontinha de humor, em ídiche. As cartas em francês e em inglês que ele endereçava a sua irmã, os poemas nessas duas línguas e em italiano que ele escrevia na mesma época mostram esforços que, com certeza, não fizeram mais do que entreabrir a porta do paraíso, mas que inauguraram, por outro lado, uma orientação do interesse, uma paixão da inteligência às quais Goethe continuará fiel por toda a sua vida" (Weidlé, 1949, p. 10-11).

Correspondências e memórias

Uma outra figura forte do amor fraterno que durou por toda a vida é aquela de Vincent e Theo Van Gogh. Entre seus cinco irmãos e irmãs, Theo, seu irmão mais novo, foi o preferido de Vincent. A ligação entre eles é conhecida graças à correspondência que eles trocaram e à qual tivemos acesso através das 900 cartas escritas por Vincent a seu irmão. Todas comprovam a força e a permanência deste laço de fraternidade, da afeição deles, da atenção benevolente do mais velho por seu irmão mais novo, do apoio de Theo diante das dúvidas e dos momentos de desespero de Vincent, da confiança inquebrantável de Vincent em Theo e de sua gratidão por seu irmão mais novo. Não faltam momentos de queixa ou de crítica, mas eles estão sempre abertos a um diálogo, a um ajustamento de suas posições, de suas diferenças (em suas escolhas amorosas, políticas ou estéticas) e ao reforço de seu laço de união. O desejo de permanecer unidos e a aspiração de serem irmãos-pintores, como Vincent convida Theo a tornar-se,[9] não reduzem sua singularidade a uma afinidade que possa fundi-los; a atenção de um pelo outro,[10] em sua diferença, é a garantia deste amor que culminará somente com a morte dos dois irmãos, um seis meses depois do outro.

Deste amor adélfico, S. de Beauvoir dá testemunho de uma maneira brilhante em suas *Memórias de uma moça bem comportada* (1958). Desde a primeira página, ela revela o que pôde ser sua inveja por ocasião do nascimento de sua irmã: "Parece que eu fui ciumenta, mas durante pouco tempo. Tanto quanto posso lembrar-me, eu era orgulhosa de ser a primogênita, a primeira" (1958, p. 11), posição que ela imporá a sua irmã, que encontrará junto da primogênita sua própria estima e uma certa devoção a seu respeito. A harmonia dessas duas irmãs resulta, por um lado, da atitude dos pais para com elas, e S. de

---

9 "Já te escrevi a este respeito e refleti desde então, errando pelo bosque. Repito exatamente o que já havia pensado muitas vezes. É frequente o caso entre os pintores de outrora e de hoje: dois irmãos que fazem pintura e cuja obra respectiva é mais dessemelhante do que paralela. Eles diferem completamente, o que não impede que se completem um ao outro".

10 De Saint-Rémy, Vincent escreve a Theo em setembro de 1889: "Se te encontras também diante de duras responsabilidades, de arriscar ou de assumir minha fidelidade, não nos ocupemos *demais* um com o outro." Ele acrescenta que eles seriam "irmãos mesmo assim, como sendo em muitos aspectos companheiros de sorte" (carta 603). Numa outra carta: "Guarda-me tua amizade, mesmo se não estás em condições de conceder-me tua ajuda pecuniária. Ainda vai acontecer de queixar-me a ti – estou embaraçado por causa disto ou daquilo –, mas o farei sem segundas intenções, muito mais para aliviar meu coração do que para exigir ou para esperar o impossível".

Beauvoir lhes rende homenagem por tê-las tratado com uma "exata justiça".

Sua irmã ocupará o primeiro lugar em seu coração, bem antes do lugar do homem que ela presume que vai amar:

> "O primeiro lugar em minhas afeições, tinha-o minha irmã. [...]. Numa festa organizada pela escola, ela cantou, fantasiada de pastora, antigas canções francesas e eu a achei admirável. Às vezes, ela saía à noite e, quando voltava, loura, rosada, animada, em seu vestido de tule azul, nosso quarto se iluminava. Visitamos juntas exposições de pintura, o Salão do Outono, o Louvre; ela desenhava à tarde num ateliê de Montmartre; frequentemente, eu ia lá buscá-la e atravessávamos Paris, continuando a conversa começada desde nossos primeiros balbucios. Continuávamos essa conversa na cama antes de adormecer e pela manhã, desde que nos encontrávamos a sós. Ela participava de todas as minhas amizades, de todas as minhas admirações, de meus entusiasmos. Jacques piedosamente posto de lado, de ninguém eu gostava mais do que dela. Ela estava bem próxima de mim para ajudar-me a viver, mas sem ela, pensava eu, minha vida teria perdido qualquer interesse. Quando emprestava um tom de tragicidade a meus sentimentos, dizia comigo mesma que, se Jacques morresse, eu me suicidaria, mas que, se ela desaparecesse, não precisaria sequer matar-me para morrer." (*ibid.*, p. 296-297)

O romance

A lista não tem limites: o romance explora tanto figuras do complexo e do laço fraterno como novos estudos poderiam tomar lugar ao lado dos ensaios de M. Clouzot e de W. Bannour (op. cit.). Não podemos evocar aqui senão algumas obras numa desordem que não leva em conta certas preferências: *Paulo e Virgínia,* de B. de Saint-Pierre; *A queda da casa de Usher*, de E. A. Poe; *A pequena Fadette,* de G. Sand; *Os cavaleiros da tempestade*, de J. Giono; *O homem-irmã*, de P. Lapeyre; *O livro das noites*, de Sylvie Germain; *Eu não sou um caminhão*, de A. Saumont; *A curva do cão,* de Thomas Farber;

A estrada de Midland, de A. Cathrine; *Os dois irmãos*, de L. Doninelli; *Fratelli*, de C. Samonà...

Confesso minha admiração pelo romance de J. Giono: *Os cavaleiros da tempestade*. Ele está entre os mais capazes de explicar, por meio da literatura, a relação passional de amor – do amor até a morte – entre dois irmãos, Marceau e Mon Cadet. A história deles se projeta sobre o fundo da morte do pai e da morte de um irmão nascido entre os dois protagonistas. Ela termina com um combate épico que leva à morte fratricida, ao qual o gênio de Giono dá uma dimensão cósmica.

Irmãos e irmãs amantes de literatura

Sobre os amores incestuosos de irmãos e irmãs, o romance e o teatro ocupam algumas estantes de uma biblioteca, na qual encontramos algumas obras importantes.[11] C. Alexandre-Garner e G.-R. Garner (op. cit.) sublinharam que na literatura e no teatro os casais de irmão e irmã que se tomam por amantes "estão conscientes de seu destino e do interdito que a sociedade lhes impõe de consumar o ato de amor. E é também esse conhecimento e o prazer do tabu violado que eles partilham e que os liga". Neste sentido, são amantes de literatura e não exatamente casos clíni-

---

11 No que se refere a romance encontramos: *Sang résérve* de Thomas Mann, *L'Homme sans qualité* de R. Musil, *Le Quatuor d'Alexandrie* de L. Durrell, *Agatha* de M. Duras, *Anna soror* de M. Yourcenar, *Les Météores* de M. Tournier, *Le Jardin de ciment* de I. Mac Ewan, *La Maison des absences* de J.-M. Laclavetine, *L'Agneau carnivore* de A. Gomes-Arcos, *Les Noces barbares* de Y. Queffelec, uma novela forte de R. Martin du Gard, *Confidence africaine*. No que se refere ao teatro: *Dommage qu'elle soit une putain* de J. Ford, *A Valquíria* de R. Wagner. Neste segundo postigo da Tetralogia, o deus Wotan se acasala com uma mortal que lhe dá dois gêmeos, Siegmund e Sieglinde, que o destino separa imediatamente. Eles se reencontram, ficam apaixonados um pelo outro ignorando o laço que os une. Sieglinde fica grávida de seu irmão e do incesto deles nascerá Siegfried.

cos. Os autores revelam pontos comuns repetitivos nesses amores incestuosos. Revelam "uma estrutura, uma necessidade e condições para a realização do incesto que o clínico pode esclarecer, mas que já constituem em si um saber". Entre esses pontos comuns repetitivos, a semelhança que o irmão e a irmã reconhecem ao corpo do outro: essa semelhança "pode ir até a evocação da gemelidade, mesmo que não se trate de uma gemelidade verdadeira. No incesto, irmão e irmã são como gêmeos que se encontram. Quando Ágata avista seu irmão Ulrich após uma longa separação, ela o observa e lhe diz: 'Eu não sabia que nós éramos gêmeos, e seu rosto se ilumina de alegria'. Siegmund e Sieglinde, na novela de Thomas Mann, no momento de consumar o ato interdito repetem as frases: '... tu és igual a mim, exatamente como eu...', frases que também se encontram na boca do irmão de Ágata na ficção de Marguerite Duras".

Eles também ressaltam um traço colocado em evidência pelo estudo de M. Clouzot sobre o laço amoroso entre irmãos e irmãs nos artistas e criadores:

> "Esses amores infantis ou adolescentes [...] se tecem à sombra da morte real ou da ausência real ou simbólica do lugar parental. O irmão e a irmã se jogam nos braços um do outro como para preencher essa falta insuportável" (*op. cit.*, p. 20).

Em seu estudo sobre a fratria órfã e o incesto, J.-M. Talpin (2003) desenvolveu admiravelmente esta análise a partir da novela de R. Martin du Gard, *A confidência africana*, e do *Jardim de cimento*, de I. Mac Ewan. O incesto irmão-irmã visaria reanimar a mãe morta graças à atividade sexual. A clínica mostra, por exemplo com a história de Yseult, que o incesto fraterno tem uma relação constante com o corpo da mãe.

Irmãos e irmãs são às vezes "dados" um ao outro pelo pai/mãe moribundo, é o que observam C. Alexandre-Garner e G.-R. Garner:

"O incesto irmão-irmã aparece, então, como a inscrição do último desejo, das últimas vontades do ausente, uma maneira entre outras, não de preencher o vazio que ele deixa, mas de impedir que esse vazio se inscreva como tal. Mas, o que também nos dizem os romances, é que essas tentativas de escapar à destruição familiar, essas amores desenfreados do totalmente semelhante, essas passagens ao ato que a sociedade reprova e cuja fecundidade ela condena, são voltados ao fracasso" (*ibid.*).

Segunda Parte
Ensaios sobre os laços fraternos

Capítulo 7

O grupo fraterno

Os laços e as alianças entre irmãos e irmãs

O complexo fraterno é uma estrutura intrapsíquica, os laços entre irmãos e irmãs são organizações intersubjetivas. Os efeitos recíprocos do complexo e do laço não são facilmente articuláveis, mas supomos que essas duas formações distintas não são independentes uma da outra. O complexo se constrói no espaço interno, é um dado estrutural, e ao mesmo tempo ele se constrói nas vicissitudes das relações fraternas: o nascimento, a morte, a doença, mas também incidem sobre seus caracteres a atitude dos pais, a cultura familiar e as tradições históricas. A análise das relações de amor e de ódio entre irmãos e irmãs nos confrontou com esta intricação, e vamos descobrir outras no curso dos capítulos seguintes.

A ESPECIFICIDADE PSÍQUICA DO GRUPO DOS IRMÃOS E IRMÃS E OS LAÇOS FRATERNOS

O grupo dos irmãos e irmãs[1] é o lugar de uma realidade psíquica própria. Freud avança a ideia de que o pacto fraterno

---

1 O idioma de Freud dispõe do termo *die Geschwister* para designar o conjunto formado pelos irmãos e irmãs. O termo contém a ideia de que a associação dos irmãos e irmãs é algo mais do que só seus laços interpessoais.

é o resultado de uma "criatividade" específica. Por algumas das razões que já evoquei desde a Introdução, este nível da análise raramente foi tratado pela pesquisa psicanalítica, na medida em que seu campo de investigação está principalmente estruturado, e portanto delimitado, pela situação gerada pelo dispositivo da cura. Por conseguinte foi preciso desenvolver os conceitos metodológicos e teóricos adequados para ter acesso à análise dos laços e da associação dos irmãos e irmãs.

O grupo fraterno e o casal parental

A especificidade do grupo fraterno deve ser examinada como tal, mas deve também ser considerada em sua relação com o casal dos pais. As pesquisas da antropologia psicanalítica cultural, e de modo especial os trabalhos de P. Parin e F. Morgenthaler (1967) e Parin, Morgenthaler e G. Parin-Mathey (1967), já nos advertiram há muito tempo que a rivalidade fraterna se desenvolve com soluções variáveis, segundo a maneira como são estabelecidas as relações com a mãe e o grupo dos irmãos e irmãs. As observações clínicas feitas em orfanato por A. Freud e S. Dann (1951) sobre as crianças que vivem em grupo de irmãos e irmãs mostram que a ausência da mãe suprime a rivalidade fraterna: as relações entre crianças são marcadas por sentimentos de benevolência e de amizade. Contudo, sua análise nada diz sobre a maneira como os grupos são conduzidos, sobre transferências para os adultos e sobre o eventual deslocamento da rivalidade para outro lugar, fora do grupo.

O grupo fraterno se organiza no cruzamento de dois eixos. O eixo vertical é constituído pela relação com o casal parental, do qual, cada um e juntos, os irmãos e irmãs procedem por engendramento ou adoção, ou por uma nova composição da família. O eixo horizontal é formado pela geração paritária, quer suas relações sejam de consanguinidade, de adoção ou de recomposição familiar. O primeiro eixo se ordena às modalidades do complexo de Édipo, o dos pais e o dos filhos, e devemos considerá-los juntos; como analisar a aliança narcísica numa fratria odiada pelos pais ou as relações incestuais de dois gêmeos heterossexuais cujos pais não cessam de angustiar-se com a ideia de que eles poderiam apaixonar-se um pelo outro? O segundo eixo é o das modalidades do complexo fraterno. Esses dois eixos devem ser distinguidos, porque permitem situar o grupo dos irmãos e irmãs como uma entidade psíquica específica, mas relativa ao casal parental.

A consistência da realidade psíquica do grupo fraterno

Considerando a relação do complexo fraterno com a realidade psíquica do grupo dos irmãos e irmãs, proponho examinar o laço fraterno sob o ângulo da intersubjetividade: irmãos e irmãs são sujeitos do inconsciente em suas relações mútuas e em suas relações com cada um de seus pais e com o casal que eles formam.[2] Nesta medida, teremos de explorar que fantasmas, que identificações e que relações de objeto, que imagos e que modalidades do complexo constituem a realidade psíquica do grupo dos irmãos e irmãs e a consistência dos laços entre eles.

Importa sublinhar que, propondo a hipótese da realidade psíquica do grupo fraterno, eu não a reduzo ao conjunto dos laços entre os membros da fratria. Teremos, portanto, de compreender

---

2 O sujeito se forma como sujeito do inconsciente na intersubjetividade. Eu propus por intersubjetividade não um regime de interações comportamentais entre indivíduos que comunicam seus sentimentos por empatia, mas a experiência e o espaço da realidade psíquica que se especifica por suas relações de sujeitos enquanto eles são sujeitos do inconsciente. A intersubjetividade é o que partilham esses sujeitos formados e ligados entre si por suas submissões recíprocas – estruturantes ou alienantes – aos mecanismos constitutivos do inconsciente: as repressões e as negações em comum, os fantasmas e os significantes partilhados, os desejos inconscientes e os interditos fundamentais que os organizam (Kaës, 2007).

como esta realidade se forma, como ela se constitui em relação à realidade do casal parental e à realidade da família em seu conjunto. Também será preciso evitar o risco que consiste em reduzir o conjunto dos filhos de uma família a um grupo coerente, unificado, no qual a singularidade de cada um desapareceria.

Sobre este último ponto, os modelos da intersubjetividade que empreguei, particularmente o modelo do aparelho psíquico grupal, são uma prevenção contra este risco.[3] Eu havia construído este modelo para explicar o trabalho psíquico específico fornecido num espaço e num tempo diferentes do espaço-tempo intrapsíquico. O modelo do aparelho psíquico grupal descreve como se agenciam e concordam formações e processos do espaço interno, especialmente os grupos internos, com os processos e as formações próprios ao grupo e aos laços de grupo. Este trabalho de ligação e de transformação da matéria psíquica é um trabalho de reforço de alguns mecanismos individuais, das defesas por repressão, negação ou obliteração, e é também um trabalho de criação de novas entidades comuns, partilhadas. A questão é caracterizar como trabalha este aparelho em configurações de laços organizados por uma ordem de realidade específica: a família não é uma equipe, e a fratria é um subconjunto da família.

Como todo laço, o laço fraterno se organiza com base nas formações comuns a seus sujeitos – aqui o complexo fraterno –, e ele se desenvolve segundo a lógica dos sujeitos distintos que compõem a fratria e que não têm um modo idêntico de dependência e de organização libidinal em suas relações entre eles e relativamente aos pais. O modelo do aparelho psíquico grupal conheceu diversas aplicações: A. Ruffiot inaugurou sua série desse modelo para descrever a consistência psíquica do grupo familiar. Outros

---

3 Cf. Minhas obras *Le Groupe et le Sujet du groupe* (1993a) e *Un singulier pluriel* (2007).

pesquisadores utilizaram este modelo para descrever um aparelho psíquico de casal, de equipe ou de instituição.

R. Jaitin (2006) propôs uma nova extensão ao modelo do aparelho psíquico grupal, dando o nome de aparelho psíquico fraterno ao dispositivo organizador da realidade psíquica do grupo fraterno e do laço fraterno. Sua contribuição específica é mostrar como as estruturas de relação fundadas nos ritmos e nas modalidades dos encontros entre irmãos e irmãs conferem a cada fratria um estilo e uma identidade próprios. Sua noção de uma morfogênese do laço fraterno é de um grande interesse teórico, porque ela se inscreve estreitamente na análise da estrutura e do processo dos laços familiares. R. Jaitin traz algumas contribuições notáveis à compreensão psicanalítica dos tempos, da temporalidade e dos tempos familiares nos quais se insere e se constrói a realidade psíquica do grupo fraterno. Ela utiliza com pertinência a noção de protorritmo, outrora avançado por E. Pichon-Rivière, para descrever "formas de figuração arcaica, repetitiva e monótona do laço familiar", tais como elas se manifestam nos processos da psicoterapia familiar psicanalítica.

Dimensões e processos organizadores da realidade psíquica do grupo dos irmãos e irmãs

Entre os organizadores da realidade psíquica do grupo fraternal, coloquei no primeiro plano o complexo fraterno e as imagos fraternas de um lado e, do outro, as alianças da fratria. Mas a análise deve tomar em consideração outras dimensões. Não basta ter sido concebido pelos mesmos pais, nem mesmo pela mesma mãe, ou reconhecido pelo mesmo pai para ser irmão, irmã, irmãos e irmãs. Vários fatores se conjugam na associação dos irmãos e irmãs para definir a consistência e os efeitos do laço fraterno e a realidade psíquica do grupo dos irmãos e irmãs. Este próprio grupo não é permanentemente homogêneo: só o é em circunstâncias bem precisas, muitas vezes temporárias, mesmo que seja constituído por um fundo constante. Existem subgrupos e casais que se formam e se transformam segundo variáveis diversas: grupo de irmãos e grupo de irmãs, grupo dos de mais idade e dos mais novos, de irmãos e irmãs germanos ou consanguíneos (eles têm os mesmos pais), uterinos (têm a mesma mãe) ou de uma outra cepa parental. Mas é de observação corrente que os filhos de uma mesma fratria não têm absolutamente os mesmos pais e as mesmas mães: entre o nascimento de seu primeiro filho e o do último, os pais mudaram.

O efeito de mesma geração

O complexo de Édipo coloca a diferença das gerações como um desvio resultante do interdito do incesto. Primeiro é a mãe que é proibida de realizar o desejo sexual. Em segundo lugar, e por um efeito estruturante decisivo, o genitor do outro sexo. A sexualidade adélfica comporta esta especificidade, como já expus nos capítulos 3 e 6 especialmente, de não colocar em jogo, a não ser por deslocamento, a diferença das gerações, e de ter sempre, por este fato, uma valência narcísica e bissexual fundamental. É isto que qualifica a especificidade do incesto adélfico.

Mas este efeito de mesma geração é flutuante. Basta um desvio de idade suficientemente importante entre os filhos, ou que eles não sejam gerados pelos mesmos pais, ou que esses dois fatores se combinem, como foi o caso de Freud (*primus inter pares atque ultimus*), para que ser irmão ou irmã, ter um irmão ou uma irmã, assumam valores narcísicos, objetais e conflituais diferentes. Aquém das referências identificadoras simbólicas transmitidas pela nominação, e que inscrevem o filho numa linhagem cuja única garantia de autenticidade será a saída do conflito edipiano, permanece esta questão: o que é um irmão, no sentido genérico do termo? O que é conhecer-se como um irmão ou uma irmã e o que é reconhecer-se irmão ou irmã?

O efeito da posição no conjunto fraterno

Se, na maioria dos casos, os irmãos e irmãs pertencem à mesma geração, em relação à geração dos pais, existem entre eles diferenças que sem ser da ordem da diferença das gerações podem contudo representá-la por deslocamento.

É uma experiência evidente da fraternidade: a linhagem de uma mesma geração comporta desvios (de precessão e de sucessão)[4] na posição ocupada no seio da fratria, e às vezes uma igualdade importante, no caso dos gêmeos. O primogênito/a, ou o/a caçula, o/a benjamim são designados a lugares que estruturam as rivalidades, os alijamentos, submissões sadomasoquistas.

As relações entre grandes e pequenos na fratria retiveram toda a atenção de A. Adler, que, como já lembrei,[5] via nesses desvios de posição a fonte dos sentimentos de inferioridade e de superioridade, e em última análise da neurose. Os conflitos, a violência entre grandes e pequenos, a inveja das preferências e dos privilégios, de que supostamente desfrutam ou se beneficiam o primogênito ou o benjamim, são o que os mitos e os contos não cessam de ressaltar e de prevenir.

M. Soulé (1990) contesta que haja um perfil psicológico ligado a cada lugar na fratria. Ele dá o exemplo do último filho de um casal, cujos outros filhos já são adultos e cuja mãe está próxima da menopausa:

> "As relações entre os pais e este filho podem ser muito diferentes. Algumas mães podem rejeitar o filho porque ele dificulta a sua carreira profissional, e o filho pode desmoronar, regredir ou encon-

---

4 O relato sensível de J.-B. Pontalis (2005) sobre a afinidade que ele teve com seu irmão primogênito intitula-se *Frère du précédent*, marca do efeito de posição no complexo e no laço fraterno.
5 Cap. 1, p. 30.

trar uma dinâmica pessoal e revoltar-se. Outras mães podem investi-lo como o benjamim, e o filho se aproveitará disto ou, ao contrário, se refugiará num sistema de regressão. O pai também pode vê-lo como seu benjamim ou então ficar profundamente incomodado e ter uma atitude vindicativa" (*op. cit.*, p. 68).

Podemos aderir a esta observação, mas também notar que ela leva em conta a relação dos pais com este filho e não a dinâmica da fratria. Por isso M. Soulé, que reconhece a dinâmica própria à fratria e comenta classicamente os efeitos de um irmão ou irmã recém-nascidos sobre os outros irmãos, não a ignora.

Podemos perguntar-nos se existem bons lugares na fratria e em vista de que critérios. Os primogênitos podem lastimar não ter tido irmãos ou irmãs mais velhos nos quais apoiar-se e pelos quais ser protegidos, e de os últimos encontrarem-se muito sozinhos com os pais que envelhecem. Os irmãos e irmãs do meio se sentem muitas vezes perdidos, sobretudo nas fratrias numerosas, entre os mais velhos e os mais novos.

As poucas características que acabo de descrever objetivam variáveis biopsicosociológicas, e deveríamos também levar em consideração suas expressões jurídicas. Essas ordens de realidade obedecem a lógicas que o jogo do desejo, dos fantasmas e das identificações faz incidir num espaço completamente diferente.

O desejo de ter irmãos e/ou irmãs

O desejo de ter irmãos e/ou irmãs – ou, ao contrário, o desejo de recusá-los – é uma dimensão capital do laço fraterno. A vontade de ter um irmãozinho ou uma irmãzinha certamente é diferente segundo o sexo da criança. O motor do desejo se nutre em diversas fontes: umas são negativas, por exemplo não ser o objeto exclusivo dos investimentos e dos conflitos parentais. Frequentemente, é o desejo do filho único que fica às vezes por muito tempo na nostalgia do irmão ou da irmã que falta. A fratria torna possível uma descondensação, uma difração e uma repartição dessas cargas de investimento. As outras fontes são positivas: ter um companheiro, um *alter ego*, um duplo homossexuado ou heterossexuado, é ter um parceiro para a realização de desejos que o filho sozinho não poderia realizar; mas é também realizar fantasmaticamente o desejo edipiano de fazer um filho, que seria um irmão ou uma irmã, com um dos pais.

As situações fantasmáticas

A sintaxe e a lógica do fantasma situam cada um como sujeito no conjunto: a realidade psíquica no conjunto irmãos e irmãs depende do entrelace de seus fantasmas que destina o irmão e a irmã a situações de objetos correlativos e regula seus investimentos pulsionais. Esta destinação é o resultado de processos que pertencem em partes desiguais ao desejo dos pais (ou de um deles) e ao desejo dos irmãos e irmãs. É assim quando, nos fantasmas comuns e partilhados pelos membros da família, tal filho, ou uma parte da fratria, ou o grupo fraterno em seu conjunto, é colocado no lugar do pai pela mãe, ou inversamente. Em outras configurações, um filho (um irmão ou uma irmã) será fantasmaticamente instalado por seus pais ou por seus irmãos e irmãs como uma encarnação do Ancestral, ou como o "guardião de seu irmão" (este foi o caso de Pierre-Paul). A incidência de tais fantasmas sobre a realização de situações encarnadas na família e, por conseguinte, no grupo fraterno deve ser tomada em consideração quando se trata de engajar a fratria, a família ou tal sujeito num processo terapêutico.

Mas essas situações fantasmáticas mais ou menos ajustadas entre si não bastam nem para compor a realidade psíquica da fratria, nem para dar consistência aos laços fraternos. Reconhecer-se irmão ou irmã supõe identificar-se como membro deste conjunto, e esta identificação é a resultante de vários processos identificatórios.

O jogo das identificações cruzadas

Uns procedem do investimento de desejo dos pais sobre seus filhos, de seu discurso sobre eles e da maneira pela qual eles os identificam entre si como irmãos e irmãs. Esta identificação os inscreve nas representações imaginárias do romance da família, nos termos do contrato narcísico e das alianças simbólicas. Irmãos e irmãs têm em comum um laço de geração; eles estão ligados por uma herança partilhada. Identificar-se como irmão e irmã é, então, por um lado, o resultado de serem identificados como tais pelo efeito do investimento do *infans* pelo desejo parental. A clínica da cura nos confronta regularmente com várias configurações desses investimentos. Por exemplo, a escolha de um filho dentre os outros como portador dos "sonhos de desejos irrealizados" da geração que o precedeu, receptáculo e objeto do narcisismo dos pais. Os efeitos desses investimentos e desta situação sobre as identificações na fratria são consideráveis: heroificação do irmão ou da irmã destinados a esta função, inveja e perseguição correlativa. Deve-se perguntar que lugar o irmão ou a irmã que se identificou com esta função desejou ocupar no cenário que sustenta os investimentos e as identificações parentais e, a partir desta função, como ele desempenha sua parte no e com o grupo dos irmãos e irmãs. Em outros casos, é a fratria que será colocada no lugar do pai pela mãe; numa outra família, um filho será estabelecido como o guardião de seu irmão.

Repetidas vezes já chamei a atenção sobre a parte da rivalidade induzida pelos pais na fratria, sobre a violência das rupturas que ela provoca no laço fraterno. Freud foi o primeiro a dar o exemplo a propósito do Homem dos lobos e de sua relação com sua irmã, preferida do pai, neste investimento pré-edipiano, gerador de relações rivalitárias. Há lugar para interrogar, nesta configuração, a aliança dos irmãos e irmãs que se ligam entre si para opor-se ao prazer e ao poder dos pais.

Um outro processo de identificação, correlativo ao primeiro, é a identificação dos pais pelos irmãos e irmãs: tornar-se irmão ou irmã é constituir os pais como tais. Vamos sublinhar aqui o lugar do primeiro nascido, cuja chegada constitui o grupo familiar e transforma o casal em pais. Daí a importância de seu investimento imaginário e simbólico, tanto para os pais como para os irmãos e irmãs que virão, mas também para ele mesmo. Em consequência, o laço fraterno e o grupo fraterno, que a chegada do segundo filho vem constituir, devem ser referidos a seu lugar no desejo dos pais e ao efeito desse desejo sobre o primogênito e sobre sua mudança de lugar, de filho único até então. Identificar-se como membro da constelação fraterna é o triplo efeito do desapontamento edipiano experimentado pelos filhos face aos pais que formam um casal sexual, do qual são excluídos os irmãos e irmãs do reconhecimento de que eles geram os irmãos e as irmãs e que os precedem do triunfo da associação fraterna experimentada como uma força de desafio oponível a eles.

Esse poder dos irmãos e irmãs de constituir os pais não é o efeito de um fantasma de inversão das gerações, ou do desejo de ser a causa do laço ou da desunião dos pais. Este poder da fratria lhe dá o estatuto de uma entidade terceira que situa o casal parental entre duas gerações: a que o precede e a que o segue. Isto equivale a dizer que a fraternidade mantém, com o reconhecimento da diferença das gerações e da diferença dos sexos, a possibilidade de que a história se opere e se transmita como consequência do interdito do incesto.

A este segundo processo identificatório está associada a eficácia das referências identificatórias simbólicas. Essas referências são transmitidas pela nominação; elas inscrevem o filho numa linhagem e num conjunto sincrônico. Contudo, a única garantia desta inscrição será a saída do complexo de Édipo, e seu declínio supõe a renúncia dos pais e dos filhos de fazer prevalecer exclusivamente as referências identificatórias imaginárias.

O terceiro processo identificatório consiste nas diversas modalidades da identificação do irmão a seu semelhante, o que implica, como sublinhou Lacan, o drama da inveja, a inversão do ódio em amor. Uma consequência da identificação ao Irmão/à Irmã é o fundamento que ela traz ao reconhecimento da diferença das gerações. Estamos aqui no cerne do complexo fraterno.

O PACTO FRATERNO E AS ALIANÇAS SIMBÓLICAS

Já abordamos nesta obra o pacto fraterno e a aliança simbólica dos irmãos, de modo especial sob o aspecto da virada da rivalidade em aliança e de sua recíproca: o retorno à rivalidade quando a aliança protetora se dissolve. Gostaria agora de sublinhar a função central dessas formações na realidade psíquica do laço e do grupo fraterno e colocar em relevo a intricação dos fantasmas e das identificações parentais/fraternas na formação e no funcionamento dessas alianças.

Alianças inconscientes, pactos e contratos

Propus o conceito de alianças inconscientes para explicar a gênese e os efeitos do inconsciente nas formações e nos processos do laço. As alianças inconscientes são, antes de tudo, formações psíquicas comuns e partilhadas que constroem os sujeitos de um conjunto intersubjetivo para criar laço entre eles: mais precisamente, para reforçar em cada um deles alguns processos, algumas funções ou algumas estruturas dos quais eles tiram um benefício tal que o laço que os une adquire um valor decisivo para sua vida psíquica. As alianças inconscientes estão no fundamento dos casais, dos grupos, das famílias e das instituições. Elas estão no cerne dos processos e das modalidades da transmissão psíquica intergeracional e transgeracional, porque elas estão no princípio das passagens e dos laços entre os espaços psíquicos. A realidade psíquica desses conjuntos, assim ligados, só depende das alianças, dos contratos e dos pactos que seus sujeitos concluem e que o lugar deles no conjunto os obriga a manter.

A ideia de aliança inconsciente implica as ideias de uma estruturação, de uma obrigação e de uma sujeição. O caráter inconsciente das alianças implica que elas estão ancoradas num duplo determinismo gerador do inconsciente: o primeiro é o do sujeito, ele mesmo seu próprio fim, mas estruturalmente dividido em seu interior; o segundo, o da cadeia intersubjetiva da qual cada sujeito é membro e, simultânea e indissociavelmente, elo da cadeia, servidor, beneficiário e herdeiro. Esta cadeia e o conjunto que ela forma são eles mesmos atravessados e estruturados por conflitos inconscientes e alianças inconscientes. Essas formações inconscientes estão estreitamente correlacionadas aos espaços intrapsíquicos dos sujeitos membros participantes dos laços e dos conjuntos.

Segundo meu ponto de vista, o conceito da intersubjetividade se organiza de acordo com essas duas dimensões: ele coloca o sujeito do inconsciente como sujeito do laço; ele supõe ao espaço intersubjetivo partilhado, comum e imposto, formações psíquicas próprias, constitutivas de uma específica realidade psíquica inconsciente.

Distingui diversos tipos de alianças, segundo seus efeitos psíquicos. As alianças estruturantes são aquelas a partir das quais se organiza o espaço psíquico do sujeito e do conjunto: entre essas alianças, o pacto dos irmãos e a aliança simbólica com o pai, o contrato narcísico, o contrato de renúncia recíproca à realização direta dos objetivos pulsionais. Outras alianças têm um caráter defensivo e estruturante, como o pacto denegativo. Uma terceira categoria de aliança distingue-se por seu caráter ofensivo, em vista da realização de um desejo comum. Enfim, um quarto tipo de aliança reúne as alianças cujo efeito patogênico é prevalente: alianças fundadas na comunidade de negação, contrato perverso, alianças denegadoras.[6]

---

6 Cf. minhas pesquisas recentes sobre as alianças inconscientes (Kaës, 2006, 2007).

Irmãos e irmãs no contrato narcísico

Não há fratria sem o investimento narcísico dos pais em seus filhos considerados um a um e como formando o grupo de seus descendentes. Este investimento pode ser positivo ou negativo. Muitas vezes, ele é desigualmente repartido entre os irmãos e irmãs – e, por isso, a posição pode ter uma incidência, mas também o sexo do filho, no desejo dos pais. Mas ninguém pode constituir-se como Eu sem este investimento. Isso significa que o grupo fraterno e os laços entre irmãos e irmãs são inflectidos pelo contrato narcísico, no qual eles são mantidos pelos pais e no grupo familiar.

O contrato narcísico introduz de fato uma inflexão notável na problemática do reconhecimento: a da inscrição genealógica do sujeito. São conhecidos o jogo das semelhanças, as nominações, a inscrição de cada filho nos "sonhos de desejos irrealizados dos pais". Tomar em consideração esse contrato estruturante atrai a atenção sobre diversas consequências, por exemplo, sobre o lugar que um irmão ou uma irmã deficiente ocupa na fratria e sobre os laços que se formam entre os irmãos e irmãs a partir deste lugar.[7]

Este contrato estruturante conhece avatares defensivos e, em certos casos, patológicos: por exemplo, a inflexão do contrato narcísico na ilusão de que o grupo fraterno é autogerado ou que ele corresponde idealmente à projeção dos ideais parentais. Esta observação explica a organização de certas fratrias que se constituem de acordo com o investimento narcísico e o fantasma parental, mas não sem satisfazer seus próprios desejos infantis, como a apoteose e a glória dos pais ou, ao contrário, como os atores da ferida narcísica dos pais, de sua decepção.

---

7 F. André-Fustier (1986) sublinhou a diminuição importante dos investimentos narcísicos parentais nos filhos deficientes, assim estruturados como filhos "insuficientemente bons". Sobre o lugar do filho deficiente na fratria, cf. os trabalhos de R. Scelles.

Existem muitas modalidades de alianças na fratria: as da coalizão do grupo contra os pais, ou contra um dos dois, ou contra um irmão ou uma irmã. Essas alianças se inscrevem, na maioria das vezes, nas questões rivalitárias; elas se organizam na perspectiva da execução ou da defesa contra a execução do fratricídio ou, então, na estrutura edipiana do complexo fraterno, em vista do parricídio ou contra sua execução. Encontramos aqui o tema central de *Totem e tabu*.

O duplo pacto dos Irmãos e a entrada na aliança simbólica

Inventando o "mito científico" da horda, Freud aventa a hipótese de que o homicídio repetitivo do Pai originário, odiado e ao mesmo tempo amado, liga num pacto os Irmãos associados neste homicídio sem saída.

Freud nos propõe uma concepção autoritária da autoridade concedida à onipotência exclusiva do Pai das origens. Este se opõe com força (*mächtig*) à necessidade de poder (*Machtbedürfnis*) dos filhos: poder contra poder. Depois de sua primeira associação e da rivalidade que se seguiu, a figura do Pai arcaico ressurge em um dos Irmãos que, nessas condições, ele teve de suprimir. Para viver juntos e sair da repetição, os irmãos tiveram de inventar a passagem de uma relação de poder para uma relação de autoridade.

O primeiro pacto dos Irmãos para matar o Pai é de tipo ofensivo, enquanto o segundo que estabelece a lei é estruturante. O primeiro pacto mantém os Irmãos em suas identificações primárias ao Pai, na culpabilidade partilhada de seu crime, em sua impotência para substituir o Pai, no medo da repetição de um poder que os destruiria uns aos outros e, finalmente, na negação de seu ato. Certamente, é a inveja do Pai e a homossexualidade dos Irmãos que os levou a fomentar seu homicídio. Entre os Irmãos, uma teoria masculina do Pai pedófilo racionaliza seus fantasmas arcaicos incestuosos de incorporação do pênis paterno. O pacto dos irmãos Karamazov, além do que singulariza o complexo fraterno dos quatro filhos face a seu pai e à complexidade de seus laços, é um pacto do primeiro tipo estabelecido em vista do parricídio consumado por um dentre eles.

Os fantasmas arcaicos e as identificações primárias dos Irmãos associados não poderão ser ultrapassados senão por uma mutação no regime da culpabilidade e nas identificações pela introjeção do Pai simbólico no corpo grupal dos Irmãos. Os Irmãos não poderão romper com a repetição e renunciar à violência direta suscitada pelo ódio e sua rivalidade senão sob o efeito da culpabilidade depressiva e não mais persecutória, o que significa que, ao lado do ódio e da ambição, serão reconhecidos os sentimentos de amor que o Pai inspirava a seus súditos. As identificações secundárias com o Pai defendem os Irmãos contra o retorno de suas pulsões parricidas ou contra a deflexão dessas pulsões sobre eles mesmos. Esta mudança radical é concluída por um segundo pacto, uma aliança simbólica.

A passagem que se efetua no segundo pacto é a de uma relação de poder para uma relação de autoridade. Ela se efetuou sob o efeito de três interditos organizadores: os Irmãos tiveram de "instituir a interdição do incesto, pela qual renunciavam todos à posse das mulheres cobiçadas, embora tenha sido principalmente para assegurar sua posse que eles tinham matado o pai". É o primeiro interdito da humanidade. O segundo interdito é apoiado na instituição do tabu, que visa a proteger a vida do animal totêmico, substituto do Pai morto e ocasião de uma reconciliação com ele: "o sistema totêmico era um contrato concluído com o Pai", escreve Freud, um sistema que compromete a não renovar o ato homicida em troca de sua proteção e de seus favores. O contrato totêmico protege, portanto, a fratria: os Irmãos se garantiram reciprocamente e se comprometeram a nunca mais tratar-se uns aos outros como trataram o Pai. Freud precisa: "À proibição de matar o totem, que é de natureza religiosa, acrescenta-se doravante a proibição, de caráter social, do fratricídio".

Assim, a passagem da horda ao grupo organizado, da natureza à cultura, instituiu a sociedade num duplo pacto: um pacto de cumplicidade na obra de morte e um pacto de renúncia ao homicídio em proveito da representação simbólica do homicídio, até então repetitivamente consumado pelos Irmãos para matar o Pai.

Formulamos essas proposições de outra maneira: é antes de tudo pelo reconhecimento das insuficiências de seu primeiro pacto que os Irmãos o ultrapassam. Eles inventam então uma outra forma de alianças que pressupõe novas modalidades identificatórias, aquelas mesmas que tornarão possível, graças à simbolização de seu desejo, que seja inventado e enunciado o duplo interdito do incesto e homicídio do animal totêmico, erigido em memorial do Ancestral que se tornou fundador do grupo. No entanto, a proibição do homicídio e do incesto não basta para manter o laço social e a cultura. É necessário que as pulsões encontrem uma outra saída, além da realização direta de seus objetivos. Assim o trabalho da cultura e a sublimação vieram permitir ultrapassar o simples nível elementar do interdito.

Três comentários sobre o pacto dos Irmãos

A aliança simbólica dos Irmãos institui o princípio de autoridade baseado nos três interditos antropológicos organizadores dos valores necessários ao crescimento psíquico, à organização social e às obras de cultura. O tempo da aliança supõe uma redistribuição das pulsões libidinais e destruidoras quanto aos investimentos sobre os pais e sobre os irmãos e irmãs. A aliança os liberta da repetição do homicídio do Pai, do fratricídio e de seu correlato, a proibição do incesto, grande obstáculo ao retorno da sociedade organizada para a sociedade natural, para a horda, o estado de massa e de confusão. Ela institui uma sociedade na qual prevalece a lei das trocas.

A aliança efetua a passagem decisiva do arbitrário violento associado ao poder paterno, à autoridade estruturante do grupo fraterno. Sublinhamos que o poder do Pai originário é, ao mesmo tempo, o poder sexual e a riqueza na possessão de mulheres. É também um poder que não se discute, que não gera palavra, mas um ato homicida. Gostaria de sublinhar este ponto: foram os Irmãos que, depois de ter cometido o homicídio simbólico, enunciado os interditos fundadores e uma vez tornados pais, se tornaram os inventores da autoridade. Eles a atribuem à figura paterna, à qual eles se submetem e obedecem "retrospectivamente", que eles reconhecem e que mantêm, por sua aliança, como a garantia de sua aliança.

Nesta perspectiva, a autoridade aparece como uma coinvenção entre as gerações, uma cocriação de cada um pelo outro, ao preço da violência e do homicídio da imago do Pai arcaico. Para avaliar justamente a referência exclusiva do desejo da mãe pelo pai, isto equivale a dizer que o paterno não existe em si: a categoria do paterno não só está ancorada no fraterno, mas também o materno participa do princípio de autoridade em virtude de sua função de porta-voz e de seu papel de primeira autora do contrato narcísico.

A aliança simbólica e a autoridade que ela funda e da qual é garantia são suscitadas contra a angústia e a violência associada à confusão e ao caos. Não é só sob o efeito da rivalidade e da ambição em relação ao Pai que os Irmãos inventam seu segundo pacto civilizador. É também contra o retorno da confusão instalada pelo homicídio e pelo incesto na diferença das gerações e na diferença dos sexos. Para precisar este ponto, gostaria de apelar para uma noção, a do pai confuso, noção proposta separadamente por G. Decherf e E. Darchis (1999) e por R. Kaës (1998).

G. Decherf[8] designa, por parentalidade confusa, ao mesmo tempo o pai combinado e o pai filho. A confusão do filho e do pai, do filho real e do bebê no pai (os restos de sua própria infância), provoca uma inversão paradoxal da atitude, uma desqualificação

---

8 Comunicação pessoal (1999).

da função parental e uma angústia específica, confusional. "O filho não se torna o próprio pai de suas partes infantis". Este pai confuso e confusionante não assumiu a dupla diferença das gerações e dos sexos.

Utilizei este conceito num outro contexto clínico e teórico: a imago do Pai confuso sobrévem nos momentos catastróficos e caóticos subsequentes à experiência traumática de um grupo ou de uma instituição. Esta figura de Pai confuso e confusionante é, ao mesmo tempo, dotada de poder arcaico, mas ela não exerce nenhuma autoridade. Apesar desta falha, ou devido a ela, o Pai confuso exerce um domínio sobre o pensamento dos membros do grupo ou da instituição, desqualificando-o. A palavra se torna impossível e os atos impensáveis, o passado e o presente se confundem na urgência.

Numa tal situação, para sair do caos, o homicídio do Pai confuso cumpre uma cesura organizadora. É finalmente o que propõe o modelo de *Totem e tabu*. Matando o Pai confuso, os Irmãos instituem a autoridade que eles atribuem ao Pai, mas reivindicam uma parte dela. Nessas condições, a autoridade se fundaria num ato de desconfusão, e é isto que os Irmãos reinstituem, defendem e transmitem contra o retorno do caos.

A COMUNIDADE DOS IRMÃOS E OS SENTIMENTOS SOCIAIS

Freud o afirmou constantemente: o ódio, a hostilidade em relação ao irmão e o desejo fratricida são primários. Eles conduzem ao homicídio, depois ao arrependimento, depois à mutação para a aliança fraterna simbólica. O ódio, a hostilidade e o desejo fratricida estão, por isso, à origem dos sentimentos sociais, que não podem formar-se senão reencontrando os interditos fundamentais. A santificação do sangue comum e a consolidação da solidariedade entre todas as vidas do mesmo clã são as consequências disto. Não obstante, adverte Freud,

> "[...] considerando bem tudo, a vitória continua sendo das tendências que haviam levado ao parricídio. Os sentimentos fraternos sociais (*die sozialen Brüdergefühle*), nos quais repousa a grande revolução [a passagem da horda ao grupo], exercem, portanto e por muito tempo, uma profunda influência sobre o desenvolvimento da sociedade".⁹

Os sentimentos sociais são, portanto, o resultado desta oscilação instável entre os efeitos do complexo fraterno e os do complexo de Édipo.

Dez anos depois, retomando as teses de *Totem e tabu* na *Psicologia das massas e análise do ego*, Freud lembra que:

> "Os sentimentos sociais foram adquiridos quando foi preciso superar a rivalidade que subsistia entre os membros da jovem geração. [...], que eles nascem no indivíduo como uma superestrutura que se eleva acima das moções de rivalidade invejosa em relação aos Irmãos-e-Irmãs (*die Geschwister*), [...] que se produz uma identificação com aquele que era primeiro o rival".¹⁰

O pacto, a aliança e a comunidade dos Irmãos

Assim nasce o que Freud chama comunidade dos Irmãos. Ela está fundada na aliança fraterna, numa tripla articulação: com a renúncia de possuir todas as mulheres (como o Pai), com o interdito do homicídio e do incesto e com a construção de um superego e de ideais comuns e partilhados.¹¹

Esta comunidade comporta uma dupla dimensão, a do sacrifício e da renúncia, e a da sacralização da instância que a funda. G.

---

9 (G.-W. IX, p. 176).
10 (G.-W. XIII, 265-266, trad. fr. p. 250).
11 É o que Freud escreve em 1923, em "O ego e o id", quando ele afirma que o ser humano ultrapassa a "soma de agressividade" de seus "dados instintivos", graças ao ideal do ego ou ao superego, herdeiros do complexo de Édipo.

Rosolato (1987) mostrou como o sacrifício é necessário à comunidade em sua dimensão religiosa. No cristianismo, a comunidade dos Irmãos e Irmãs em Cristo se reúne em torno do sacrifício do Filho. É uma observação corrente que, quando os pactos, contratos e alianças fundadores de uma comunidade são colocados em questão, uma vítima emissária é encontrada para consolidar a aliança. Ela é buscada e encontrada quer no exterior da comunidade, quer no interior, na figura do traidor, do "falso irmão".

Retomando o motivo freudiano da comunidade dos Irmãos, C. Neri inflectiu-lhe a problemática numa outra direção. Ele observou que a chegada da comunidade a um grupo é um indicador da fase evoluída no funcionamento do grupo (1997, p. 106-107). Ele escreve:

> "A comunidade de irmãos (ou clã fraterno) exerce diversas funções [...] (uma das) funções se insere numa relação triangular (analista, comunidade dos irmãos, patrimônio afetivo do grupo), fundada num *nomos*: um direito fundamental, que não depende das regras do *setting* e não está presente no começo do trabalho, mas que nasce no momento em que os membros participantes tomam consciência de estar em grupo (comunidade dos irmãos) e começam a agir em consequência, tornado-se um 'sujeito coletivo'" (*op. cit.*, p. 144).

A comunidade dos irmãos marca esta passagem de uma comunidade caracterizada pela aceitação de regras construídas sobre um interdito que se impõe a cada um, a uma comunidade em que a circulação do Ideal permite a consolidação do laço entre os pares. Nesta fase, o grupo funciona sob o registro do que chamei aliança simbólica dos Irmãos.

A exigência de justiça, de amor igual para todos e o sentimento de fraternidade

O trabalho com os grupos, a experiência dos grupos reais e das instituições e, em primeiro lugar, a vida familiar nos confrontam, regularmente e com insistência, com esta dupla exigência de amor igual para todos e de justiça, aos quais são obrigados os pais. Controle escrupuloso, vigilância cerrada, reivindicações surdas ou diretas são os atos testemunhos desta exigência de igualdade de tratamento, fonte do sentimento de justiça e de injustiça. Freud o havia notado:

> "Se é verdade que não se pode (si próprio) ser o privilegiado, que ao menos nenhum de todos os outros seja esse privilegiado".[12]

Esta afirmação vale para a família e para o grupo, mas vale também para as instituições. Cada um sabe bem que a hostilidade e a ambição dificilmente poderiam ser contidas e transformadas em sentimento de amor, pelo menos pela parte que cabe a este retorno da rivalidade invejosa, se a justiça e a igualdade na repartição do amor não estiverem asseguradas pelos pais. São essas exigências da infância que a transmissão da herança, na morte dos pais, desperta de maneira muitas vezes violenta.

Estudei tempos atrás com D. Anzieu (Kaës, Anzieu, 1976) como esta exigência de igualdade organizou um grupo a ponto de desenvolver angústias de perseguição em seus membros e de paralisá-los por medidas defensivas correspondentes. A principal dessas alianças defensivas consistia numa ideologia do estrito nivelamento, do aplainamento das diferenças e da redução dos membros do grupo a um denominador comum. Ela era comandada pela exigência de receber do analista – com o qual uma mulher participante se tinha colocado numa relação tal que ele mantinha fantasmas de acoplamento e de dependência – uma estrita e igual repartição do amor do casal parental.

---

12 G.-W. XIII, 133.

Capítulo 8

A morte de um irmão, o luto de um filho

É sob o signo do homicídio do duplo fraterno que a questão da morte de um irmão se inscreve de uma maneira privilegiada no imaginário ocidental, em suas versões bíblicas, helênicas e romanas. Os irmãos gregos são talvez os mais pungentes: não só porque Etéocles e Polinice se causam a morte mutuamente, mas sobretudo porque a irmã que os chora é, ao mesmo tempo, a irmã do pai deles. O crime de Caim deixa Eva inconsolável pela morte de Abel. Todos esses homicídios "incriminam" as relações de gerações. Para os psicanalistas, eles fazem aparecer de uma maneira central a intricação do complexo fraterno no complexo de Édipo, mas também sua especificidade.

A morte de um irmão ou de uma irmã é um evento dramático no qual se conjugam o laço adélfico, em sua ruptura, e o complexo fraterno, que exerce seus efeitos no trabalho do luto. Já demos a conhecer esta conjunção no caso de Pierre--Paul, no momento em que, no curso de sua análise, a morte de seu irmão mobiliza aspectos novos do complexo fraterno. A morte desse irmão, duplo odiado, nascido segundo seu fantasma de uma mordida incestuosa no seio de sua mãe, havia revelado nele a violência de seus desejos destruidores em face do corpo materno.

OS EFEITOS PSÍQUICOS DA MORTE NA FRATRIA

Vamos examinar neste capítulo como os efeitos psíquicos da morte de um irmão ou de uma irmã, na infância do sujeito ou mesmo antes de seu nascimento, são determinados por seu nível de organização psíquica no momento do drama. Quando essas mortes sobrevêm nessas idades precoces ou pré-históricas, devemos tomar em consideração uma outra variável: o trabalho de luto de um irmão ou de uma irmã é inseparável da elaboração do luto que os pais puderam fazer de seu filho. Veremos que este luto é problemático quando a mesma configuração – a morte de um irmão ou de uma irmã – marcou a própria história infantil dos pais.

A morte precoce de um filho é uma situação anormal para os pais e para os filhos sobreviventes. Ela é anormal, na medida em que o curso da vida seria que os pais morressem antes de seus filhos. É também para o filho uma situação anormal, na medida em que o investimento parental, e especialmente o investimento materno do filho morto, repercutem sobre o filho sobrevivente.

Através da clínica de três casos e da evocação do que foi para Sigmund Freud a morte de seu irmão Julius, a imago do irmão morto se destacou dessas análises como uma noção central do complexo fraterno. Introduzi essa noção para explicar uma organização particular da relação imaginária com o duplo narcísico: rivalidade, agressividade em face do duplo, identificação heroica. A imago do irmão morto aparece como o duplo mortal e mortífero do filho sobrevivente, como uma imagem de seu narcisismo destruidor. É também através desse esquema imaginário que o sujeito constitui e aparelha suas relações intersubjetivas.

Quando, sob o efeito da necessidade imposta pela clínica, comecei a refletir sobre esta questão, o que primeiramente se impôs a mim foi a figura de Antígona. Será que a morte de um irmão ou de uma irmã pode ser dita como Antígona a diz: "Morrendo, me tomaste minha vida"? Ou pode ela congelar-se no espelho letal de um Narciso, um enlutado de sua irmã gêmea? A clínica em questão naquele momento era a de uma paciente enlutada de mortes que permaneciam sem sepultura psíquica de uma geração à outra.

A morte de uma irmã. Uma genealogia de lutos e de depressões

Claude veio consultar-me para "fazer alguma coisa" de sua depressão e de seus impulsos suicidas de aniquilamento e de defenestração. Eu lhe proponho "dizer alguma coisa" sobre sua depressão e as primeiras sessões se organizam em torno do relato de sua história, cujo drama ela apresenta nesta formulação abstrata e sem nexo: "Estou às voltas com a morte de uma irmã numa geração de mulheres". Esses lutos já inconsolados foram ainda arrefecidos quando, mais tarde, Claude teve de viver a perda de uma de suas filhas, deixando sua outra filha, a irmã da jovem morta, numa depressão profunda. "Fazer alguma coisa" é antes de tudo tentar, como na tragédia, impedir o destino de ferir de novo.

Profundamente triste, Claude vai esforçar-se para disfarçar através de grandes risadas os traços violentos e dolorosos de uma história que a ultrapassa: na tenra idade da infância, a morte de sua irmãzinha enquistou-se no luto de que sua mãe não pôde cumprir na morte precoce e brutal de seu próprio irmão. Em seu relato, Claude falará primeiro da morte de uma irmã que sua mãe teria perdido, no começo da adolescência. Mas ela retificará esta primeira confusão: é na realidade um irmão bem-amado, cuja mãe estava enlutada, um irmão heroificado, morto na guerra ainda jovem; mais tarde, compreenderemos que no espírito de Claude, sua mãe não podia perder senão irmãs ou filhas, assim como ela mesma terá de viver essas provas. A mãe terá de fato duas filhas, uma delas a minha paciente, à qual ela dará esse prenome bissexuado, em memória do irmão morto da mãe.

Claude também está bastante confusa quanto a sua posição em relação a sua irmã morta aos quatro anos, quando ela tinha quase seis anos: ela tinha de fato 18 meses quando sua irmã nasceu, mas admite também que sua irmã tinha 18 meses quando ela morreu. Um dia, num *lapsus linguae*, ela dirá que sua mãe estava grávida de 18 meses quando sua irmã nasceu. Esta confusão da morta e da sobrevivente me fez entender de outra forma o que Antígona disse a Polinice:

> "Desde antes de teu nascimento já me tomaste minha vida e, morrendo, mais uma vez a arrebataste, cada vez roubando-me o amor materno".

Para Claude, o nascimento e a morte de sua irmã entram em colusão com seus fantasmas de destruição de sua rival e com seu ódio do seio materno, sempre enlutado da morte do irmão da mãe, e doravante da morte de sua própria filha.

Para Claude, o luto patológico de sua mãe é confusionante, à letra enlouquecedor. No dia, sua mãe se mostrava fria, sem lágrimas, impassível, e Claude se perguntava: "Se eu estivesse morta, será que ela choraria por mim?" Mas quando ela evoca sua mãe "enviscada" em seu luto, ela se lembra com angústia e terror de seus urros, de suas alucinações terrificantes de sua filha morta-viva, perigosa reencarnação do irmão morto: os mortos ocupavam suas noites, e o pai era enviado a velar sobre seus túmulos.

Enviscada no impossível luto materno, Claude dividiu a si mesma para sobreviver: identificada ao irmão morto, a sua irmã morta, ela se colou ao próprio lugar em que sua mãe podia ser tocada: em seu corpo. Ela constituiu-se para ela como um objeto complementar do corpo materno ferido em sua fecundidade, um objeto que a mãe parece ter excitado de todas as maneiras, confrontando sua filha com o terrificante prazer, por muito tempo inominável, de ser presa e de deixar-se prender na confusionante unidade incestuosa do protogrupo[1] familiar.

---

1 Designei, com este termo (Kaës, 1976, p. 135-136), a representação arcaica do grupo, composta da conjunção de um fantasma intrauterino e de uma cena primitiva dos pais combinados.

Claude se sente indissoluvelmente ligada à mãe e à irmã morta, cujo lugar ela tomou. Ela proclama em alto e bom som o terrível amor que a liga a elas, mas vai ignorar por muito tempo seu ódio a elas, ódio que disfarça seu sintoma da compulsão à defenestração: esmagar-se contra a mãe e puni-la por amar ainda o outro, mas também desprender-se dela por este deixar-cair, fazer-se cobrir pelo pai nas noites em que a tempestade troaria e a mãe enlouqueceria. Seu amor passional por sua mãe, seu desejo de lhe ser submissa, de ser seu "pequeno Jesus", isto foi uma ilusão a manter para ela mesma e para sua mãe. Ela saberá que, colocando-se assim como rival de todos esses mortos idealizados, sustentava sem o saber sua mãe em seu luto impossível e mantinha o seu fora de alcance.

Ela cita e retoma espontaneamente por sua conta, para sustentar sua ilusão e sua negação, este testemunho de Romain Gary em *Promessa ao amanhecer:*

"Fui tão amado por minha mãe que, quando outras mulheres me abraçavam, era como um abraço de condolências".

Para ela também, não importa que abraço – seja de um homem ou de uma mulher –, valerá, ao mesmo tempo, o abraço de amor e de condolências. A morte a assedia. O sexo a transpassa: da adolescência à maturidade as ligações sexuais vão suceder-se, como para zombar da morte, zombar da mãe.

Claude terá duas filhas, a primogênita morrerá de esgotamento aos 18 anos, levada por um câncer provocado por um intenso sofrimento psíquico. Invejosa e culpável pela morte de sua irmã, ela é, como sua mãe o foi, culpável por sobreviver à morte de sua filha; deprimida, ela se sente também culpável por transmitir o "sórdido e triste desejo de morte" a sua própria filha sobrevivente. Ela se fechará por muito tempo na dor de uma heroína, até que a angústia que se tornou intolerável deixe aflorar em seu sintoma seu desejo de viver, desligando-se desta genealogia de mulheres que perdem sua filha e sua irmã.

Durante mais de um ano, ela vem às sessões vestida de um preto elegante. O luto intemporal, permanente, das mulheres do Mediterrâneo, transmitido de geração em geração.

Ao escutá-la, voltam-me as palavras de Antígona:

> "Este é meu infortúnio: eu estou ainda e não estou mais entre os seres humanos, separada ao mesmo tempo dos vivos e dos mortos".

Antígona, a impassível, a dura, a pura, foi para Claude adolescente uma figura do ideal.

"Não vedes que eu sou dupla?"

Diversas vezes no curso da análise, sonhos repetitivos angustiantes vão fazer aparecer (são efetivamente aparições) a figura de uma jovem ou, às vezes, de uma menina desdobrada, uma negra, outra branca; uma boa, a outra má.

Ela conta um dia uma cena de um sonho que a princípio a apaziguou: ela contemplava comigo na praia jovens que saltavam de um trampolim; é assim, diz ela, que ela gostaria de sair de sua depressão, em ascensão, pelo alto: certamente, "arremessar-se ao ar" foi um investimento sexual antidepressivo, mas o que a mobiliza hoje é bem outra saída para sua depressão. Aliás, seus fantasmas de defenestração a solicitaram imediatamente depois do sonho do trampolim. De repente, um sentido se faz através desta questão que é também um apelo na transferencia: "Nao ves – me diz ela – que eu sou dupla, dividida entre o vivo e o morto, o irmão e a irmã, o pai e a mãe?"

"Minha irmã, minha filha"

Ela falará durante muito tempo da morte de sua filha para tentar sair de todas essas confusões. Um dia, ela falará, envergonhada, da confusão em que ela mantinha sua filha sobre sua origem. "Minha filha não está morta somente do câncer; ela também está morta porque ela não sabia quem era seu pai". Contrariando o adágio, Claude dizia que ela não queria saber quem era. Na época, ela pensava que os pais não tinham outra importância a não ser trazer sua semente: os filhos pertenciam às mães. Ela se cobre de censuras: "Como pude viver e como minha filha pôde viver com isto, que perguntas ela faria agora a propósito de seu pai e de meu desejo por ela e por ele. Pode-se dizer a um filho/a que não se sabe quem é seu pai e que uma parte de si mesmo não quer sabê-lo?".

Que interesse tinha ela em não saber? A questão a remete a sua mãe e a sua irmã: "Tudo isto tem a ver com minha mãe e com minha irmã morta". Sua filha é filha de "isto"? Fazer um filho – sua filha – com um pênis qualquer para dar a criança a sua mãe, é isto que importa não saber? "Minha filha/ minha irmã", murmurará ela. Sua culpabilidade já sabe há muito tempo de que desejo se trata. Quando ela pensa em sua mãe, em sua irmã, em sua filha morta, os processos de pensamento não funcionam de maneira habitual: "Não posso mais raciocinar, estamos num domínio em que o delírio não está longe".

Numa das sessões seguintes ao sonho do *trampolim*, ela me diz que vê pela primeira vez as duas poltronas dispostas no gabinete a alguma distância do divã, as duas poltronas que foram ocupadas por ela e por mim no curso das entrevistas preliminares. "São dois lugares vazios, duplos": sua irmã morta e sua filha morta. Ela se lembra das primeiras sessões: compreende que ela as fez vir junto com ela a meu gabinete para que nela eu cuide delas.

"Não vedes que eu sou dupla?" O destinatário de sua perturbadora pergunta se destacará da análise da transferência. Claude veio a suas sessões com sua mãe enlouquecida e enlutada, com sua irmã morta e com sua filha morta: de cada uma, ela tomou o lugar heroico, invejado e mortal. Como não reatá-las no túmulo--berço que recebe as lágrimas maternas e que o pai envolve com sua solicitude noturna? Compreendemos que o impulso de jogar--se para fora pela janela (defenestrar-se) a confronta com o cumprimento do desejo de precipitar-se no túmulo, com todos esses filhos mortos, para não dar uma sepultura a seus mortos no interior, e que este impulso também é uma medida paradoxal de proteção contra a angústia de cair, de desabar no interior. O que ela entreviu na imagem do trampolim, isto poderia ser a descolagem de seu desejo de preservar-se e de ressurgir para dar lugar ao que há de bom e de vivo nela. Teremos de compreender, sobretudo, que este apelo para o vazio também é um apelo para o fundo, para um apoio. Como o filho morto do sonho *non vixit* de Freud, é ao pai que ela dirige sua pergunta, sua censura e seu recurso. Que ela seja reconhecida por ele em seu desdobramento, para poder então ressurgir e abandonar esta tentativa que se tornou mortífera para descolar-se do luto materno e para despertar o desejo de sua mãe por ela.

Repetidas vezes no curso da cura de Claude, a figura trágica de Antígona veio em superimpressão na história de minha paciente: Antígona me indicava com insistência uma direção de minha escuta clínica: o que tinha sido para minha paciente o luto do irmão que permaneceu em estase na mãe e a postura de heroína trágica que com seu irmão morto pareciam ter tomado o espírito de sua filha. Daí surgiu a primeira interrogação: pode o destino psíquico da morte de um irmão ou de uma irmã separar-se do destino do luto de um filho ou de uma filha para seus próprios pais?

Comentários

É possível falar em geral da morte de uma irmã ou de um irmão sem precisar o estatuto do objeto perdido para um sujeito particular: a morte de um irmão para uma irmã é exatamente a mesma que a de uma irmã para um irmão, de um irmão para um irmão, ou de uma irmã para uma irmã? As circunstâncias da morte também deveriam ser tomadas em consideração: o trabalho do luto nos mortos por doenças "previstas", antecipadas e já engajadas num trabalho de luto entre os irmãos e irmãs e entre os pais, não é provavelmente idêntico ao que se pode fazer nas mortes brutais: morte súbita de um bebê, mortes por acidente de filhos jovens ou falecimento repentino no hospital. Conviria, sem dúvida, distinguir as singularidades do luto na fratria quando se trata de um falecimento por doença hereditária ou da morte de uma criança deficiente. Outras variáveis também devem ser levadas em consideração, por exemplo as relações privilegiadas que se estabelecem no trabalho do luto com tal irmão ou tal irmã, e especialmente com o irmão ou irmã primogênitos.

Certamente, uma abordagem diferencial enriqueceria nossa proposta,[2] mas poderíamos ainda assim passar ao lado do essencial.

O essencial: numa prática, ele se situa do lado dessas questões que surgem sempre por ocasião da morte de um irmão ou de uma irmã e que colocam em questão os lugares que o sobrevivente se imagina ocupar no desejo dos pais e a natureza das identificações com o outro: por que ele, por que ela, este outro parecido comigo, e não eu? Por que este outro eu-mesmo antes da ordem imposta

---

2 Outras distinções ainda deveriam ser introduzidas, como a diferença de idade entre o vivo e o morto, seus respectivos lugares na fratria ou ainda a idade da vida na qual sobrevém a perda de um irmão ou de uma irmã: antes do nascimento, e será interrogado o destino do filho que deverá substituí-lo; ou depois do nascimento, durante a infância, na latência, na adolescência ou na idade adulta. Um estudo de R. Urribarri (1991) sobre a abordagem diferencial da perda de entes queridos durante a infância e a adolescência permite evitar confusões entre as diferentes modalidades do luto no curso da infância, da adolescência e na idade adulta. Urribarri mostra também a evolução do trabalho de luto através das potencialidades novas que lançam mão da reorganização edipiana e pós-edipiana.

pela sucessão das gerações? Aí está o drama que lança a morte de um irmão no nó das relações de vida e de morte, de sexo e de geração, de amor e de ódio.

A história de Claude exige alguns comentários. O primeiro confirma e precisa um dado já bem estabelecido: o destino psíquico da morte de uma irmã ou de um irmão está intricado no trabalho do luto dos pais para seu filho. Sublinho a dimensão fundamentalmente intergeracional desta experiência, e vou nuançá-la imediatamente com dois corretivos. Antes de tudo, sublinhando o desvio entre a organização psíquica no momento da morte do irmão ou da irmã e o estado atual da estruturação psíquica. Depois, levando em consideração a maneira do sujeito singular interpretar esta transmissão da morte e tomar sua parte própria nesse nó obscuro, onde encontram sua fonte os desejos inconscientes e as subjetividades. É isto que a análise da história de Claude mostrou bastante.

Segundo comentário: se o destino do luto nos pais decide em parte sobre o trabalho precoce do luto no filho, a não elaboração do luto de seu filho nos pais mantém nos descendentes um luto difícil ou impossível de seu *alter ego* irmão ou irmã, *a fortiori* quando um dos pais é ele mesmo irmão ou irmã de um filho morto.

No curso de seu trabalho de luto, depois da cena do trampolim, Claude pensa num romance que ela leu há tempos atrás: o herói, um homem ou uma mulher, ela não se lembra mais, estava sempre acompanhado de seu duplo, mas ninguém o percebia, o duplo permanecia invisível. Ninguém compreendia sua relação com este duplo que não se via: "Assim não sou somente duplo, mas acompanhada de duplos 'duplos', todo um bando em torno de minha mãe...". No curso de sua análise, Claude poderá reconhecer a parte que lhe cabe no pacto que a ligava a sua mãe e que se fundava em seu interesse conjunto de não cumprir o trabalho de luto.

Tive de conhecer a dificuldade na qual se encontrava um filho, um filho primogênito, após a morte súbita de um bebê. A função de apoio e/ou de objeto fusional que lhe é atribuída pela mãe e com o assentimento do pai sugere a hipótese de que a perda de um bebê remobiliza nos pais, em particular na mãe, as zonas de inacabamento do aparelho psíquico, e de modo particular, as dificuldades que daí resultam na relação com o objeto primário.

Nos lutos difíceis ou patológicos no filho, o impacto dos lutos tornados impossíveis para a geração precedente fixa, na repetição do retorno do morto, a relação com um duplo não enterrado.

Um pacto intergeracional de resistência ao luto do irmão ou da irmã mortos

Recorri à noção de pacto intergeracional de resistência ao luto para qualificar certas dificuldades encontradas no curso da análise, quando a morte de um irmão ou de uma irmã se inscreve numa história familiar que se tornou traumática pela morte de filhos que permaneceram fora do luto nos pais.[3] A história de Claude é um desses exemplos. Essas histórias têm a particularidade de referir-se à transmissão psíquica dos efeitos da morte de um filho sobre os irmãos e irmãs e sobre sua descendência e de criar o sentimento de um destino trágico, à origem do qual a repetição acaba por animar a psique do irmão ou da irmã sobreviventes.

Tais situações clínicas criam problemas difíceis no curso do tratamento, mas elas crescem quando se faz uma aliança de silêncio e um pacto de desconhecimento (ou de resistência) entre as gerações, de tal sorte que ninguém seja confrontado com o trabalho do luto.

---

3 Em trabalhos anteriores (1993b, 1993c), distingui entre transmissão intergeracional e transmissão transgeracional. No primeiro caso, a transmissão diz respeito às relações entre as gerações, em suas relações imediatas, concretas e singulares e, portanto, acessíveis à palavra. No segundo, trata-se de um processo de natureza inconsciente que atravessa as gerações e através do qual entramos em contato com uma experiência que não foi vivida em primeira pessoa: por este fato, o que se transmite continua estranho à consciência e se torna indizível.

Marina vem consultar-me para uma psicoterapia de apoio, depois do nascimento de um filho trissômico com o qual ela se ocupa hiperativamente. Ela está esgotada. Sua história está para sempre transpassada pela morte de sua irmã primogênita, na idade de sete anos, num acidente de carro, quando ela mesma tinha seis anos. A mãe dirigia o carro. Marina só tomará conhecimento da morte de sua irmã depois do enterro. Um pesado silêncio vai cercar esta morte. Sobre as circunstâncias do acidente, diferentes versões circularam, mas a incerteza será mantida. Ela se sente culpável por não ter podido chorar a morte de sua irmã, enquanto para toda a família, e especialmente para o pai, ela devia ser uma irmã chorada. Ela se esforçava para chorar, como que partida em duas, mas nenhuma lágrima saía, ela tinha "um coração de pedra": Pierre é o prenome que ela dará a seu filho deficiente. Ela evoca o tampão de silêncio e de chumbo que o pai fez pesar sobre ela e sobre sua mãe culpável, deprimida, envergonhada, para que jamais se tocasse nesta morte. Mas ela ressurge, com a culpabilidade da sobrevivente, no momento do nascimento de seu filho trissômico.

Marina lutou durante anos contra seus fantasmas de homicídio deste filho, seu impulso a fazê-lo desaparecer "num acidente". Este nascimento exacerbou a violenta inveja de seu primogênito em relação ao irmão deficiente:[4] um dia, aos olhos de sua mãe,

---

4 O laço fraterno é marcado de diversas maneiras pela deficiência de um irmão ou de uma irmã: a inveja vergonhosa e a culpabilidade, as identificações conflituais, mas também a solidariedade e a proteção do irmão ou da irmã deficientes. O grupo fraterno mostra-se, então, capaz de restaurar laços fraternos quebrados. Os trabalhos de R. Scelles (especialmente 1997) sobre a fratria do filho deficiente trazem relevantes informações sobre a especificidade dos laços fraternos e sobre suas relações com os pais em tais situações. As relações fraternas à prova da deficiência foram recentemente objeto de várias publicações, entre as quais um número da revista *Neuropsychiatrie de l'enfance et de l'adolescence* (2003) e uma obra coletiva sob a direção de C. Bert (2006).

Pierre se precipita sob um veículo, sem consequências físicas graves, mas esta repetição abre a palavra sobre a morte da irmã e sobre uma outra morte de criança, numa geração anterior.

Marina redescobre, fazendo o relato a seu filho primogênito, que sua irmã morta traz o mesmo prenome da irmã de seu pai que teria morrido também num acidente de carro, aos sete anos, quando o pai só tinha quatro anos. O pai não se teria curado desta primeira morte, ele sempre se queixava de ser mal-amado por sua mãe, que, imediatamente após a morte de sua filha, lhe fez uma irmãzinha de substituição.[5] Na família paira, no entanto, uma dúvida sobre as circunstâncias da morte da irmã do pai: ela teria morrido de uma septicemia depois de um ferimento que aconteceu na escola. Mas o pai mantém a tese do acidente de carro e impõe silêncio a qualquer outra versão da morte e da própria morta: este pacto de silêncio constrangedor vai renovar-se com a morte de sua própria filha. De sua irmã morta idealizada e odiada,

---

5 Sobre a situação do filho/filha de substituição no seio da fratria, haveria lugar para constatar numerosas pesquisas. M. Soulé (1990, p. 70) explicou, como clínico, o que pode advir de um filho/filha nascidos depois da morte de uma irmã ou de um irmão. Ele evoca o risco de confusão: "Os pais podem confundi-lo com aquele que está morto, com mais razão ainda se eles lhe dão o mesmo prenome e sua data de nascimento está próxima [...]. Pode-se temer também que este filho/filha não tenha sua personalidade própria, sua autonomia, que ele/ela tente calcar-se no precedente. Efetivamente, algumas formas de patologia são descritas. Mas tudo isto se impregna na maneira como são vividas hoje as noções de família, de filho".
Num belo trabalho, já antigo, M. Porot, J.-G. Veyrat (1990) estudaram a situação do filho de substituição em vários casos célebres: o caso "Aimée" tratado por J. Lacan e do qual o próprio D. Anzieu (1986) forneceu elementos biográficos concernentes à morte trágica da irmã de sua mãe, à qual foi dado o mesmo prenome da defunta, Marguerite. Anzieu explicou a depressão de sua mãe pelo papel insustentável de "morta-viva" ao qual ela foi destinada. Outros filhos de substituição, estudados por Porot e Veyrat, encontram no gênio criador uma outra saída para sua situação paradoxal: Beethoven, van Gogh, Dali, Chateaubriand.

sua filha é a retornante, o duplo que morrerá uma segunda vez.[6] Sabe-se que, neste caso, a culpabilidade – seja ela fundada ou não numa responsabilidade real –, a sideração e a impotência tornam particularmente difícil a elaboração psíquica da perda ou da separação traumáticas, que elas impedem o trabalho do pensamento obstinado com a questão da representação da causa da morte.

Esta ausência de palavras sobre a repetição de um drama em três gerações mantém uma colagem com o evento traumático. Para Marina, isto não faz sentido, uma vez que o evento insensato já está inscrito na geração precedente.

Como Claude, Marina foi "impedida" de luto, e este impedimento, excluindo-os da elaboração, sustém a compulsão suicidária até a terceira geração. Esses lutos tornados impossíveis pela depressão da mãe e pela ausência do pai, ao qual a mãe não pode então dar acesso, daí o lugar importante, invasor, cruel e endividador que toma, ao lado da imago da mãe morta, a imago do irmão morto.

Na história de Marina, o pacto de silêncio intergeracional é, na realidade, uma aliança inconsciente, um pacto denegativo.[7] Por este conceito, entendo o que se impõe em todo laço intersubjetivo para ser votado em cada sujeito do laço aos destinos da repressão ou da denegação, da negação, da retratação, da rejeição ou do enquistamento no espaço interno de um sujeito ou de vários sujeitos. Este acordo inconsciente sobre o inconsciente é imposto ou concluído para diversos fins: para que o laço se organize e se mantenha em sua complementaridade de interesse; para que seja assegurada

---

6 Freud, em "A inquietante estranheza" (1919), associou a figura do duplo ao tema do retorno eterno do mesmo, da repetição dos mesmos caracteres, dos destinos idênticos, da transmissão dos nomes através de várias gerações sucessivas (como acontece muitas vezes no prenome dado aos filhos ou filhas ditos "de substituição").

7 Expus o princípio e o funcionamento disto a partir de 1989, depois em 1993 c 2007.

a continuidade dos investimentos e dos benefícios ligados à subsistência da função dos Ideais, do contrato ou do pacto narcísico. O que está em jogo no laço, e inclusive o custo psíquico que convém pagar para que o laço se mantenha, é exatamente isto que não poderia tratar-se entre aqueles que ele liga, em seu interesse mútuo, em razão da dupla economia cruzada que rege as relações dos sujeitos singulares e da cadeia da qual eles são membros.

Freud e a morte de seu irmão Julius

O complexo de Édipo se inscreve no centro da teoria da psicanálise, não somente em razão dos grandes mitos de referência que o organizam, mas também pelo lugar que ele tomou na história de Freud e na descoberta da psicanálise. Ainda que o complexo fraterno ocupe nele um lugar menor, ele também é central e, como o primeiro, se inscreve na história de Freud. Pode-se supor que o véu colocado sobre o complexo fraterno na teoria psicanalítica é o mesmo tecido que recobriu a dificuldade, para Freud, de elaborar consequências da morte de Julius.

Uma reinterpretação do que representou Julius para Freud é hoje possível, até necessária, na medida em que podemos confrontar o que Freud diz e escreve a respeito, para que possamos compreendê-lo a partir de nossa experiência da cura individual e do trabalho psicanalítico em dispositivo de grupo.

Vou limitar-me aqui a sublinhar como, na análise feita por Freud de sua relação com Julius, o complexo fraterno se intrica no complexo de Édipo até sua confusão. Tentarei, sobretudo, a partir de um breve lembrete do que sabemos das relações de Freud e de Julius,[8] descobrir alguns elementos que, com os da-

---

8 Especialmente em sua correspondência com R. Rolland (sobre este ponto, ler a obra de H. e M. Vermorel, 1993). Ver também a análise que D. Anzieu propõe a respeito em sua obra sobre a autoanálise de Freud (1959) e seu comentário do sonho *"Non vixit"*.

dos da clínica das curas, servirão para propor o conceito de imago do irmão morto.

A constelação traumática da morte de Julius

D. Anzieu constata que a infância de Freud está enquadrada em duas mortes: a morte de seu avô paterno (Schlomo), cujo prenome Freud recebe; a morte de seu irmãozinho, Julius, que o desaloja de sua posição de filho mais velho. Julius nasce quando Sigmund tem dois anos; este portanto o conheceu entre seus 2 anos e 2 anos e meio, pois Julius falece seis meses depois de seu nascimento. Não é sem interesse notar que Freud pensa ter deixado a casa natal de Freiburg por volta de 2 anos e meio, quando, de fato, ele tinha 3 anos e meio naquele momento. Portanto, ele faz coincidir em sua lembrança a partida de Freiburg com a morte de Julius. O ano que ele faz desaparecer é um ano extremamente importante, uma vez que duas irmãs mais novas nascem naquele ano.

Esta lembrança-tela da "partida" de Freiburg na idade de 2 anos e meio corresponde, pois, à "partida" de Julius. Este período das origens termina, segundo a memória consciente de Freud, com a morte de seu irmão mais novo, isto é, para ele, o filho primogênito, a morte de um rival. Para Freud, este período de Freiburg também estava marcado por lembranças de jogos, disputas e tumultos com John (Jones?), seu tio, apenas um ano e meio mais velho do que ele. É provável que essas lembranças de jogo e de disputas devam ser datadas um pouco mais tarde. A verdade é que esses primeiros anos da vida de Freud foram muito intensos por todas essas razões e, sobretudo, porque ele é o filho primogênito querido de uma mãe jovem, cujo amor Freud desfrutará por bem pouco tempo. Sua irmã Anna nasce alguns meses depois da morte de Julius. Houve três nascimentos à época em que Freud tinha entre dois anos e meio e dois anos e três quartos, três nascimentos e uma morte, a de Julius. Depois a fratria cresceu: três irmãs vieram ao mundo de 1860 a 1865, e em 1866 nasce seu último irmão, Alexander.

Sabe-se hoje, graças à atenção que se dá aos efeitos da morte de um filho na fratria, sobretudo quando ela sobrevém numa idade precoce nos irmãos e irmãs, que esses eventos confrontam o sujeito com a destruição, com a culpabilidade do sobrevivente, e que esta culpabilidade se funda nos movimentos de inveja, nos desejos de morte quando nasce um irmãozinho ou uma irmãzinha. Esses desejos de morte são atualizados pela morte real numa idade em que um luto não pode ser elaborado. A amnésia que aflige Freud quanto ao nascimento de sua irmã Anna (prenome que ele vai dar a sua própria filha) certamente está ligada a esta ferida narcísica e a este confronto precoce com o luto, a destruição e a culpabilidade.

Vários biógrafos sublinharam que os Freud viviam em grande aperto em sua casa de Freiburg, que os filhos viviam numa grande promiscuidade no quarto dos pais. Porque Amália, sua mãe, trabalhava fora, o jovem Freud teve de aproximar-se da boa Nanie que cuidava das crianças na ausência dos pais. Vê-se aqui como uma configuração tal como o luto, as feridas, a confrontação precoce, traumática, com a morte e a destruição associa a um sobreinvestimento do filho pela mãe, um sobreinvestimento pela mãe de todo o entorno materno, cujo prolongamento é Nanie.

Anzieu sublinha que a morte de Julius está associada a feridas da infância: a tristeza materna, o sentimento de abandono, depois os fantasmas de destruição do corpo materno, logo depois "cheio" (grávido) da pequena Anna, a morte do avô, a partida de Freiburg, que coincide também com a partida de Nanie, acusada de roubo, despedida e "encofrada" (presa). O próprio Freud analisou como este tema do cofre retorna em seus sonhos para figurar a mãe grávida. A morte do pequeno irmão, no espírito de Freud, também está estreitamente associada a uma estimulação precoce no despertar da libido: a visão de sua mãe nua durante uma viagem de Leipzig a Viena (carta a Fliess de 3 de outubro de 1897). Trata-se de uma lembrança-tela: Freud situa esta cena quando ele tinha dois anos e meio, ao passo que a viagem com sua mãe teve lugar quando o jovem Sigmund tinha quatro anos. Anzieu observa que esta excitação sexual desencadeou, sem dúvida, uma angústia de castração muito intensa.

A morte de Julius e a relação com Romain Rolland

Provavelmente, a intensidade dessas feridas narcísicas é responsável, como adverte H. Vermorel, pela amnésia de Freud quanto à data do nascimento de Anna. Pode-se também supor que ela será ativa a ponto de levar Freud a negar que possa existir, por ocasião do nascimento de um irmãozinho, uma inveja no irmão. Ele o escreve numa carta a Goethe, que será, como R. Rolland, um duplo para Freud e que terá também ele uma história importante com uma irmã.

A morte de Julius foi um evento fundamental na vida de Freud, na escolha de suas amizades masculinas e em sua teorização dos sentimentos fraternos. O trabalho do luto de Julius foi elaborado por ele em vários de seus sonhos, de modo particular no sonho "*non vixit*",[9] sonho-pivô a partir do qual Freud pôde metabolizar sua relação com o irmão morto.

Como mostrou H. Vermorel (1991), a correspondência com Romain Rolland também foi um meio desta elaboração. Este trabalho psíquico – seus efeitos de análise – culmina no célebre "distúrbio de memória na Acrópole". Este ensaio dedicado a Romain Rolland refere-se a eventos que ocorreram em 1904, no momento em que Freud vai romper com Fliess. Mas um dos conteúdos importantes do ensaio trata de sua relação com a morte de Julius.

Também Romain Rolland funciona como um duplo de Freud. Ele tem em comum com ele a experiência de ter perdido uma irmã, Madeleine, quando ele tinha cinco anos e sua irmã três. R. Rolland escreve na correspondência com Freud: "Ninguém, pen-

---

9 Cf. G.-W. II-III, 424-428, trad. fr. p. 469-473.

so, percebeu mais vivamente que eu, desde a infância, esta morte sobre a qual toda vida é construída, e sobre a qual é construído este sentimento profundo, constante, e jamais abalou as bases da obstinação que tive de viver e construir, é este o nó da tragédia". Como Freud, Rolland foi ao mesmo tempo afetado por esta morte, e ela foi para ele uma fonte do que ele chama "esta obstinação de construir e de viver".

Como Freud, Rolland também é confrontado com uma mãe absorvida no luto, sonhando com o ausente. Ele a descreve assim:

> "O rosto avermelhado pelas lágrimas vertidas, cuja fonte estava sempre pronta a reabrir-se, o olhar cheio de revolta e de dor, a paixão pela filha morta a tornava às vezes estranha, até mesmo hostil, de uma maneira surda aos vivos".

Esta fina sensibilidade de R. Rolland faz aparecer o que a clínica nos ensinou: as condições de elaboração da morte de um irmão ou irmã, na criança, estão estreitamente dependentes do modo como os pais tratam o luto deste filho ou filha. São precisamente essas correlações de subjetividade que nos interessam, e não separadamente o que é o luto para a criança e o que é para os pais.

A morte de Julius na obra de Freud

D. Anzieu, em sua biografia magistral de Freud, retomou alguns desses elementos da primeira infância de Freud. Ele considerou que, diante de um tal caos psíquico e de tanta estimulação, Freud, inventando a psicanálise, provavelmente teve de representar o inconsciente como uma língua estrangeira a decifrar e a família como uma horda, cujo pai, Jakob, foi o chefe que trouxe os quadros necessários para que houvesse um limite e uma ordem, por cruel que fosse. Anzieu pensava que, para Freud, o aparelho psíquico é provavelmente "o protótipo de sua infância, na qual as forças e os sistemas psíquicos de naturezas diferentes, e falando cada um sua língua, vivem, lutam, se aliam, se subordinam, forjam compromissos".[10] Este seria um outro trabalho, não simplesmente colocar ao corrente os efeitos desta morte nas relações que Freud mantinha com os primeiros psicanalistas que o cercaram e com a instituição psicanalítica.[11]

A imago do irmão morto/da irmã morta

A clínica nos levou a pensar que os efeitos da morte de um irmão ou de uma irmã, na infância do sujeito, são determinados por seu nível de organização psíquica, e particularmente, pelas capacidades defensivas que ele adquiriu no momento do drama.

O filho morto é o depositário da onipotência ferida da mãe. Ele desapareceu, a mãe está inconsolável. Impossível rivalizar com o filho imaginário, ou então é preciso idealizar o morto, ou tornar-se um outro herói, tornar-se si mesmo o filho morto idealizado, heroico.

Em todos os casos clínicos que evoquei, os constituintes desta configuração inconsciente são a relação imaginária com o duplo narcísico, a rivalidade e a agressividade diante do duplo, a identificação heroica. É através desse esquema imaginário que o sujeito constitui a imago do irmão morto e organiza suas relações intersubjetivas.

Quando perdemos um irmão ou uma irmã, são partes de nós mesmos que perdemos, e não são as mesmas que aquelas que representam em nós o pai ou mãe. A imago do irmão ou irmã

---

10 Desenvolvi outrora uma proposição próxima desta, afirmando que a representação do inconsciente que persiste em Freud é uma representação que se exprime constantemente em termos de grupo, especialmente nos termos de grupos psíquicos (Kaës, 1976).
11 Comecei a explorar, em alguns trabalhos preparatórios, como este aspecto do complexo fraterno funciona no grupo dos primeiros psicanalistas (cf. Kaës, 2003 a, 2007).

mortos aparece como o duplo mortal e mortífero do filho ou filha sobreviventes, como uma imagem de seu narcisismo destruidor. Ela é também a representação do sexo paterno castrado ou da fecundidade da mãe atingida, exaurida, ferida; ela sustém a ambivalência ou a clivagem do amor e do ódio do irmão ou da irmã mortos, odiados pelo pesar causado à mãe, idealizados por se terem subtraído às vicissitudes da sexualidade, e por todas essas razões, permanecer o filho ou a filha maravilhosos. Nesse sentido, o casal Antígona-Polinice forma o paradigma do filho/filha maravilhosos.

A imago do irmão morto sustenta no sobrevivente o fantasma do êxito de sua onipotência diante do rival e, por conseguinte, sua culpabilidade a seu respeito. Esta culpabilidade é suscitada pela realização dos votos de desaparecimento, isto é, pelo êxito da onipotência. A imago do irmão ou irmã mortos mantém a exigência de uma reparação, ela mesma sustentada pela culpabilidade do sobrevivente; enfim, ela vem preencher a solidão do sobrevivente em relação às funções assumidas pelo duplo desaparecido, amado e odiado. Temos um exemplo disto na história de Claude e na de Marina. Nesta última, presa no luto patológico de sua irmãzinha morta e no pacto de silêncio sobre a morte da irmãzinha de seu pai, sua culpabilidade de sobrevivente deslocou-se e amplificou-se quando ela se tornou a mãe de um filho deficiente. Uma culpabilidade que, por sua vez, perturba seus laços com o irmão do filho deficiente.

É a razão profunda do irmão morto ou da irmã morta como retornante. O morto retorna, portanto não está perdido ou definitivamente desaparecido; ele retorna, portanto não estou só. Haveria também lugar para sublinhar os remanejamentos pulsionais na morte de um irmão ou de uma irmã, as modificações do reforço das pulsões sexuais e do jogo pulsional investido no outro semelhante.

O conceito de imago ultrapassa a fatualidade de uma história singular: a imago do irmão morto não é um decalque intrapsíquico do irmão real. Talvez ele seja uma estrutura antropológica que o estudo da gemelidade nos convida a considerar como uma constante. A experiência psicanalítica nos mostra a estreita correlação fantasmática que alguns pacientes podem estabelecer entre um órgão do corpo materno ou de seu próprio corpo e um irmão ou irmã, duplos do sujeito. A hipótese de uma fantasmática gemelar, com seus pressupostos identificatórios próprios, nos permite precisar que o irmão ou irmã realmente mortos ocupam o lugar do gêmeo morto no fantasma gemelar.[12]

A imago do irmão morto e o complexo da mãe morta

Tentei mostrar que uma outra variável é determinante: o tratamento do luto do filho morto pelos próprios pais, e especialmente quando a mesma configuração se produziu em sua própria história infantil. Em todos os casos, a morte de um irmão ou de uma irmã, numa idade precoce em que o luto fica em suspenso, perturba a relação dos pais com seus próprios filhos sobreviventes.

A criança depende ainda estreitamente da relação com sua mãe para a sobrevivência de sua vida psíquica. O complexo da mãe morta descrito por A. Green mostrou como o luto materno repercute gravemente na criança, na medida em que seu pesar a impede de ocupar-se do bebê sobrevivente; a mãe – petrificada pelo luto – petrifica por sua vez o bebê sobrevivente, que ela deixa, por assim dizer, "sucumbir".

No caso de Freud, pode-se supor que ele teve recursos suficientes para continuar a pensar que era o preferido da mãe querida; ele insiste várias vezes na segurança e confiança na vida, pelo fato de ter sido o filho querido da mãe, e como isto lhe serviu de apoio em sua pesquisa. Aqui ele está de acordo com a maioria dos criadores que se apoiaram neste sentimento de terem sido o filho preferido.

---

12 Cf. o estudo de A. Bernos (1993) sobre o fantasma de gemelidade e o gêmeo morto.

Pode-se também supor que o luto de Julius não durou por muito tempo em Amália, pois a geração de Anna, que Freud nunca amou, pode ser tida como prova da liquidação do luto dos pais.

Quando esta situação traumática é temporária, ela pode aparecer não como uma cripta da vida psíquica, mas, antes, como uma síncope momentânea do funcionamento mental num psiquismo, aliás já bem estruturado. Esta síncope do funcionamento mental de Freud pode manifestar-se em seus desvanecimentos, como uma reprodução da ferida do passado, por ocasião da separação de amigos, como Fliess e Jung, sobre os quais se havia feito uma transferência materna ambivalente, associada a uma transferência fraterna.

Suposto isto, concordo com H. Vermorel (1991, p. 136) que Freud não pôde fazer um luto completo de Julius e das perdas e separações que lhe foram associadas, e que uma parte da personalidade de Freud colocou-se sob o domínio desses lutos e dessas feridas narcísicas da infância em relação com o abatimento de uma mãe enlutada e com o desaparecimento prematuro de um duplo. Avanço a hipótese de que a morte do duplo fraterno tem um efeito específico de fazer ruir o alicerce especular narcisisante: ela requer do sobrevivente um trabalho psíquico do tipo daquele que exigem os traumatismos profundos e os lutos difíceis. À importância do sentimento do efêmero, surdamente percebido, mas onipresente em Freud, religa-se o sentimento da inquietante estranheza e a figura do retornante.

Da imago do irmão morto é preciso acomodar-se de uma maneira ou de outra. É neste movimento que se efetua o trabalho do luto: mobiliza a imago do irmão morto na morte de um irmão.

OS DESEJOS DE MORTE DOS PAIS PARA OS IRMÃOS E IRMÃS EM DOIS CONTOS DOS IRMÃOS GRIMM

Nos contos dos irmãos Grimm, a criança ouve contar provas que a confrontam com seus irmãos e irmãs, mas também com os pais diante do grupo fraterno. Os pais e as mães abandonam seus filhos e deixam ao gênio do mais novo os cuidados de salvá-los de seu encontro com o Ogro e com a Bruxa. Os pais fazem votos de morte para seus filhos e desejos de amor para suas filhas. A situação se intensifica quando a irmãzinha, filha única, vem depois de vários meninos ameaçados por este nascimento. Então, o que é esta irmã para eles, esta filha para seu pai e para seus irmãos, o que são eles para ela e para sua mãe? Questão insistente nos Grimm: *Os sete corvos, Os sete irmãos cisnes, Os doze irmãos* contam mais ou menos a mesma história.[13]

Os sete corvos

Os sete corvos abrem a criança a uma dimensão do complexo fraterno cuja noção elas têm mais do que os adultos: os irmãos e as irmãs se reconhecem em sua sexualidade e, necessariamente então, em suas relações com seus pais. Inveja e ambição não desapareceram, mas o complexo de castração predomina.

Um pai, depois de ter tido sete filhos, desejou ter uma filha. Este desejo ameaça os irmãos: eles estão ameaçados em sua onipotência e em sua primazia por este ser diferente, suplementar, que vem tomar o lugar deles no desejo do pai. O que é querer um outro filho, uma menina, depois de sete meninos, senão a insatisfação de ter tido esses meninos? Segundo esta lógica, os irmãos por mais que queiram apressar-se para tirar de um poço a água para o batismo, o que fazem é só retardar o momento, e ameaçam assim duplamente a pequena, tanto na vida de seu corpo como na vida de sua alma. O pai aproveitou-se do fato de que os filhos desejam esta morte e colocam sua irmã em perigo, para transformá-los em "almas mortas" ou, como escreve Freud, em "almas-pássaros": eles desaparecem, transformados em corvos.

---

13 Pode-se ler uma análise detalhada desta história, comparada com os contos que colocam em jogo não uma fratria, mas um grupo de não familiares, em Kaës e colab., 1984.

O pai desejou ter uma filha. Em seu fantasma, como no fantasma dos filhos, este desejo tem por correlato o de fazê-los morrer; e é a filha que nasce pequenina e fraquinha, sanção de seu desejo incestuoso ou realização deformada e atenuada do desejo de morte de seus irmãos a seu respeito? A verdade é que o pai negará que existe qualquer relação entre o nascimento da filha e o desaparecimento dos filhos.

Os pais vão guardar o segredo sobre a sorte (o homicídio) dos filhos. A irmã, que não é psicótica, não aceita esta encriptagem que a inocenta e a condena, nem a culpabilidade que a coloca agora sozinha no desejo do pai. A viagem que ela faz para encontrar seus irmãos é iniciática, reparadora e integrativa. Ela encontra nessa viagem sua identidade sexual, seus irmãos vivos e seu lugar no grupo familiar.

No começo do conto, a relação dos irmãos entre si é importante: todos os sete agem como um só homem, um só corpo. Assim que o pai envia um de seus filhos para buscar água para batizar a irmãzinha, os outros seis solidários correm junto com ele. Um representa o conjunto: um por todos. Poderíamos sugerir que a indiferenciação do grupo dos irmãos constitui uma defesa contra a culpabilidade consecutiva de seu desejo de morte de sua irmã. Nenhum é culpável e todos o são. Todos por um. O grupo dos irmãos não é "culpável", somente a irmã.

Regressão dos irmãos a corvos. Eles são sempre um: um sussurro de asas e um sopro potente os anunciam. Na montanha de vidro, eles são nutridos pelo anão acolhedor. A figura da montanha de vidro, corpo materno e transparência da monossexualidade, negação da cena primitiva, é aqui redundante em parte com a do anão acolhedor. O anão, como o grupo dos sete anões benéficos e indiferenciados de Branca de Neve, é figura polimorfa, inclusive perversão. Nos contos, a existência pré-individual e imatura os faz habitar os espaços de regressão, de escavação, de cavidade. São seres fálicos, cuja genitalidade abortou. Eles são também figura materna alimentadora (ou perseguidora). Os sete corvos agrupados são a sua imagem: o crescimento psíquico deles está parado. É neste lugar que a irmã os encontra: na condição de que ela faça em si mesma a marca da castração: ela é "culpável", ela corta, portanto, a ponta de seu dedo mindinho: é a parte a sacrificar para ser irmã entre os irmãos, filha entre os filhos.

Ela gostaria de não precisar passar pela prova da castração simbólica: o osso mágico dado pela boa fada-estrela não pode funcionar. Não é desse osso suplementar que ela precisa para se fazer reconhecer e livrar seus irmãos; portanto, ele estará perdido. Do que ela deve fazer seu luto é de uma pequena parte de seu corpo de filhinha, do qual a extremidade do dedinho será o substituto. Para existir em seu sexo e em sua geração, com seus irmãos, a irmã deve renunciar à onipotência: porque ela é o objeto do desejo do pai, ela encarna a ameaça de morte que este poderia fazer valer contra seus filhos. Renunciar a coincidir com o objeto único do desejo do pai é o preço que ela deve pagar para entrar na ordem simbólica.

Ela poderá então fazer-se reconhecer por um dos Irmãos (um por todos), dando-lhe a reconhecer o símbolo dos pais: o anel deles, sinal de seu laço, de seu desejo um pelo outro. Retomar forma humana será para os irmãos seu segundo nascimento, edipiano, para a vida psíquica: consequência de seu reconhecimento do laço de geração e da diferença dos sexos. Os irmãos e a irmã devem cada um fazer esta experiência singular. Haverá, sem dúvida, um caminho ainda a percorrer para aceitar seu destino diferente: o conto diz que eles permaneceram juntos algum tempo depois desta aventura: depois do que "Eles se estreitaram sobre seu coração, se abraçaram uns aos outros e entraram muito alegres e felizes na casa".

Os doze irmãos

Os doze irmãos, construído como *Os sete corvos*, introduz o tema da separação dos destinos, primeiramente ligados, dos irmãos e das irmãs: a irmã se casa, mas somente depois de ter-se desobrigado das consequências de seu próprio desejo de morte em relação a seus irmãos bem-amados.

Basta lembrar a história: um rei e uma rainha viviam em paz com seus doze filhos (meninos). Entretanto, o rei diz a sua mulher que, se o décimo-terceiro filho, do qual ela está grávida, for uma filha, será preciso que os doze meninos morram. Assim a filha será a única herdeira da fortuna e do reino. O pai-rei fez então fabricar doze urnas funerárias e trazê-las, na espera do nascimento, para uma sala fechada, cuja chave ele deu à rainha, ordenando-lhe que não dissesse nada a ninguém. Triste e infeliz, a rainha é interrogada por seu caçula, Benjamim, e lhe revela o plano, mostrando-lhe as urnas funerárias já preparadas. Quando o caçula lhe anuncia que vai partir com seus irmãos, a mãe combina com ele um código (pano branco se for menino; pano vermelho se for menina) para fazer seus filhos conhecer seu destino. Eles então partem abençoados por sua mãe e, no décimo segundo dia, Benjamim teve conhecimento de que eles deviam morrer. Os irmãos, com muito ódio, juram então a morte de toda menina que vão encontrar e se instalam no meio da floresta, numa pequena casa encantada. Ali vivem por dez anos, Benjamim cuidando da casa e da cozinha, enquanto seus irmãos caçam e colhem.

A filhinha, bela, boa e maravilhosa, descobre um dia doze camisetas e fica sabendo por sua mãe da existência de seus doze irmãos, ameaçados de morte por seu nascimento. Fugindo imediatamente da casa paterna e errando em algum lugar neste vasto mundo, ela parte em busca deles, levando com ela as doze camisetas. Ela chega à cabana encantada, onde Benjamim a acolhe e a reconhece graças às camisetas. Prevenida por ele do juramento dos irmãos de matar todas as meninas, a pequena é escondida debaixo de uma tina até a chegada dos onze irmãos, não sem ter oferecido sua vida para libertá-los. Benjamim, por artimanha, faz suspender o juramento: reencontros e abraços. Irmãos e irmã vivem juntos, contentes e em perfeita harmonia na cabana encantada, Benjamim ocupando-se com a irmãzinha da manutenção da casa e dos que a habitam. A história poderia parar aqui.

Mas ela prossegue: um dia, querendo agradar a seus irmãos, a irmãzinha colhe doze lírios no jardim. Imediatamente os doze irmãos são transformados em corvos, a casa e o jardim desaparecem, a menina fica só e infeliz. Uma mulher velha lhe revela então o irreversível, a menos que ela permaneça muda, sem dizer uma palavra nem esboçar um riso durante sete anos. Terminado este prazo, ela os livrará, mas uma só palavra dela os mataria. A menina aceita a prova, faz um casamento real e vive feliz, mas sempre muda. Por instigação da sogra, seu marido desconfia dela e a condena a morrer na fogueira. Na hora em que começa o suplício, terminam os sete anos e os doze corvos vindos em socorro se transformam em seus doze irmãos e a libertam. Novos reencontros, explicações e reconciliação, salvo para a odiosa madrasta, julgada e condenada a uma morte terrível: encerrada num tonel meio cheio de serpentes venenosas e cheio de óleo fervente.

Pode-se ver que, preso nesses laços fraternos, não é tão fácil viver com seu marido-rei. Este feitiço que retém aquém de sua forma humana os irmãos, aqui ainda transformados em "almas mortas", é o do desejo e da morte que tecem os laços familiares: morte dos irmãos, morte da irmã, morte da madrasta (a mãe, invejosa, fundida com o pai-rei-marido).

Neste conto como no conto *O lobo e os sete cabritinhos* pode-se observar o lugar particular que neles toma o benjamim: é pelo caçula, ainda próximo à mãe, e aqui próximo da irmã, que vem a salvação. Como no *Pequeno Polegar* que enfrenta o ogro. Mas é preciso observar que o caçula também é o mais diferenciado: é aquele dos cabritinhos que não responde a não ser ao chamado de seu nome, é aquele que é chamado Benjamim entre os doze irmãos. Polegar entre os sete filhos do lenhador. Será que isto quer dizer que o último filho recapitula toda a fratria, toda a história familiar, e se torna seu porta-voz, quando ele afronta o desejo de morte dos maiores, que permanecem mudos?

Capítulo 9

Alguns efeitos da morte de um dos pais na fratria

O TRABALHO DA HERANÇA

A morte de um dos pais é uma prova decisiva para a fratria. Ela faz reviver todos os conflitos não resolvidos da infância de cada um, mas também as tensões latentes no grupo dos irmãos e irmãs, as relações dos pais com este grupo. A morte de um dos pais pode provocar a ruptura do grupo dos irmãos e irmãs, mas ela também pode, em outras famílias, ser uma ocasião de reconciliação ou de reforço dos laços fraternos. Gostaria de trazer uma breve contribuição ao estudo dos efeitos desse luto na fratria.

O grupo fraterno, como todos os grupos, constrói-se e funciona como um espaço psíquico partilhado e comum. Como em todos os grupos, cada um de seus membros é dividido entre a necessidade de abandonar uma parte de suas identificações, de seus pensamentos e de seus ideais, para manter o grupo fraterno e seu laço com a fratria, e a exigência de conservar um espaço subjetivo próprio. Enfim, como para cada sujeito considerado em sua singularidade, o grupo, e de modo especial o grupo primário, é uma das matrizes de seu espaço interno e de sua subjetividade. É neste grupo familiar, no qual a fratria é um elemento constituinte importante, que se tecem as alianças inconscientes estruturantes, defensivas ou patológicas, e os modelos identificatórios. O que está em jogo na transmissão da vida psíquica entre gerações atravessa o que está em jogo na recepção e na transformação da herança.

O TRABALHO DE LUTO NA FRATRIA

O luto com o qual são confrontados os irmãos e irmãs por ocasião da morte de um dos pais comporta certamente características singulares, segundo a idade dos filhos, sua organização psíquica própria, seu investimento do pai/mãe morto e do pai/mãe sobrevivente, seu lugar no grupo fraterno, as circunstâncias da morte dos pais, a estrutura da família, as relações do casal parental, a consistência psíquica da fratria. Haveria lugar para tomar em consideração muitas outras variáveis, mas deixo aqui de lado esta abordagem diferencial para enfatizar que esse luto também possui traços comuns a todos, primeiramente em razão de que o objeto perdido é o pai/mãe de cada um dos irmãos e irmãs. A morte de um dos pais solicita, assim, o trabalho do luto nessas duas dimensões: o pai/mãe morto é uma pessoa que os irmãos e irmãs têm em comum, é um objeto partilhado do qual procede, com o pai/mãe sobrevivente, a origem de cada um, sua filiação, sua identidade sexual e seu lugar na geração. Por esta dimensão, o pai/mãe morto, partilhado e comum, está irremediavelmente perdido, mas também está transformado pelo luto partilhado e comum, é co-memorado, e sua memória se transmite nos laços de filiação.

Numa segunda dimensão, o luto é uma questão privada, porque o pai/mãe morto foi para cada um este "objeto" único de amor e de gratidão, de ódio e de ambição com o qual cada um manteve uma relação singular e com o qual ele pode reivindicar relações exclusivas, em todo caso diferentes daquelas que os outros irmãos e irmãs mantiveram com ele/ela.

Por essas razões, o pai/mãe morto é um objeto perdido bem particular. É a perda de uma parte da infância, de suas inscrições íntimas, do escudo protetor contra a nudez e a miséria, o protótipo da experiência amorosa. Sua morte é o paradigma de todas as perdas anteriores.

Gostaria de sublinhar que o pai/mãe morto não é somente o depositário de partes de nossa psique ainda vivas e necessariamente ligadas a nossa própria vida, mas é também o depositário de partes da psique de outros próximos e familiares: a do outro pai/mãe, as dos irmãos e irmãs. O pai/mãe morto é, ao mesmo tempo, um continente dos objetos próprios a cada um, e doravante ameaçados por esta parte, e um continente de objetos partilhados com outros, e no qual outros depuseram uma parte deles mesmos, e esses objetos comuns estão também ameaçados pela perda e abandono. Essas perdas múltiplas acarretam uma agressividade inconsciente diante do pai/mãe morto, visto que eles são os continentes de objetos ameaçados de desaparecer.

Por conseguinte, o trabalho do luto para cada um não consiste apenas em desligar a libido investida no objeto para salvaguardar o ego, de tal sorte que a separação do objeto desaparecido seja substituída por uma identificação nova que se instala no ego como objeto perdido-reencontrado. O trabalho do luto afeta também em profundidade todos os laços que foram construídos na família e dos quais cada um é tecido em suas identificações e sob o efeito de seus apoios narcísicos e libidinais. São esses objetos, seus laços e os processos ligados a eles que são depositados no pai/mãe morto.

A especificidade do luto depende desta redistribuição e desta reorganização das identificações, dos apoios e dos investimentos pulsionais diante do objeto morto continente de objetos ainda vivos. É esta particularidade que torna tão crucial e necessária, em proporções variáveis, uma redistribuição dos lugares de cada um na morte dos pais e uma retomada do trabalho de historização subjetivante. As relações de amor e de ódio entre irmãos e irmãs são postas à prova nesta ocasião.

O COMPONENTE NARCÍSICO DA FRATRIA E O DESEJO PARENTAL

Para precisar em que consistem esses remanejamentos, parece-me necessário assinalar, mais uma vez, as implicações narcísicas da fratria. Aqui elas estão ligadas à espinhosa questão do desejo parental e da origem comum e partilhada.

Madame C. vem ao mundo "no lugar" de um menino esperado pelos pais. Quando, 15 meses depois, sua mãe dá à luz seu irmão, o nascimento deste filho parece ter sido uma grande felicidade para ambos os pais, mas para ela foi uma experiência bem dolorosa que perturbará toda a sua infância. Desde essa época, ela guarda esta lembrança pungente: foi apontada pelo pai a ser a falida da família, nada lhe daria certo, enquanto o irmão estaria destinado ao melhor futuro, encarregado de realizar "os sonhos de desejos irrealizados dos pais", segundo a forte fórmula de Freud. "Tudo se passou, diz-me ela, como se isto fosse a punição que sofro por ser uma excrescência na árvore genealógica, sou um ramo inútil e, até uma data recente, eu estava persuadida de que não poderia fazer nada de bom". A despeito de um bom êxito social e do exercício satisfatório de uma profissão semelhante à da do pai, jamais ela se sentia investida nem apoiada pelos pais e, menos ainda, pelo irmão. Fora da família, ela pôde buscar, e às vezes encontrar, o apoio narcísico, cuja falta a precipitava regularmente em tentativas de suicídio.

Através das sessões, desenha-se o intenso ódio que ela nutriu contra esse irmão tão seguro de ser o objeto do desejo dos pais e, assim, tirou todos os benefícios da exclusão da irmã do círculo da família. Mas também se precisa a inveja devastadora do irmão contra sua irmã. A sorte vem dar uma parada decisiva a esta violência: o irmão perde seu filho de uma morte brutal. O silêncio cobre a recriminação contra a injustiça que lhe é feita: o irmão e a irmã não se falam mais durante alguns anos. O drama explode, durante a cura, quando o pai morre. O irmão, que se considera o único portador da legitimidade da filiação, ataca violentamente sua irmã e, mais ainda, os filhos dela: nem ela, nem eles devem pensar que vão receber o que quer que seja da herança do pai, pois ele é o único herdeiro "legítimo". Sua irmã não deveria estar lá, e aliás é ela quem deveria ter perdido um filho, não ele.

A violência desse discurso dificultou, durante algum tempo, em Madame C. o trabalho de luto do pai. Tudo se congela num estupor diante do que o irmão revela, fazendo-se o porta-voz e beneficiário do desejo dos pais quanto ao lugar dela, quanto à legitimidade de sua existência. Os pensamentos suicidas retornam, o sofrimento narcísico que eles nutrem aparece de novo, mas desta vez Madame C. começa a trabalhar nos lugares que lhe foram outorgados e que ela aceitou na esperança insensata de recobrar por pouco que seja o amor parental. Quando Madame C. começa a desligar-se de seus lugares, compreendendo que o preço de sua conformidade ao suposto desejo dos pais (de que ela não existe) é a mutilação psíquica que ela se infligiu, o irmão por sua vez é assediado por pensamentos suicidas que o levarão a uma tentativa de autodestruição. Tudo se passa como se a violência que havia ligado tão fortemente o irmão e a irmã no desejo parental, no momento da morte do pai, encontrasse um poder recrudescido pelo aparecimento de seus componentes narcísicos, mortíferos para o irmão, como outrora para a irmã.

A redistribuição dos lugares de cada um na morte dos pais é sempre crucial quando os apoios narcísicos dos irmãos ou irmãs foram desbaratados. Pode-se compreender a depressão suicida do irmão de várias maneiras: como um efeito da raiva narcísica diante do trabalho de luto realizado pela irmã: perdendo o pai, cujo fantasma de sua filiação grandiosa e "legítima" ele mantém, ele perde o lugar que o pai lhe havia atribuído, lugar que ele só pode ocupar com o consentimento de sua irmã, mesmo sem ela o saber. Uma vez que sua irmã se libertou, ele se encontra despojado de sua primazia. Esta outra maneira de compreender implica uma lógica do laço, cuja patologia mostra aqui os efeitos de coinerência: o que acontece no espaço psíquico de um, afeta de maneira vital o espaço psíquico do outro.

Os lugares atribuídos na fratria pela ordem de nascimento podem ser questionados na morte de um dos pais e algumas vezes um pouco antes, quando, por exemplo, a doença e o cuidar do doente fazem do mais próximo aquele ou aquela que é encarregado ou que se encarrega dele. Muitas vezes, o/a mais velho/a afastou-se da vida familiar, mas, no momento da morte dos pais, ele ou ela continua investido pelos irmãos e irmãs de um dever de comando da fratria, no lugar dos pais. Este investimento geralmente não é desprovido de ambivalência: o despertar do complexo edipiano perfila-se no complexo fraterno. Os caçulas, muitas vezes destinados pelos pais para ser seu "bastão na velhice", estão próximos dos pais no curso dos últimos anos da vida deles e podem a este título reivindicar um reconhecimento particular da parte dos outros.

A HERANÇA, A SUCESSÃO E AS QUESTÕES NARCÍSICAS DA TRANSMISSÃO

Os filhos são herdeiros e as questões de transmissão são questões narcísicas. A morte de um dos pais, como o testemunha a história de Madame C., é um colocar à prova o lugar ocupado por cada um no amor dos pais, o estatuto que lhes foi concedido ou recusado por eles. Sob este ponto de vista, os testamentos não são apenas atos jurídicos que regulam a transmissão dos bens de uma geração à outra, mas são também recebidos como tendo valor psíquico de sanção do amor dos pais. Existem testamentos de reconhecimento, testamentos de tranquilização, mas também testamentos de exclusão, testamentos-veneno. Acontece que os pais, ou um deles, colocam em jogo no testamento sua violência contra seus filhos. Todo mundo sabe disso.

Todo mundo também sabe como em certas famílias o testamento e a herança são colocados à prova do grupo fraterno, e que o componente exogâmico do grupo é uma dimensão decisiva: cunhados, cunhadas, companheiros e companheiras desempenham nele seu papel, ativa ou passivamente, na medida em que a herança é a ocasião de uma remobilização das questões de escolha de objeto amoroso fora da família.

Um outro elemento é importante. À morte do último pai/mãe sobrevivente, os irmãos e irmãs não estão mais sob a proteção contra a morte, imaginariamente assegurada pela geração precedente. Eles também são confrontados com uma outra dimensão da diferença das gerações: a da morte que as liga entre si através da transmissão da vida psíquica. A qualidade da experiência de ser, por sua vez, um pai/mãe muda: cada um dos membros da fratria é, então, apenas o ponto de partida de uma nova geração. Sem os pais reais, cada um encontra uma relação singularizada com cada pai/mãe, e a fratria conhece então uma outra dinâmica.

A partilha dos objetos e dos bens

A partilha dos objetos e dos bens inscreve-se na dinâmica e na economia psíquica dos laços familiares e, especialmente, dos laços entre os irmãos e irmãs. Também aqui variáveis importantes incidem no curso: a importância dos bens, o apego a esses bens, sua repartição estabelecida pelos pais ou pelos irmãos e irmãs, ou por sorteio, etc. Inventam-se regulações felizes contra os cenários alarmantes anteriormente imaginados, surgem apegos e conflitos imprevistos, ou evitações deslocam sua explosão.

Por ocasião da morte do último pai ou mãe sobrevivente, o momento da partilha dos objetos de herança reúne numa última cena familiar os pais desaparecidos, os filhos, irmãos e irmãs, muitas vezes na casa ou no apartamento dos pais, num espaço outrora íntimo e familiar, e agora partilhado ou abandonado. Encontrar-se sem os pais neste espaço familiar, que pode tornar-se algumas vezes repentinamente *unheimliche*, é encontrar juntos os objetos dos pais ou da infância, frequentemente perdidos de vista e esquecidos, alguns sendo tabus para uns e profanos para os outros. Nesse momento, se revelam as intimidades, as emoções e as lembranças partilhadas pelo conjunto dos irmãos e irmãs, mas também aquelas que não puderam sê-lo, as relações privilegiadas insuportáveis para uns, nostálgicas para os outros.

O psicodrama psicanalítico de grupo é rico em situações que colocam em cena uma fratria confrontada com a transmissão de uma herança. Eis dois exemplos:

Trata-se de uma sessão de psicodrama depois da separação das vacâncias. Estamos também a alguns meses do fim das sessões de psicodrama. No curso do verão, um participante tornou-se pai de uma menininha; as fotos circulam, e o jovem pai insiste em mostrar-me o retrato de seu bebê. Enquanto as fotos passam de mão em mão, Laure comunica uma lembrança muito forte que lhe vem de repente à mente: na morte de sua avó, ela descobriu com sua mãe, na casa dos avós, num sótão, documentos que pertenciam ao avô: cartas, roupas, armas do tempo de guerra. Rosa fala também do que ela encontrou na casa de sua mãe depois da morte dela: quadros, objetos ligados a sua infância. Um quadro em *trompe-l'oeil* a interessou. Ela o tomou para si e deverá substituí-lo por um novo quadro. Uma intensa emoção percorre o grupo, depois se fazem perguntas: da herança dos pais, o que se pode ou não aceitar?

Pierre, aparentemente em ligeira dissonância com o grupo, e rindo muito, evoca um filme de Carlo Verdone, *Ma che colpa abbiamo noi?* (2002): o anúncio do tema do filme (o terapeuta de um grupo de psicoterapia morre repentinamente) provoca o riso em alguns e o estupor em outros. Eles são de repente colocados em contato com acontecimentos inesperados da transferência para mim, neste confronto com a transmissão da vida e face à "morte" do terapeuta. Eles têm muita dificuldade para propor um tema a ser encenado. As propostas são muito confusas e complicadas: uma cena é sugerida, depois abandonada, uma outra é acrescentada, sem culminar num jogo, mas todas as propostas têm por tema a herança e a transmissão. Os participantes estão deprimidos e, ao mesmo tempo, muito agitados.

Chamo atenção deles sobre a maneira como agem para não atuar aumentando a confusão, complicando o cenário e mudando-o constantemente. Proponho-lhes uma maneira de interpretar que faz ligação com o que na transferência para mim favorece sua resistência a atuar: pensar que aquilo que se herda dos pais também deve ser confrontado com sua morte, e aqui com a morte do terapeuta. Sem dúvida é difícil encenar esta questão "em vida".

Uma encenação é então proposta: um notário abre o testamento que um tio redigiu para seus sobrinhos e sobrinhas, e a fratria se reúne para tomar conhecimento do testamento. Mas antes que comece a encenação, os participantes tergiversam ainda muito; por exemplo, durante bastante tempo pergunta-se se o notário é ou não um membro (mesmo distante) da família. Depois alguns deles tentam precipitar-se na cena antes que o cenário esteja suficientemente preparado e combinado. Trata-se de deslocar para o mais longe possível a evocação da morte do pai.

A encenação se desenrola na casa do tio: o notário (François) é preciso e extremamente profissional. Ele lê o ato que descreve terras, uma casa de valor, uma participação num imóvel coletivo, dinheiro. O irmão (Pierre) e as irmãs (Rosa, Laure, Viviane) exploram a casa e tentam conhecer este tio que não conheceram. Laure procura descobrir alguma coisa escondida. Pierre é menos curioso, ele cerca de perto as mulheres, toca-as, e quando fica sabendo que a soma de dinheiro é muito importante (eles nem imaginavam que fosse essa quantia colossal), ele pula de alegria e se pergunta o que vai fazer com esse dinheiro, enquanto as irmãs se interrogam sobre como teria vivido esse tio para acumular tamanha fortuna. Após a saída do notário, a encenação se transforma numa reunião entre os irmãos e irmãs, que disputam entre si as partes da herança.

Não vou desenvolver mais a análise das transferências que os deslocamentos por meio da encenação tornam reconhecíveis, apenas me centrarei na questão principal que organiza a transmissão (transferência) de uma herança e que se atualiza aqui na fantasmática da formação: aquilo que se herdou, pode-se transformá-lo, inscrevê-lo, num novo quadro, como o quadro de Rosa? A herança que é o objeto de uma idealização muito intensa pode ser herdável?

A. Rosier descreve esta última experiência, antes que desapareça o *décor* familiar, "das relações com os atores de outrora presentes ou tornados presentes através dos objetos aos quais eles estiveram ligados no passado" (comunicação inédita). Manipular esses objetos é endossar todas as relações de amor e de gratidão, de inveja e de ambição que marcaram seu uso. Eles suscitam palavras de lembrança e de desapego, ou reivindicações, ou dons, ou ainda silêncios dolorosos ou amordaçados pela violência da cobiça.

O componente narcísisco da herança: o fantasma do herdeiro privilegiado

Monsieur L. teve um sonho na noite seguinte ao retorno à casa familiar com seus dois irmãos e sua irmã, após a morte do pai. Ele sonha com um grande barco à vela que deriva no mar. Os marujos se revoltam contra seu capitão, doente, que os abandona. A amotinação se apodera dos membros da equipagem que acabam por disputar entre eles. Ratos, cães e macacos percorrem o barco e atacam o capitão. Alguém explica que é preciso ir buscar seus documentos pessoais no cofre do capitão. Um de seus irmãos quer que o capitão lhe dê o cofre e o que ele contém. Um homem da lei dirige-se ao sonhador e lhe diz que ele deve pagar sua parte.

A história de Madame C. mostrou como em certas famílias, por razões que dependem do investimento parental num dos filhos ou, em outros casos, por razões que só dependem do próprio filho, um irmão ou uma irmã vem a considerar-se como o único herdeiro legítimo. O fantasma do herdeiro único ou privilegiado tem por correlato que os outros filhos, irmãos e irmãs, são ilegítimos. Sempre vamos encontrar, sob este fantasma secundário, um fantasma originário de cena primitiva, cena que controla num modo onipotente o filho "legítimo", e um fantasma de homicídio dos irmãos e irmãs que dificultam seu desejo de ser o filho único e que deveriam ter morrido no lugar do pai/mãe falecido.

Este "herdeiro privilegiado", ou exclusivo, nem sempre é aquele (ou aquela) que se manteve o mais próximo dos pais. Em certos casos é aquele que desacredita os irmãos ou as irmãs que cuidaram de verdade do pai/mãe antes de sua morte, quando a velhice ou a doença exigiram cuidados e investimentos particularmente onerosos de hospitalização e de visita ou quando eles assumiram os encargos do óbito: aquele ou aquela que reivindica ser o único pensa que teria sabido verdadeiramente cuidar da mãe ou do pai que morreu. Em muitos desses casos, tudo se passa como se a morte do pai/mãe fosse uma injustiça tal que um irmão ou uma irmã devia responsabilizar-se por ela, ainda que ele ou ela fosse impotente para poupá-los. Acontece, neste contexto, que o irmão ou a irmã mais próximos do pai/mãe seja explícita ou secretamente acusado de não ter dado assistência ao pai/mãe doente ou morto.

Arrogando-se a prioridade ou a exclusividade, "desfilhando" e desacreditando os rivais, sobretudo se eles estiveram próximos dos pais no momento decisivo, o herdeiro "privilegiado" se defende também por projeção contra a angústia suscitada pela morte do pai/mãe. O outro é tido por responsável pelo que aconteceu: ele será desapossado, espoliado, destruído.

ÓDIO, AMBIÇÃO E RIVALIDADE NA MORTE DOS PAIS. A ALIANÇA FRATERNA

Este despertar das antigas rivalidades, da ambição e do ódio na hora da morte dos pais merece uma atenção particular. Lembramos aqui como a rivalidade fraterna se articula com a noção de triângulo pré-edipiano:[1] J. Lacan propôs esta noção para designar a relação Mãe-Filho-Falo, representando este, no plano imaginário, o objeto fantasmático do desejo da mãe, objeto ao qual o filho se identifica. No triângulo pré-edipiano, o rival é o objeto parcial concorrente do *infans*. Ele é uma outra "coisa pequena": qual-

---

1 Cf. *supra*, cap. 4.

quer outro objeto que tem valor de transposição nas equações das pulsões parciais pode substituí-lo, e mais especialmente um irmãozinho ou uma irmãzinha, mas também o "pai" (parcial), que o *infans* não identifica como o Pai genital, mas como podendo pertencer à mesma categoria que o irmão rival.

O pacto fraterno é uma formação psíquica comum e partilhada, cuja finalidade é impedir o retorno da rivalidade e das ambições homicidas no triângulo pré-edipiano. Portanto, ele se inscreve no triângulo edipiano e permite controlar as coalizões na fratria e construir uma identidade fraterna em relação aos pais. Ele faz de, cada um dos filhos, herdeiros iguais dos mesmos pais. A necessidade e a capacidade de concluir este pacto implicam a aceitação das diferenças entre irmãos e irmãs. Na morte dos pais, este pacto pode ficar abalado pelo retorno da ambição e da inveja numa regressão para a estrutura pré-edipiana.

Como os pais manobram a rivalidade fraterna

Aquilo que os filhos herdam são também fantasmas parentais, seus conflitos, principalmente quanto a suas preferências por este ou aquele filho. Na verdade, nem todos os pais têm a preocupação de amar seus filhos com um amor igual, de uni-los, de reforçar os laços que a distância e os investimentos diferentes podem afrouxar.

Acontece que a violência parental divide a fratria e pode fazê-la romper-se quando os pais ainda vivem. Mas também acontece que a morte dos pais abre o caminho à colheita do que eles semearam. Monsieur L., desde o nascimento de seu irmão, quando ele tinha três anos e meio, foi encarregado desse irmão, devia cuidar dele, responder por ele, além de sofrer a violência da mãe cada vez que ele falhasse em suas "responsabilidades". Insinua-se nas relações fraternas toda a gama dos investimentos parentais em seus próprios filhos: este ou esta será conforme à expectativa narcísica dos pais, ele será o depositário ou o realizador dos "sonhos de desejos irrealizados dos pais", um outro será votado a fracassar (como o pai ou a mãe o proibiu de ser bem-sucedido), o terceiro a representar seu próprio irmão odiado ou sua própria irmã adorada, um outro enfim votado a ser a parte edipiana de sua escolha amorosa, etc. Esses investimentos pesam consideravelmente no destino dos irmãos e das irmãs, cada um considerado isoladamente e em seus laços com os outros.

Este destino se manifesta de modo especial quando, no momento da partilha dos bens, os pais ou um deles exprimem nitidamente uma preferência, sem relação com qualquer sentimento prévio de injustiça ou de herdeiro privilegiado. A herança, em vez de ser uma sucessão, se transforma em partição, cujos efeitos podem transmitir-se para várias gerações.

Erckmann-Chatrian construíram um de seus romances, *Os dois irmãos (Os Rantzau)*, sobre a injustiça cometida pelo pai em relação ao filho caçula. Privilegiando o primogênito, que herda sem compensação a casa do pai, ele cria entre seus filhos um ódio intransponível. Para prejudicar seu irmão, o caçula faz construir em frente da casa cobiçada uma réplica simétrica. A aversão cresce de ano a ano e se transmite a seus filhos, mobiliza toda a energia e dinheiro dos dois irmãos, ligados um ao outro pelo ódio que encarecem em todas as ocasiões de prejudicar-se, denunciando-se mutuamente na justiça. Seus filhos, primo e prima, acabam por apaixonar-se um pelo outro, mas o ódio dos dois irmãos não se extingue quando seus filhos se casam. O ódio os liga ainda mais quando ambos se tornam avós.[2]

---

2 Para Erckmann e Chatrian, patriotas convictos, é a Alemanha que tiraria proveito das dissensões que o direito não regularia. Certamente o propósito dos dois escritores lorenos é mostrar como os efeitos da desigualdade da partilha dependem do poder absoluto que o pai monarca se arroga contra o princípio do direito originário da Revolução. Eles mostram as consequências políticas disto: criando, assim, as condições do ódio dos irmãos, eles suscitam nos vizinhos a ambição de apropriar-se dos bens e da alma de um povo que não sabe manter sua unidade e seu patrimônio.

Na clínica, as coisas são geralmente mais complexas, mas ela mostra regularmente que pais sabem manifestar e atiçar rivalidades até então aparentemente superadas, infundindo seus próprios conflitos parentais ou fraternos em sua própria descendência.

A representação do complexo fraterno é frequente na obra de Shakespeare, como já dei um exemplo em *A Comédia dos erros*. Em *O Rei Lear*, a loucura do rei e a cegueira do conde de Gloucester são as saídas trágicas da rivalidade fraterna entre as filhas do rei e entre os filhos do conde, o legítimo e o bastardo. Neste drama da filiação e da transmissão intergeracional, os pais manobram a rivalidade e o ódio entre seus filhos e acabam sendo as vítimas da máquina infernal que eles montaram.

No capítulo seguinte, vou descrever o desenvolvimento da rivalidade fraterna num grupo de psicodrama psicanalítico. Antecipo sobre esta apresentação, relatando uma cena que coloca precisamente em jogo os efeitos da discriminação que os pais criam entre os filhos no momento em que eles herdam deles. Um notário leu a lista dos bens a partilhar entre três irmãos e três irmãs. Antes de morrer, o pai, viúvo, fez seu testamento da seguinte maneira: as três filhas dividem entre si os bens da mãe. Os objetos e os bens que cabem a dois dos rapazes fazem parte da sucessão paterna e são conformes ao desejo dele. Mas o terceiro não recebe nada. As três irmãs se invejam, cada uma exprime a respeito das duas outras um ódio que não conhecia antes, cada uma quer destruir os objetos da mãe para privar deles as duas outras. Os irmãos estão silenciosos e entristecidos porque um deles não recebe nada: que falta cometeu ele para ser deserdado desta maneira? As irmãs e os dois irmãos denunciam a injustiça do pai. O irmão que nada herda declara que está pronto a renunciar a sua parte de herança (ainda que não receba nada) para manter a unidade da fratria.

No capítulo seguinte, retomarei a análise desse momento do psicodrama. Ele tem seu lugar neste capítulo porque as questões que ele propõe se referem precisamente à incidência da violência parental na fratria. De fato, por que o irmão que não recebe nada está pronto a renunciar a parte da herança que não recebeu e a qual ele renuncia? Será que talvez ele recusa engajar-se nesta rivalidade odiosa e prefere proteger-se dela, renunciando não à herança, mas aos riscos de ser excluído da fratria? Ou então, recusando-se a manter a relação de rivalidade que o pai injusto suscitou entre os irmãos e irmãs, ganharia ele nesta herança o lugar de um pai que vela pela unidade da fratria, uma unidade ameaçada pela rivalidade das irmãs que a ambição faz dilacerar-se entre si? Sem dúvida convém trazer esta cena à dinâmica das transferências neste grupo. Contudo, o fato de que esta situação seja tão frequentemente repetida em psicodrama é sinal de que ela tem a ver com uma constante das relações fraternas, mesmo se algumas fratrias não são afetadas tão violentamente por ela.

Podemos observar que o despertar das rivalidades é mais vivo ainda porque os pais mantiveram um discurso cujo objetivo manifesta prevenir a rivalidade temida: "Que os filhos se mantenham unidos depois de nossa morte, que não haja desavenças entre eles por nossa causa".

O apoio da fratria

A rivalidade, a ambição destruidora e a inveja não são o quinhão de todas as fratrias na morte dos pais. Algumas permanecem ligadas em laços libidinais suficientemente fortes e estruturados, ou ainda o peso dos pais que recai sobre os filhos não é tão pesado. No romance de R. Martin du Gard, *Os Thibault*, o filho mais velho protege o mais novo na morte do pai. A unidade se mantém, ela se nuança, as desavenças não são negadas, as diferenças se acentuam, os trajetos se afirmam, laços se reforçam, outros se esfumam, como se a morte dos pais fizesse crescer o filho mantido em cada um.

Esses efeitos devem certamente ser distinguidos dos efeitos negadores das rivalidades pela idealização da fratria que os irmãos e irmãs construíram juntos, e do apoio que a ilusão adélfica pôde receber dos próprios pais. Todavia, essas construções da ilusão fraterna são apoios temporários, eficazes no momento de vivenciar a morte dos pais: eles asseguram a continuidade do grupo familiar. Essa reunião da fratria tranquiliza, ela faz emergir lembranças comuns e partilhadas em torno da memória do desaparecido. Mas a questão decisiva é a do trabalho de luto, estreitamente associado ao trabalho da herança, aceito em suas partes e em seus conteúdos.

O TRABALHO DA HERANÇA: O NOVO PACTO DOS IRMÃOS

O trabalho psíquico da herança é o trabalho que os filhos devem realizar em seu trabalho de luto na morte dos pais. Esse trabalho se refere à perda dos pais comuns e à partilha da origem e dos objetos de amor. É um momento crucial do processo da transmissão da vida psíquica entre as gerações. O trabalho da herança comporta, portanto, dois polos, um narcísico, com a partilha da origem, e um outro objetal, com a partilha dos objetos de amor. Aquilo que cada um herda é, ao mesmo tempo, uma parte da origem e uma parte do amor parental. Essas partes devem ser partilhadas com outros.

Uma sequência para *Totem e tabu*

Imaginamos esta sequência para *Totem e tabu,* seguindo, antes de tudo, Freud: depois que os irmãos mataram o pai, eles tiveram de entender-se entre si e inventaram, para assegurar sua aliança e para comemorar seu crime comum, o pacto totêmico, a exogamia e o interdito do fratricídio. O clã fraterno nasceu desta tríplice aliança, e com ele as obras da cultura que, com seus fundamentos esquecidos, se transmitiam de geração em geração. É o que nos diz Freud.

Ele poderia prosseguir assim: "Entretanto, cada irmão que se tornou pai, por sua vez, teve de enfrentar um dia a inveja e a ambição de seus filhos. Aconteceu que, à morte do pai, a comemoração da refeição totêmica e a renovação do pacto não bastaram mais para assegurar que cada um dos filhos se apropriasse das qualidades do pai. Cada filho reivindicou então a exclusividade da herança, e com ela a posse exclusiva dos bens e do espírito do pai. A solidariedade de todas as vidas de que é composta a família foi ameaçada, e renegada a pertença ao mesmo sangue. Os irmãos haviam reencontrado o pai das origens, eles se haviam tornado entre si o pai invejoso e narcísico que outrora os ancestrais decidiram levar à morte, depois mataram simbolicamente. Tudo isto não foi mais do que drama local, e muitas vezes cenas fantasmáticas, tanto que a Lei assegurou as regras da sucessão e as modalidades da transmissão da herança; tanto que ela protegeu cada um contra as 'tendências que haviam incitado ao parricídio' e que se estendiam agora à guerra dos irmãos. Mas, quando a guerra dos irmãos seguiu livre curso, quando nenhum deles quis ceder absolutamente nada, quando se tratava da reivindicação narcísica de ser o Único, com exclusão de todos os outros, duvidou-se então da humanidade, anunciou-se a morte do Homem, foram refeitos clãs mais sanguinolentos que aqueles dos tempos arcaicos. Surgiram as seitas, depois as utopias comunitárias obrigatórias; todas desafiavam a erradicação da inveja e da ambição pelo triunfo da medida e da igualdade, reputadas justas porque purificadas das paixões do amor e da detestação. O fracasso dessas experiências obrigou os irmãos a concluir um novo pacto para sobreviver e assegurar sua descendência. Eles ainda estão trabalhando para inventar os termos deste pacto. Diversos dentre eles fazem referência a meus ensaios, e particularmente a *Totem e tabu*. Duvido que tudo foi dito aí, e se eu tivesse de participar em seu debate, tomaria de preferência como fio condutor da pesquisa a ser feita esta palavra de Goethe, que surgiu sob minha pena no fim de meu estudo: 'O que herdaste de teus pais, a fim de possuí-lo, conquista-o'. Essa palavra nos diz que nenhuma herança pode transmitir-se, se não é o efeito de um trabalho psíquico de transformação. Mas ela não se aplica senão ao indivíduo considerado isoladamente, enquanto a essência do problema, como a consistência da solução, é de natureza coletiva: intersubjetiva, social, até política".

MINHA ESTAÇÃO PREFERIDA DE ANDRÉ TÉCHINÉ (1992)

O filme de André Téchiné, *Minha estação preferida* (1992), poderia servir de fio condutor a diversas das análises que propus. O genérico se desdobra sobre o fundo de imagens de irmãos ou de irmãs siameses. O laço incestual que une um irmão a uma irmã os liga da mesma maneira que os dilacera, se reativa com a aproximação da morte de sua mãe, uma mulher irritada e rancorosa que divide a fratria. O drama que se tece toma uma profundidade importante, visto que nele se trata das relações entre o triângulo pré-edipiano, narcísico e perverso, e as dificuldades de elaboração da problemática edipiana através de várias gerações.

Émilie e Antoine não se veem há três anos; eles se encontram depois de um mal-estar da mãe deles, que vive sozinha em sua casa isolada no campo. Émilie convida sua mãe para passar o Natal em sua casa. Convida também Antoine para um sarau, um encontro em família que, bem depressa, se transforma numa noite de discórdias e de violência. Alguns dias antes do encontro de Natal, Antoine teve um sonho: diante da família reunida, ele quebrava o relógio da lareira. Émile mais tarde, no sarau, quebrará este relógio, cumprindo o sonho de seu irmão.

No decorrer do sarau, despertam entre eles as ligações, as preferências, as discórdias, os rancores. Entre Antoine e o marido de Émilie, entre Émilie e seu marido e entre seus filhos, multiplicam-se e se acentuam as cenas de violência, ao mesmo tempo em que a mãe atiça as críticas e os conflitos, confiando em Antoine e denegrindo sua irmã, dividindo o casal conjugal e o casal fraterno, ele mesmo retomado pela complexidade e ambivalência de seus laços de infância e de adolescência.

Neste contexto tão tenso, a mãe evoca sua morte próxima e as questões de herança a acertar, mas ninguém quer ouvir falar disso, e a proposta torna Antoine violento, a ponto de desencadear uma rixa entre ele e seu cunhado. Antoine grita que não quer receber nada em herança: "Tu tomarás o que eu te darei", brada-lhe sua mãe extenuada. Ela quer deixar imediatamente a casa de sua filha e pede a seu filho que a leve de volta a sua própria casa.

No início do verão, a mãe tem um novo ataque e surge a questão de saber quem, Antoine ou Émilie, vai acolhê-la em sua casa. Finalmente decidem colocar a mãe numa casa de repouso, o que ela não aceita bem, como uma ferida narcísica infligida por seus filhos. Antes de partir para a casa de repouso, ela degola suas galinhas, não deixando nada vivo para trás, obstinada pelo rancor. No caminho que leva a mãe para a casa de idosos, Antoine e Émilie visitam de novo com satisfação lugares e sonhos de sua infância, evocam sua cumplicidade e suas lembranças comuns. Antoine propõe então a sua irmã, que se separou de seu marido logo depois do Natal, que venha morar com ele num apartamento que eles partilhariam. No momento em que Antoine projeta viver com ela, ele alucina a defenestração da irmã: Émilie vestida com o pijama branco de seu irmão jaz em seu sangue.

Na casa de repouso, a mãe sofre um acidente vascular cerebral. É hospitalizada, seu estado é grave, ela vai morrer. Ela tem um sonho no qual seu filho está morto num acidente de automóvel.

As relações entre Antoine e sua irmã ficaram tensas, eles se atormentam. Émilie censura seu irmão, médico especialista do cérebro, de não ter feito nada para cuidar da mãe. Ele se defende, recusa-se a pensar que ela poderia morrer e descarrega sobre sua irmã que na verdade ela detesta sua mãe.

A mãe, numa última palavra de rancor, lastima não ter tido um terceiro filho que saberia acolhê-la e cuidar dela. Depois disso, ela morre. Após o enterro, a família se reúne numa refeição, durante a qual são tentados esforços de reconciliação. No fim, cada um revela sua estação preferida: o verão é a estação comum a Antoine e Émilie, o verão lembrado num poema de sua adolescência que evocava a expectativa do ser amado.

A PARTILHA, MAIOR DESAFIO DO LAÇO FRATERNO

O filme de J. Nichols (2007) *Shotgun Stories (Histórias de caçadeira)* retoma o tema da tragédia dos irmãos-inimigos e de sua discórdia por ocasião da morte de um de seus pais. No enterro de seu pai, três irmãos, que tiveram um pai brutal que os abandonou ao mesmo tempo em que a mãe deles se tornou rancorosa, encontram seus quatro meio-irmãos, que tiveram de haver-se com um pai que se casou de novo, convertido à religião e que os levou a uma prosperidade que não conheciam os filhos do primeiro casamento. Eles vivem o retorno violento de antigos rancores, de dores enterradas e de conflitos sufocados, como outras tantas cicatrizes enigmáticas ainda vivas e sobre as quais não se sabe nada preciso, de tal modo lhes falta a palavra para revelar seu sofrimento.

Nesses dois filmes, como na clínica da cura, da família e dos grupos, o que revela a morte dos pais é precisamente a importante questão do laço fraterno: a partilha. O que constitui este laço, como o que o divide, é ter os mesmos pais e, antes de tudo, a mesma mãe a partilhar, mesmo se eles não conheceram a mesma pessoa: a partilha é o traço específico da comunidade dos irmãos e irmãs, e é também a fonte de seus desentendimentos e brigas. A partilha do amor dos pais, que deveria ser igual, esbarra na própria dificuldade dos pais de partilhar-se igualmente. Na morte deles, esta partilha do amor, com a partilha dos objetos que trazem o traço e testemunho deles, é uma dimensão importante do trabalho do luto que os irmãos e as irmãs devem realizar.

Capítulo 10

O COMPLEXO FRATERNO ORGANIZADOR DOS LAÇOS DE GRUPOS

A resolução do complexo fraterno é uma questão central na evolução psíquica do sujeito. Nesta evolução, o papel desempenhado pelo grupo não familiar – o grupo de afiliação – pode ser considerado capital. O grupo é o que a criança descobre quando transpõe os limites da família. Na escola, de modo especial, ela faz a experiência de ser confrontada com os pares, semelhantes e diferentes, e com situações que mobilizam as estruturas e os harmônicos do complexo fraterno, sem por isso reproduzir-lhe exatamente todos os caracteres e tudo o que está em jogo. Este deslocamento se traduz pela passagem dos laços de filiação aos laços de afiliação.[1] Esta passagem é essencialmente a passagem da família ao grupo.

A filiação é um duplo movimento de reconhecimento: para os pais, do lugar do filho na continuidade narcísica na qual eles são um momento do trajeto; para o filho, de sua própria posição na ordem das gerações, da precessão do desejo dos pais sobre sua existência. A filiação é o acesso do sujeito singular ao grupo familiar pelo nome que nele recebe a partir do sonho parental e da designação do pai; ela é, ao mesmo tempo, sua qualificação como ser singular sexuado e mortal num conjunto geracional.

---

1 Sobre esta relação entre filiação e afiliação, cf. meu estudo (1985): "Filiation et affiliation. Quelques aspects de la réélaboration du roman familial dans les familles adoptives, les groupes et les institutions".

A afiliação a um grupo entra em conflito com a filiação. O grupo dos pares e a instituição escolar exercem uma função constitutiva neste movimento. Toda participação num grupo extrafamiliar, *a fortiori* toda adesão, nos confronta, muitas vezes de maneira inconsciente, com a herança parental; elas a colocam em questão, a suspendem, e permitem explorar uma outra "filiação" possível, descobrir outros "pais" e outros "irmãos e irmãs". É pelo grupo que o adolescente pode constituir-se como sujeito singular, rejeitando, suspendendo, depois aceitando a filiação. A articulação desses dois processos me parece fundamental, pois permite compreender que um grupo ou uma instituição não é uma família, mas que neles entram novamente em jogo movimentos psíquicos de filiação e laços fraternos.

Em outras culturas, como as pesquisas de P. Parin, F. Morgenthaler e G. Parin-Mathey (1967) mostraram nos dogons, o grupo dos filhos de idades diferentes acolhe e integra aqueles que, desmamados, devem doravante engajar-se em outros tipos de laços. São esses laços, formados em identificações específicas, que estruturam o que esses etnopsicanalistas caracterizaram como o "ego de grupo": cada indivíduo está sempre e simultaneamente sob a dependência de um "grande irmão", que o protege e ao qual ele se submete, e de um "pequeno irmão", que ele domina e ao qual ele traz sua proteção. Ele também está ligado por identificação a um companheiro da mesma faixa de idade. Os autores observam que esta identificação lateral com os "pares e irmãos" incorpora cada um numa ordem hierárquica e assegura a flexibilidade do ego, e que a identificação homossexual se caracteriza por uma habilidade na relação de objeto intercambiável: assim a ameaça de perder o objeto sempre é descartada.

Neste capítulo, vamos seguir e tentar compreender o destino de vários componentes do complexo fraterno nos grupos, discernindo suas organizações arcaica e edipiana.[2] Um lugar central

---

2 B. Brusset foi um dos primeiros a chamar atenção para a transferência frater-

será dado às manifestações da ambição e da inveja, na medida em que, herdeiras do complexo fraterno, elas ocupam uma parte importante das posições intersubjetivas e dos conflitos intersubjetivos nos grupos e, pode-se acrescentar, nas instituições.

A TRANSFERÊNCIA DOS COMPONENTES ARCAICOS E EDIPIANOS DO COMPLEXO FRATERNO EM UM GRUPO

Vou relatar, em primeiro lugar, uma sequência clínica de um grupo com psicodrama, porque ela ilustra muito bem a intensidade dos movimentos transferenciais mobilizados pelo complexo fraterno. Durante a maior parte das sessões, e especialmente naquelas cujos movimentos vou relatar, pude constatar no grupo uma coexistência de estruturas arcaicas e de estruturas neuróticas do complexo fraterno.

Este grupo de psicodrama havia começado pelo estabelecimento de uma ilusão grupal, segundo suas modalidades habituais: os participantes têm bons analistas, um bom quadro, eles pensam ter muitas coisas em comum, e já nos primeiros momentos de encontro uma boa experiência do grupo: "nós" – inclusive os analistas – somos, portanto, um bom grupo. Essa ilusão estabeleceu-se de maneira absolutamente clássica para defender-se contra angústias arcaicas intensas, ainda ignoradas, mas que não tardarão a manifestar-se. Limitarei minha exposição a duas sessões numa série de 16, porque é nessas que a temática fraterna emerge com uma intensidade crescente.

A primeira sessão foi precedida, na sequência da ilusão grupal, por um elogio dos avós: celebrava-se sua maior permissividade do que a dos pais e seu amor igual por seus netos: "Com eles,

---

na nos grupos terapêuticos (1983), enquanto eu havia estudado seu impacto nos grupos ditos de formação (1978).

a gente não se sente em competição". Tal é o discurso dominante, que não é contestado. A sessão se abre com uma apresentação das fratrias dos participantes que se dedicam a assinalar e a recensear os traços comuns a todas essas fratrias, em suma bem numerosas. O movimento que caracteriza este começo de sessão prolonga a busca de uma unidade imaginária, mas já se perfilando, nos temas dos discursos, focos de dissensão e de divisão. A busca dos traços comuns revela que a maioria dessas fratrias foi caracterizada por importantes rivalidades, cujos pressupostos eram na maioria das vezes as preferências dos pais por um irmão ou irmã, que geraram violências que marcaram os participantes: disputas entre irmãos e entre irmãs, maledicências, injúrias. Um motivo desses conflitos emerge e se precisa nas figuras clássicas da inveja e da ambição: possuir aquilo que o irmão/irmã possui, despojá-lo disto eventualmente, destruir ou fazer desaparecer o objeto por não lhe pertencer.

É proposto então um tema de psicodrama: uma cena de parto e as reações na fratria ao nascimento de um irmãozinho. A encenação se organiza em torno da negação da rivalidade e, correlativamente, da afirmação da unidade do grupo dos irmãos e irmãs. O irmãozinho é quase sufocado pelas efusões do amor fraterno.

Depois da encenação, afloram lembranças dolorosas em vários participantes: abortos, filhos natimortos ou mortos em tenra idade. Vários dentre eles expressam a grande dor dos pais e dos irmãos e irmãs nestes casos. Tudo se passa, nesse momento, como se o nascimento e a morte entrelaçados não pudessem ser evocados (e vividos), a não ser na negação do ódio.

Opera-se então no grupo uma reversão do sentido da ilusão grupal inicial: o medo de não serem filhos maravilhosos, de serem abortados ou excluídos do seio materno é subtendido pelo fantasma de que o grupo ainda não nasceu, que está ameaçado de não existência e que poderia abortar. Diversos participantes evocam fantasmas de homicídio de criança e de ataque invejoso contra o seio. Vê-se aqui como o espaço psíquico do grupo é utilizado como cena e como continente de seus fantasmas e de suas angústias.

Depois da sessão, André vem me ver à parte, em seguida ele se dirige a meu colega: ele nos avisa, separadamente, que estará ausente na próxima sessão, sem precisar qual delas nem por quê. Ulteriormente lhe parecerá que agiu dessa maneira para ter uma relação privilegiada com cada um de nós.

Na sessão seguinte, os ataques de uns contra os outros ocupam todo o debate das trocas: contra aquelas e aqueles que "tomam todo o lugar", açambarcando a atenção dos psicodramatistas, contra aqueles que vão vê-los discretamente fora das sessões, contra os que tentam agradá-los, falando de seus fantasmas, aliás já analisados no divã, etc. A inveja e a ambição retornam ao primeiro plano e esses afetos os reconduzem à violência da luta pelo lugar na fratria. Uma longa discussão semântica para definir as diferenças entre o benjamim, o segundo nascido e o filho mais novo é divertida até o momento em que aparecem questões mais consistentes, sobre o desejo dos pais a respeito dos filhos, depois sobre o desejo do pai, sobre o desejo da mãe pelo pai, e sobre o que se segue para os filhos. Minha colega interpreta as questões deles como tendo por objeto nosso desejo por eles e entre nós, e esta interpretação das transferências os reconduz ao psicodrama.

Diversos temas para a encenação são propostos, todos eles referentes à morte: morte de um marido, de uma irmã, de um primo, de um irmão. Mortes que se poderia dizer horizontais, e muitas vezes mortes de pessoas que tiveram o estatuto e a função de duplos. Entretanto, nenhum desses temas é representado, mas as associações se precisam e os participantes, homens e mulheres, se engajam mais diretamente em aspectos de sua história com um irmão ou uma irmã. Trata-se da paixão amorosa ou odiosa entre irmão e irmã, dos votos de morte e da culpabilidade depois da morte de um irmão ou de uma irmã, do peso do inelutável que une irmãos e irmãs em relações incestuosas (André, Marie-
-Claude, Christina), da impotência dolorosa diante da depressão

ou da toxicomania de um irmão, e de outras experiências ainda.

Os sonhos são relatados, sonhos da véspera ou antevéspera, e, como acontece frequentemente nos grupos, seus conteúdos manifestos estão bem próximos uns dos outros: André sonhou que dirigiu um carro sem freios até o mar; Marie-Claude, que dirigia um carro sem a iluminação obrigatória do veículo, portanto sem possibilidade de sinalização. As associações dos participantes os levam a evocar sua angústia e seu desejo de viver neste grupo relações fraternas muito intensas, violentas, tanto no amor como no ódio. Outros fantasmas incestuosos e lembranças de toques que se referem a uma irmã ou a um irmão cúmplices são evocados. Um outro sonho é contado: o sonhador está cercado de um grupo de cinco a seis pessoas e perde seus cabelos. Suas associações o colocam em contato com sua fratria ("cinco ou seis") e a morte de seu jovem irmão gêmeo ainda pequeno. Esse momento emocional intenso faz surgir um lapso em Marie-Claude, que falará de uma menina "incestuada" por seu irmão.

Um tema de psicodrama é proposto e encenado: num automóvel, cinco ou seis passageiros, homens e mulheres, são comprimidos uns contra os outros, eles se apertam, se oprimem e incomodam o motorista, colocando em perigo todo o grupo. As pessoas disputam para tomar seu lugar e evitar o acidente. Uma mulher, que se declara irmã do motorista, o apoia, consegue conter a confusão e acalmar os passageiros. Por isso lhe é outorgado o título de "grande irmã". Mas uma passageira (Marie-Claude) denuncia esse "casal" formado pelo motorista e a grande irmã e faz romper-se a coesão que mal se havia conseguido.

Depois da encenação, a elaboração se concentra em dois aspectos: a angústia do acidente está associada à angústia de tocar-se (de ser tocado de perto), comprimidos que estão uns contra os outros. O lapso de Marie-Claude é retomado para exprimir a proximidade da morte e do prazer arcaico desse tocar incestuoso. A segunda linha associativa refere-se às transferências laterais dos complexos fraternos neste grupo, de modo especial o lugar outorgado à primogênita, a "grande irmã" tão tirânica como o *Big Brother*, deflexão aqui de uma imago materna arcaica. Trata-se também da valorização edipiana do/da primogênito/a quando a morte de um dos pais o/a leva a "ocupar seu lugar".

O que foi mobilizado e trabalhado neste grupo

Nessas duas sessões, podemos notar a função organizadora do complexo fraterno nos laços de grupo, nas transferências e no processo associativo. São os modos arcaicos do complexo fraterno que prevalecem, e as interpretações que formulamos têm por objetivo confrontá-los com a organização edipiana do complexo. As relações com os pais são evocadas sob este duplo aspecto, mas também as relações com os avós, importantes recursos para defender-se contra as exigências edipianas. Este deslocamento da rivalidade edipiana junto dos avós vem acompanhado de um processo de dessexualização das relações irmãos-irmãs.

Observamos aqui, e é o regime habitual dos grupos, como cada um gostaria de ocupar sozinho o conjunto do espaço do grupo. A questão central é exatamente a da partilha.

RIVALIDADE, INVEJA E AMBIÇÃO NUM SEMINÁRIO DE GRUPO COM PSICODRAMA

A análise de um seminário psicanalítico de grupo com psicodrama feita por uma equipe de analistas mostra ainda mais precisamente como o complexo fraterno é um organizador importante do processo do aparelho psíquico grupal. Num seminário deste tipo, os participantes se reúnem durante o período de uma semana em três sessões diárias de pequeno grupo de psicodrama (dez participantes por grupo) e numa sessão de palavra livre, sem encenação, que agrupa todos os participantes e toda a equipe dos psicanalistas (no total uns quarenta participantes). Por sua vez, a equipe dos psicanalistas se reúne uma vez por dia.

Na exposição que vai seguir-se, centrar-me-ei na análise do pequeno grupo do qual fui encarregado em colaboração com uma colega e colocarei em relação os processos que nesse grupo se manifestam com os do conjunto do seminário. O que foi vivido e elaborado no curso dessas sessões é importante, tendo em vista que o material e os processos transferenciais foram organizados do princípio ao fim pelo complexo fraterno. Começarei por relatar brevemente, dia após dia e sessão após sessão, o que constituiu o movimento psíquico desse seminário, depois tentarei fazer alguns comentários sobre ele, centrados nos movimentos de inveja e ambição e na superação deles.

O primeiro dia

Após a apresentação da equipe dos analistas e da organização do seminário, os participantes se reúnem para uma sessão de pequeno grupo. Justamente as primeiras trocas de ideias e as primeiras associações falam da inveja num casal. Um tema de encenação é proposto: "Num barco que parte à aventura, cinco pessoas, formando dois casais e uma celibatária, resolveram fazer uma viagem. Esboçava-se uma ligação entre um homem casado e a celibatária". Na encenação, antes mesmo que se esboçasse essa ligação, suspeitas são expressas pela esposa (Jeanne) a respeito da celibatária. Ela fala imediatamente de abandono e se comporta como uma criança. O "marido" e a "celibatária" se defendem de qualquer atração um pelo outro e a "esposa", quase abandonada, pede ao outro casal que intervenha fazendo justiça entre eles, sem precisar exatamente o que ela entende por justiça, mas todo mundo sabe que ela evita assim entrar em conflito com o marido e a rival, impedindo-os de atuar. Depois da encenação, os protagonistas expressam sua decepção, o casal, reputado em si, sólido e "indestrutível", seguro de si e sem falha, é atacado por ter deixado a cena sem solução. Compreendemos que o recurso aos pais analistas idealizados devia protegê-los de seus afetos e de suas representações violentas numa cena de sedução que tinha esta particularidade, que a inveja num casal era uma formação de compromisso diante de uma cena de rivalidade fraterna.

A segunda sessão desenvolve associações sobre os perigos de engajar-se na aventura em meio hostil. Viagens que envolvem situações perigosas são evocadas: sede inextinguível, falta de água, sol tórrido, animais venenosos, conflitos violentos entre os da coequipe, violências em relação aos que tentariam guardar para si mesmos medicamentos ou víveres. Assim, desde a segunda sessão, sob a encenação da inveja, surgem temas persecutórios e se manifestam sentimentos de ambição e de ódio em relação aos rivais.

A terceira sessão está centrada num psicodrama cujo tema é um jogo de máscaras: "Uma máscara diria a verdade sobre as máscaras: cada um anunciaria sua máscara". No curso da encenação, a máscara-intérprete (Jeanne) revela, não sem suscitar protestos e denegações da parte dos outros, o que ocultam as máscaras: primeiro, olhares de desejo, de sedução ou de curiosidade, mas também olhares de ambição, de hostilidade e de destruição. As máscaras "desmascaradas" buscam então desapossar a feiticeira, a sedutora. Uma mulher (Irene) me pede meus óculos para ver o que ela não vê. Depois da encenação, começa uma disputa sobre a posição tomada por Jeanne e a ela concedida pelos outros no jogo: ela é suspeita de querer ocupar a dianteira do grupo. Jeanne se diz deprimida. Uma outra disputa tem por motivo a audácia do pedido que me foi feito de dar (ou emprestar?) meus óculos. Minha colega e eu sublinhamos a continuidade das preocupações dos participantes no curso dessas três primeiras sessões. Noto que a idealização de que sou objeto da parte de alguns participantes, assim como os sentimentos de admiração que se exprimem a respeito de nossa técnica, são certamente construções defensivas contra a ambição.

No curso da sessão plenária, participantes se perguntam se há alguma coisa que seja comum entre os participantes e entre os grupos. Vários afirmam que não querem revelar nada do que se passou em seu grupo, pois isso não diz respeito aos outros e cada um deve guardar para si o que possui. Esta observação faz eco, em certos participantes de nosso grupo, à evocação dos viajantes que querem guardar tudo para eles. A rivalidade entre os grupos é evocada, mas as trocas mudam de rumo. Pouco depois, faz-se um longo silêncio, e são expressas angústias de fragmentação e de fracionamento. Depois mostra-se que, também nos outros pequenos grupos, foi amplamente questionada a rivalidade e o medo de ser seduzido/destruído/abandonado pelo grupo.

No grupo dos analistas, as trocas de ideias tratam dos movimentos de cada um dos grupos, mas bem rapidamente o tema de nossos pensamentos se organiza em torno das filiações analíticas de cada um: elas são diversas em nossa equipe e mantêm diferenças em nossa maneira de entender e de pensar psicanaliticamente os processos de grupo. No fim da sessão, vários colegas falam da inveja que sentem em relação àqueles que escrevem artigos ou livros, e alguns revelam seus sentimentos depressivos ou sua raiva quando não compreendem o que se passa.

No fim do primeiro dia, uma organização psíquica inconsciente bem homogênea estrutura e trabalha o conjunto do seminário.

O segundo dia

Num pequeno grupo, vários temas de encenação são propostos: "uma mãe coloca seu filho na creche para prepará-lo para a chegada de um irmãozinho que deve nascer nos próximos dias"; "qualquer pessoa que quer fazer uma viagem, dar uma volta ao mundo de barco, deve escolher seus companheiros". Esse tema é retido, mas, na encenação, os participantes exprimem com muita força seu receio diante dos possíveis conflitos com desconhecidos, o medo das rivalidades entre eles e as preferências que o capitão poderia manifestar por este ou aquele de sua coequipe. Nos comentários depois da encenação, fala-se, sobretudo, do que poderia acontecer por parte do cônjuge ou por companheiro (da companheira) durante uma longa ausência: "o que aconteceria sem mim?". O tema da separação permite evocar diversos lutos. Jeanne chora um irmão que morreu no mar. Outras mortes são evocadas, depois os conflitos entre irmãos e irmã por ocasião da morte dos pais, as censuras recíprocas entre irmãos e irmãs de ser ou de se considerar como o herdeiro privilegiado dos pais ou de não ter sabido garantir o cuidado dos pais doentes.

A segunda sessão ainda está centrada nas discórdias que vários participantes viveram em sua fratria. Esses conflitos violentos estão relacionados com o desejo e a dificuldade de ser ou não reconhecido pelos pais como seu filho ou filha, amados com um amor igual ao amor que eles dispensam aos outros filhos. Para outros, entre os quais Jeanne, essas discórdias estão ligadas à dificuldade de ser reconhecida por seus pais como sua filha: eles esperavam um menino, e seu ódio foi grande em relação a sua irmã primogênita.

André conta um sonho que ele teve na noite anterior: ele via minha cabeça cortada com a inscrição de meu nome, como numa auréola. Ele se lembra com os outros que, na véspera, por ocasião da sessão das máscaras, alguém havia evocado a degolação de São João Batista, apagando-se diante de Cristo. Ele havia se lembrado de uma inscrição num célebre quadro de M. Grünewald e que representa a Crucifixão e João Batista, ao pé da Cruz, dizendo: *"Ille opportet crescere, me autem minui"* ("Ele deve crescer, eu, ao contrário, devo diminuir"). O relato do sonho de André suscita, com esse lembrete da inscrição, a cólera diante do imperativo de apagar-se diante de um outro, por poderoso que ele seja. Por sua vez, Hubert conta seu sonho: "uma filha é morta por seu pai, é o que o sonhador diz, mas ninguém quer acreditar. No fundo da sala, a família está perigosamente silenciosa, depois ela acusa o irmão pelo homicídio". Hubert compreenderá depressa que seu desejo de morte em relação a sua irmã foi deslocado como se fosse para tornar-se o desejo de seu pai, o que lhe permite acusá-lo do homicídio e puni-lo por sua preferência por sua irmã. Esta irmã, ele a amava como seu duplo, eles se assemelhavam um ao outro, não havia diferença entre eles. Em seu sonho, o grupo familiar o "desmascara", dirá ele. Ele desmascara seu amor incestuoso narcísico. O sonho, mais uma vez, terá trazido uma figuração das questões fantasmáticas que organizam o curso das associações e das transferências no grupo.

A sessão seguinte é muito penosa. O psicodrama é difícil de ser encenado, os participantes são passivos e deprimidos, minha colega e eu nos sentimos em sintonia com o grupo. Pelo final da sessão, André propõe um tema de encenação: um jogo de cartas, com ou sem trunfos, entre jogadores de força igual. Mas não haverá psicodrama.

Em sessão plenária, dois temas contraditórios predominam: a rivalidade para tomar a palavra e o desejo de que ninguém se distinga. Em nosso grupo de analistas, as trocas prosseguiram a propósito da herança psicanalítica de cada um, como ela é diferente nos homens e nas mulheres de nossa associação.

O terceiro dia

A sessão em pequeno grupo se organiza com base nas discussões bem tensas sobre as diferenças entre aqueles que estão (ou pensam que estão) informados da psicanálise e aqueles que não estão e, por isso, temem não interessar os analistas. As trocas pressupõem a ambição a respeito daqueles que supostamente sabem e o desdém no qual estes últimos manteriam aqueles que não sabem. Os temas de encenação propostos são sistematicamente criticados, a luta se generaliza entre todos para que nenhum tema seja sustado. Interpreto essa resistência referindo-a às transferências sobre nós, que somos, aos olhos deles, pais que poderiam ter preferências e excluir alguns "irmãos" da "família" que aqui, em seu imaginário, formaríamos. É provável que esta interpretação terá permitido liberar o pensamento e que seja proposto um tema que será retido e encenado como uma receita culinária: "Numa panela, colocar água e legumes suficientes para fazer uma sopa e pôr a cozinhar. Depois do cozimento, passar no liquidificador e reduzir a um purê no qual todos os ingredientes estariam confundidos, não se podendo mais distinguir a cenoura do tomate ou do alho-poró etc.". Na encenação, os legumes se livram da panela, depois se batem e tentam preservar cada um suas vitaminas e seu aroma. Por ocasião dos comentários, é observado como é difícil individuar-se na "panela grupal", em razão dos sentimentos de inveja e/ou de ambição que paralisam cada um e inibem os outros. Quer se esteja na panela ou se queira evadir-se dela, ninguém reencontrará o que colocou nela, nem o que é agora, mas importa privar os outros do que eles têm ou do que eles são (seu aroma) ou destruí-los. Quanto a mim, noto que sob os temas da inveja e do abandono se trama um outro nível da rivalidade, o da ambição, acompanhada de angústias mais profundas. Esta sessão parece marcar uma passagem regressiva da inveja à ambição arcaica.

No curso da sessão seguinte, as associações se organizarão em torno do tema de uma encenação proposta por Bertrand. O psicodrama será encenado desta maneira: um velho pai viúvo que fica cego e suas três filhas. Qual delas vai cuidar do pai? As filhas se atormentam, se acusam mutuamente de querer açambarcar o pai com intenções escusas de desapossar as outras. O pai assiste a disputa delas, sem intervir, depois escolhe aquela que se assemelha a sua mulher falecida. Segue-se uma violenta cena entre as filhas. O pai diz então, diante da disputa das filhas, que preferia ter tido um filho que cuidasse dele. Suscita assim a união sagrada das filhas contra seu pai e seu fantasma de um filho idealizado que significaria a morte delas. As associações fazem lembrar imediatamente o motivo do rei Lear, mas elas guardam silêncio sobre sua "loucura" e sua atração pelo poder, desempenhando exatamente o papel de Cordélia. Sublinho que o pai, tornando-se cego, poderia ser uma alternativa à imago de um pai todo-poderoso, dotado da capacidade de ver o que os outros não veem (alusão aos meus óculos todo-poderosos e à idealização da imago paterna).

A última sessão de pequeno grupo do dia estará centrada nas angústias de não existir no desejo dos outros. Diversos participantes, entre os quais Bernard e Jeanne, falarão de sua angústia de ter sido o objeto de manobras de aborto em sua mãe. Outros se perguntarão: o que teria acontecido se um filho que devia precedê-los não tivesse sido abortado ou não tivesse morrido prematuramente? Jeanne propõe esta interpretação: "Vir ao mundo no lugar de um filho abortado ou morto, é perguntar-se: se ele tivesse vivido, que lugar eu teria tido no amor dos pais, a quem eles teriam amado mais, a ele ou a mim?".

No fim da sessão, três mulheres dizem violentamente que elas não podem mais suportar-se, depois juntas se unem num ataque contra Bertrand, que na encenação havia suscitado a briga das filhas, preferindo um filho a elas três. Diante do silêncio de Bertrand, elas falam de suas relações com sua própria fratria: Jeanne de seu irmão incestuoso, morto no mar, Nadine de seu ódio e de sua raiva narcísica contra sua irmã mais velha.

Minha colega e eu estamos surpresos com essa persistência do questionamento sobre o amor dos pais, sobre a inveja, os desejos de morte em relação aos irmãos e irmãs. As interpretações das transferências parecem estender a via da regressão para conflitos mais arcaicos e acolher, ao mesmo tempo, representações incestuosas nas relações irmãos-irmãs. No entanto, esta recorrência nos interroga a ponto de nos perguntarmos se a questão, apesar de perlaborada, não seria considerada também nos arcanos da contratransferência e/ou da intertransferência.

A sessão plenária opõe os pequenos grupos, orgulhosos com seus analistas, cada um considerando seu grupo como o melhor. O narcisismo das pequenas diferenças e as ilusões grupais locais se mantêm em defesa contra a necessidade de pensar e de aceitar este espaço arcaico partilhado, que é o grande grupo. Apontadas essas transferências, retornam as discussões sobre a violência suscitada pela ambição fraterna, verificada em todos os pequenos grupos desde o começo do seminário. Alguém conta que, num certo país totalitário, "um país imaginário", precisa ele com humor, os governantes haviam ordenado a esterilização para evitar que se transmitissem as rivalidades entre os cidadãos. A maneira paradoxal de agir da história é relevada, mas ela não é analisada: é exatamente dos efeitos do componente narcísico da pulsão de morte que se trata.

Vamos retomar as implicações desse paradoxo no curso de nossa sessão de trabalho. Nossas associações nos levarão a evocar a dificuldade persistente com a qual nos deparamos ao decidir se devemos recrutar novos membros em nossa associação. De fato, tudo se passa como se não quiséssemos irmãozinhos ou irmãzinhas, para permanecer unidos entre nós. Neste caso não reagimos diferentemente dos pacientes de um grupo terapêutico que se abre lentamente quando devem enfrentar a chegada de um novo participante. Porém, estamos entre nós num grupo de pares, e não podemos revoltar-nos contra pais que nos dariam "este golpe mau". Ainda que eu tenha feito a teoria, propondo o modelo do aparelho psíquico grupal, percebo melhor agora que organização inconsciente predomina e organiza nossa equipe nesse momento; é o complexo fraterno que produz um efeito de resistência e de trabalho nos participantes, é ele que organiza correlativamente seus campos transferenciais, a partir de nossos próprios organizadores inconscientes. Nossa elaboração interpretativa passa por este reconhecimento da rivalidade, da inveja e da ambição entre nós.

Os dias seguintes

Na sessão de pequeno grupo, Jeanne conta um sonho que ela teve na noite anterior: "minha colega dava um banho em suas três filhas; ela era muito competente e atenta e as crianças estavam felizes. Uma delas sorria com a cabeça na água". As associações dos membros do grupo informam a respeito de uma figura que já descrevi muitas vezes como uma das figuras arcaicas da representação do grupo: a figura incestuosa de uma mãe contendo os irmãos e irmãs ou ainda o fantasma de vários irmãos e irmãs estarem de novo reunidos no ventre materno, aqui manifestamente o líquido amniótico. Lá onde o sonho propõe a contiguidade, os participantes, em suas associações, decriptam a capacidade de conter. Esta mãe recipiente apazigua as relações de ambição e de inveja num mundo fechado, onde os objetos externos ainda não estão constituídos na separação do nascimento.

Um participante propõe um tema de encenação que retoma o psicodrama das três irmãs e do pai delas e alguns elementos do sonho de Jeanne: um pai compra três tapetes para suas três filhas e pede que cada uma escolha o seu. As três irmãs hesitam, combinam entre si, inquietam-se com a possível escolha das outras, vigiando as reações do pai que permanece impassível. Depois, elas se sentem incapazes de escolher e se acusam mutuamente. Após a encenação, elas dizem o que temiam: que uma delas escolhesse o que agradaria mais ao pai, o que faria as outras se sentirem diminuídas. Mas elas também dizem que se a escolha não coincidisse com o que seria supostamente o desejo do pai, elas temiam decepcioná-lo.

Ainda que os participantes trabalhem contando com os riscos de exclusão implicados em toda escolha, e também com os sentimentos de ambição ou de inveja que são aqui de novo relançados, no fim da sessão, quando minha colega e eu saímos da sala, vários dentre eles se mantiveram lá. Alguns tinham dificuldade de sair do espaço matricial: como se, para eles, nascer fosse assumir este risco. Outros queriam fazer a experiência de encontrar-se em grupo sem os psicanalistas. A questão da separação se precisava nessas duas formas.

Um psicodrama[3] vai fazer avançar a questão. Jeanne propõe o tema a ser representado: um notário lê a lista dos bens a partilhar

---

3 Apresentei o relato do psicodrama no capítulo anterior, p. 248-251.

entre três irmãos e três irmãs. O pai, viúvo[4], estabeleceu a herança da seguinte maneira: as três filhas dividem entre si os bens da mãe. Os objetos e os bens que cabem a dois dos filhos são conformes ao desejo deles. Mas o terceiro não recebe nada. Na encenação, as três irmãs se invejam, exprimem seu ódio, querem destruir os objetos da mãe para privar deles cada uma. Os irmãos ficam silenciosos e entristecidos, porque um deles não recebe nada: que falta cometeu ele para ser deserdado desta maneira?[5] As três irmãs e os dois irmãos denunciam a injustiça do pai. Bertrand declara que está disposto a renunciar a sua parte da herança (ainda que nada receba) para manter a unidade da fratria. Ele acha que recebeu de seu pai o que tinha de receber. Mas os cinco irmãos (três irmãs e dois irmãos) recusam a herança arbitrária: eles pedem ao pai que estabeleça a herança de maneira mais equitativa. Esta sessão será decisiva: as figurações que se estabelecem na encenação permitem que se efetue a passagem da ambição à renúncia, pelo preço da solidariedade entre irmãos e irmãs, cada um reconhecendo a parte distinta que recebeu dos pais.

Em nossa equipe, o trabalho também toma um outro rumo. Tentamos compreender o que organiza nossas escolhas de trabalhar juntos, de constituir-nos em casal, e que movimentos de inveja, ou de exclusão, ou de reconforto narcísico essas escolhas podem suscitar nos outros membros da equipe. O próprio fato de constituir um casal de analistas em grupo mobiliza configurações transferenciais específicas; elas reativam as relações pais-fratria, os fantasmas, os complexos e as imagos que organizam suas relações, seus conflitos e os modos de resolução. Notamos que em

---

4 Mais uma vez, eles fazem minha colega perder a paciência. Apontarei esta repetição, e o efeito dela será fecundo quanto à análise das transferências.
5 É bom lembrar que o tema do psicodrama foi proposto por Jeanne: ela o faz ser punido por seu pai, por causa da relação incestuosa que ela teve com seu irmão.

todos os pequenos grupos entrou em questão a herança e a transmissão dos talentos entre as gerações, e, por conseguinte, também de rivalidade e de inveja, mas que as violências destruidoras associadas à ambição estão em vias de atenuar-se.

No dia seguinte, as elaborações da véspera em cada dispositivo do seminário tiveram para a maioria dos participantes um efeito de desengajar-se de nosso pequeno grupo. Hubert fala longamente de seu desejo incestuoso por sua irmã primogênita, de sua inveja em relação a todos os homens e de suas pulsões homossexuais. Em suas aventuras, ele diz que busca sempre fazer-se punir por um homem. O sonho que ele contou alguns dias antes volta à mente de vários membros do grupo: "Uma filha é morta por seu pai, mas ninguém quer acreditar que o pai seja o homicida, a família acusa o irmão desse homicídio". Jeanne fala então de seu próprio desejo de assassinar seu irmão incestuoso.

Um tema de psicodrama será proposto um pouco mais tarde: imaginam-se brinquedos de infância num pequeno jardim público, mas nenhum homem quer "ser" o pai, porque deveria em seguida fazer o papel de "papai e mamãe", e isto dá medo. Ainda que trabalhássemos sobre as ressonâncias desse fantasma de cena primitiva, o psicodrama não será encenado. Minha colega e eu sublinhamos a diferença entre "ser o pai" e "desempenhar o papel do pai": ser o pai é ao mesmo tempo ser todo-poderoso, tornar os filhos impotentes e as filhas presas a um amor impossível.

Estamos agora próximos do fim das sessões. Diversos participantes evocam de maneira bem comovente dramas de sua história fraterna, o que dá a Françoise a ocasião de falar de sua grande tristeza em brincar com crianças desde a morte de seu irmão. Trata-se também do lugar de cada um na fratria e no desejo dos pais, da inveja e das solidariedades entre irmãos e irmãs, quando um ou outro faz sucesso, quando ele encontra dificuldades ou quando sofre o fracasso. Trata-se, então, das fantasias do irmão ou da irmã imaginários, companheiros de consolação.

A TRANSFERÊNCIA DO COMPLEXO FRATERNO, ORGANIZADOR DOS LAÇOS DE GRUPO

Pouco inclinado a pensar o processo de grupo em termos de transferência no grupo familiar, na medida em que essas transferências estão evidentemente atuando na organização grupal, o terapeuta "não aprenderá grande coisa de novo". Foulkes (1964, trad. fr. p. 64) não deu à transferência das relações fraternas nos grupos uma atenção particular; ao contrário, essas transferências suscitaram de diversas maneiras a atenção de A. Bejarano (1972), de R. Kaës (1978), de B. Brusset (1983); na Itália, a de L. Brunori (1996); na Argentina, a de R. Gaspari (2003).

Meu ponto de vista é que tomar em consideração transferências do complexo fraterno interessa à compreensão dos processos psíquicos do nível do grupo: por exemplo, as aparelhagens do grupo, segundo os cenários comandados por este complexo; a especificidade das alianças fraternas. Além disso, as relações específicas que mobilizam num grupo algumas situações na configuração dos laços fraternos: a chegada de um novato, o reconhecimento correlativo dos lugares de cada um, a partilha da herança etc. são particularmente esclarecidos se pensarmos e analisarmos as transferências fraternas. Enfim, a articulação entre os efeitos do complexo de Édipo e os do complexo fraterno para tal sujeito aparece na situação psicanalítica de grupo com uma nitidez superior à que a cura nos abre como experiência.

As duas sessões do primeiro grupo apresentam uma amostra bem grande da transferência do complexo fraterno nos grupos. Mas o que predomina nos dois grupos são os afetos e os sentimentos da ambição e da inveja. No segundo grupo, eles foram amplificados pelas relações com os outros grupos e pelos movimentos regressivos arcaicos, favorecidos pelo grupo grande. Eles entraram em ressonância com afetos e sentimentos análogos dos analistas em suas relações no interior de seu próprio grupo. Esta ressonância deve evidentemente ser compreendida como as induções transfer-contra-transferenciais que se produzem nessas situações. Elas dependem, por isso, das resistências ao processo analítico, e acontece que elas se mantêm assim por uma colusão ou uma aliança inconsciente defensiva entre os analistas e os participantes. No entanto, a elaboração que os analistas puderam fazer de suas relações de ambição e de inveja abriu o caminho para a transformação dos movimentos de ambição e de inveja nos membros do grupo. Este é um efeito da análise da intertransferência que esses analistas estiveram em condições de fazer.

As transferências são, nesses grupos, como em toda situação psicanalítica, o motor do trabalho psíquico e a resistência a seus processos. Seus efeitos sobre os analistas são conhecidos: eles são como pais que poderiam ter preferências e excluir alguns "irmãos" ou algumas "irmãs" da "família". O que implica transferências do complexo, das imagos e dos laços fraternos para cada um por cada um, ou pelo menos por alguns dentre eles e de uma maneira mais ou menos constante e intensa. Essas transferências são as de objetos adélficos parciais, arcaicos, ou as de objetos constituídos fora do tempo do objeto total e das construções edipianas. O próprio grupo é um objeto de transferência, seja no registro arcaico, pré-edipiano, ou no registro edipiano. No primeiro caso, ele é investido e representado como um continente ou um caos de mãe-com-irmãos-e-irmãs agarrados uns aos outros ou tentando excluir-se (a panela, por exemplo), como uma matriz combinada ou não com uma forma primitiva de pai-irmão, ou como uma matriz autofecundante, conforme o modelo de um fantasma de autogênese dos irmãos e irmãs. No segundo caso, ele é investido como a comunidade de irmãos e irmãs dotada de leis resultantes da superação do conflito edipiano. Formas intermediárias ou mistas são assinaláveis, como a do grupo dos irmãos e irmãs formando uma comunidade ideal, narcísica e onipotente: a utopia da cidade fraterna repousa sobre estas formações do complexo fraterno.

Segundo essas diversas modalidades, que atualizam as transferências, o complexo fraterno é, incontestavelmente, um organizador psíquico inconsciente do processo e das formações grupais.

COMENTÁRIOS SOBRE OS MOVIMENTOS DE INVEJA E DE AMBIÇÃO NOS GRUPOS

Vou limitar meu comentário sobre esses movimentos de ambição e de inveja, e sobre sua superação, a algumas considerações, na maioria centradas na clínica do segundo grupo.

A regressão da inveja para a ambição

Desde as primeiras sessões, o movimento psíquico desse grupo se caracteriza por uma tripla regressão: do casal para o fraterno, do triângulo edipiano para o triângulo pré-edipiano e rivalitário, da inveja para a ambição.

O leitor deve lembrar que os temas do primeiro dia evoluem da inveja num casal para seu deslocamento numa cena de rivalidade fraterna, no curso da qual ele faz apelo aos pais analistas idealizados para proteger os protagonistas contra a violência de seus afetos e de suas representações.

O drama da inveja não é aqui "constitutivo do ego e do outro" (Lacan), mas cobertura da ambição pela inveja, como o atestam o psicodrama das máscaras que ocultam olhares de ambição, de hostilidade e de destruição. Na mesma ocasião, verifica-se como o complexo de Édipo se encontra mobilizado defensivamente contra a emergência do complexo fraterno. A triangulação que a inveja pressupõe funciona aqui como uma medida de defesa contra a regressão para a ambição, constituindo a idealização um outro mecanismo de defesa (cf. a fantasia de tomar-me emprestados meus óculos).

Já vimos que, desde a segunda sessão, temas de perseguição estão associados aos afetos de ambição e de ódio em relação aos rivais, mas também aos fantasmas de encontrar uma feiticeira e uma sedutora.

A consolidação do complexo fraterno

A consolidação do complexo fraterno se produz quando os sujeitos são capazes de afirmar sentimentos e exigências próprios ao laço fraterno no mesmo impulso em que são confrontados com sua ambivalência em relação às figuras parentais.

Esta consolidação do complexo fraterno, sob seu duplo aspecto de ambição e de inveja, se estabelece no curso do trabalho psíquico do segundo dia. Ele colocará em questão – e em causa – o desejo dos pais relativamente a seus filhos, e especialmente o amor materno relativamente aos irmãos e irmãs. Como comprova o psicodrama: "uma mãe coloca seu filho na creche para prepará-lo para o nascimento de seu irmãozinho nos próximos dias". A mobilização dos sentimentos de amor e de ódio diante do *alter ego* por ocasião do nascimento de um ou de uma rival desperta pensamentos de luto em diversos participantes: Jeanne chora um irmão morto no mar. É provável que este "morto no mar", entendido como "morto na mãe", suscite os pensamentos de homicídio ou de morte dos pais. Em todo caso, é o que sobrevém no processo associativo grupal, imediatamente depois dessas evocações. Relatei o que se passa no curso da primeira sessão do segundo dia: fala-se dos conflitos entre irmãos e irmãs por ocasião da morte dos pais, do ressurgimento da ambição e do ódio e das discórdias da fratria nesta ocasião. São evocadas as repreensões mútuas entre irmãos e irmãs de não ter sabido assegurar o cuidado dos pais doentes, de modo especial quando um deles se considera o herdeiro privilegiado dos pais, se reativa o fantasma de apropriação destruidora da parte ambicionada dos pais, da qual o irmão ou a irmã se supõe ou reclama ser o depositário/a.[6] Essas

---

6 Sobre esta questão, cf. *supra* a análise dos efeitos na fratria da morte de um dos pais e o trabalho da herança, capítulo 9 desta obra.

evocações suscitam afetos de raiva e de impotência; eles estão ligados à angústia de não ter sido amado pelos pais com um amor igual ao que dispensam aos outros filhos, de ter de "apagar-se" diante de um outro.

No curso das sessões, podemos constatar que o complexo fraterno se confronta com o complexo de Édipo e se choca com os fantasmas incestuosos e com os movimentos de ambivalência em relação aos pais. É o que acontece quando Hubert acusa seu pai do homicídio da irmã e, por este deslocamento, o pune com seu próprio desejo incestuoso por sua irmã. Mas não se trata de um puro e simples deslocamento dos fantasmas incestuosos edipianos: o que ele nos diz de seu laço com sua irmã evoca exatamente este componente narcísico fundamental do complexo fraterno que descrevi no capítulo 3: Hubert a amava como seu duplo, não havia diferença entre eles. Temos de haver-nos com uma estrutura pré-edipiana, na qual prevalecem narcisismo e ambição. No sonho de Jeanne, a ambição não é aparente, mas apenas a figura incestuosa de uma mãe contendo os irmãos e irmãs e o fantasma de ser muitos irmãos e irmãs reunidos de novo no ventre materno.

A pulsão de morte no estado bruto e a impulsão ambiciosa

Como na maioria dos grupos, o movimento psíquico que o constrói não é linear, mas cíclico ou caótico. Uma pressão do lado das estruturas edipianas mobiliza formações pré-edipianas e arcaicas. Esse processo está presente nos dois grupos. No segundo, ele é particularmente acentuado, não só porque o grupo se mostra receptivo à heterogeneidade das psiques e de sua organização, mas também porque a pulsão de morte, à prova nos movimentos de ambição, apela precisamente para esses ciclos incessantes para manifestar-se e ligar-se de maneira diferente do que em suas manifestações puramente destrutivas.

A pulsão de morte se manifesta na ambição e nas angústias persecutórias que lhe servem de base. Esta proposição kleiniana é pertinente para compreender este grupo. O psicodrama da redução dos irmãos e irmãs a uma sopa ou um purê na panela representa esses efeitos. Se, no jogo, os legumes saltam da panela; uma vez salvos, eles se batem para voar, quebrar e privar os outros do que eles têm de bom.[7] Os ataques invejosos e os acessos de raiva narcísica (a de Nadine contra sua irmã primogênita) são atualizados nas transferências laterais; eles giram e tornam a girar em outro sentido, retomam subitamente as evocações incestuosas (Jeanne e seu irmão incestuoso, morte no mar, Hubert), como se o incesto fraterno fosse o negativo da ambição.

Penso neste momento no crime de Caim. O crime de Caim inaugura a primeira morte e o primeiro homicídio da humanidade. A morte violenta de Abel, seu irmão, foi o fruto da ambição. A recusa do irmão, em seu homicídio, não é uma outra figura da recusa do outro, no incesto?

Penso também que os fantasmas do aborto de si mesmo provocado pela mãe estão constantemente ou regularmente associados às angústias profundas que atravessam o complexo fraterno arcaico, e que nós estamos, também aqui, diante de um efeito da pulsão de morte: a angústia de não existir no desejo dos pais, para dar lugar a um outro, mais desejável. A mesma questão se coloca, suscitando defesas mais firmes: se um filho que deveria precedê-los não tivesse sido abortado ou não tivesse morrido prematuramente, qual deles os pais teriam amado mais?

---

7 Esta fantasia dos irmãos e irmãs passados no liquidificador para serem reduzidos a uma massa informe parece ser bem frequente. Ela já apareceu num psicodrama que dirigi no México, onde ela aparecia também num movimento de inveja em relação aos outros e de destruição de sua identidade. Cf. Kaës, 1998.

As superações: além do ódio e da ambição

O trabalho psíquico que se efetua neste grupo é essencialmente orientado pela expressão figurativa dos componentes arcaicos do complexo fraterno. Esse trabalho se efetua por meio da encenação psicodramática, pelo sonho e pelo trabalho de análise intertransferencial efetuado pelos analistas.

Os sonhos, numerosos, foram sem dúvida os vetores dos movimentos transferenciais mais profundos (o sonho de minha cabeça cortada com uma auréola, o sonho do homicídio da irmã, o sonho dos três tapetes, o sonho do banho dado por minha colega em suas três filhas).

Parece-me que este trabalho foi uma das condições da superação dos "impulsos invejosos" nesse grupo. Essa superação não se efetuou segundo uma modalidade linear, mas por rodeios, mutações e efeitos posteriores ao acontecimento, como em todo trabalho psicanalítico. Por exemplo, a tomada de consciência de que a idealização teve por função proteger os participantes contra seus sentimentos de ambição efetuou-se em vários tempos.

Antes de distinguir, a partir da clínica desse grupo, diversas modalidades para ir além da ambição, eu gostaria de assinalar os impasses, e entre esses o impasse da dominação alienante e o da ideologia e da idealização. Esses impasses não são impostos nesse grupo, em razão do trabalho psicanalítico que nele foi efetuado. Mas é o que observamos nos grupos naturais e, particularmente, nas instituições. A ideologia igualitária é, desse ponto de vista, uma herança da dificuldade de elaborar e introjetar um objeto suficientemente bom e uma proteção contra os riscos do ataque invejoso e contra os fantasmas de espoliação.

Quando analisei, no capítulo 6, o que pode produzir-se além da ambição, propus seis saídas principais. Parece-me que elas podem ser mantidas quando trabalhamos com um dispositivo psicanalítico de grupo. Antes de tudo, a inveja e, com ela, a experiência da formação correlativa do ego e do outro; a curiosidade e o desejo de saber associados à inveja e à rivalidade; a transformação dos sentimentos de rivalidade num amor pelo objeto anteriormente odiado; a aliança simbólica dos irmãos contra a arbitrariedade do pai (o psicodrama do notário o comprova). O nascimento da alteridade é a formação que assume todas essas transformações, mas ela só pode manter-se se o sentimento de gratidão pôde instalar-se duravelmente.

Parece-me que essas saídas foram abertas, mas desigualmente elaboradas pelo trabalho desse grupo.

ALGUNS ASPECTOS DO COMPLEXO FRATERNO NO GRUPO DOS PRIMEIROS PSICANALISTAS

Já avancei muitas vezes a ideia de que a psicanálise foi inventada em dois dispositivos diferentes e correlativos: na situação psicanalítica propriamente dita, cujo paradigma é a cura, e na experiência de grupo vivida pelos primeiros psicanalistas. A invenção incessantemente renovada da psicanálise, como suas crises, suas rupturas e seus impasses, são por um lado o resultado das trocas entre esses dois lugares de emergência dos efeitos do inconsciente.[8] Esta correlação é sempre atual.

Entre os organizadores inconscientes que estruturaram os laços dos primeiros psicanalistas agrupados em torno de Freud, tentei mostrar que o complexo fraterno desempenhou um papel determinante. A clínica do trabalho psicanalítico em situação de grupo convenceu-me do interesse dessa hipótese. Sua colocação à prova, a propósito do funcionamento dos processos inconscientes

---

8 A maioria dos textos ditos antropológicos do que se convencionou chamar a psicanálise aplicada de Freud, de *Totem e tabu* a certas passagens de *O Homem Moisés*, inscrevem-se profundamente na história do grupo dos primeiros psicanalistas, mas o alcance dessas obras a ultrapassa. Freud não escreve uma obra de circunstância, mas, nesses textos, o trabalho de análise prossegue num outro nível onde se inscrevem os processos e os efeitos do inconsciente.

nas instituições, levou-me naturalmente a remontar para a tenebrosa questão das origens e de seus efeitos nas instituições da psicanálise. Efeitos diversos: de estimulação do desejo de saber na descoberta do Inconsciente, de apoio narcísico e de reconforto, mas também de desafio no lugar a tomar junto do fundador, de rivalidades dolorosas, algumas vezes de ambição mortífera.

Penso que, no grupo dos primeiros psicanalistas, o rival era cada um dos confrades, mas também Freud, enquanto objeto parcial e enquanto rival edipiano. Assim as duas estruturas do complexo fraterno, arcaico e edipiano, coexistem no grupo dos primeiros psicanalistas. A partir deles e depois deles, os grupos de psicanalistas e a instituição psicanalítica continuaram a oscilar entre esses dois organizadores inconscientes.

As alianças inconscientes necessárias aos laços de grupo e às instituições foram úteis às resistências dos primeiros psicanalistas e do próprio Freud para reconhecer neles e entre eles as implicações do complexo fraterno em seus laços. A repetição das discórdias e das cisões no movimento psicanalítico não se explica somente pela questão sensível da formação dos psicanalistas. Questões de grupo, orquestradas pelo complexo fraterno, estão intricadas nas metas e nos processos da formação: elas atam num conjunto, como um todo, movimentos psíquicos profundos, dominação, sedução, identificação, apoio narcísico, incestualidade, filiações imaginárias e projeções megalomaníacas.

Muitas questões ainda permanecem abertas no fim deste capítulo. Vou limitar-me a sublinhar algumas das que mereceriam uma maior atenção. O sobreinvestimento defensivo contra o caráter traumático da rivalidade fraterna deveria ser mais analisado. Da mesma forma, uma atenção maior deveria ser dada à energia mobilizada nos grupos e nas instituições pela negação da rivalidade fraterna e pela reparação dos estragos fantasmáticos causados pela inveja, pela ambição e pelo ataque contra os irmãos e irmãs membros imaginários do corpo coletivo grupal ou institucional. São essas algumas das manifestações do complexo fraterno em seus componentes arcaicos.

Conclusão

Eu teria atingido meu objetivo se tivesse chegado a qualificar a configuração, os conteúdos e os processos psíquicos que especificam o complexo fraterno como uma organização importante da vida psíquica humana, distinta do complexo de Édipo. Neste trabalho, dei preferência a pesquisas daqueles que começaram a interessar-se por esta questão, mas espero ter trazido minha própria contribuição, tomando por base clínica o que me ensinaram a experiência da cura e a experiência dos grupos.

Tentei sustentar a proposta de que os dois complexos são complementares, que um não existe sem o outro, e que as qualidades fundamentais de um complexo, em primeiro lugar sua estrutura triangular, se desenvolvem em variações que provavelmente encontram correspondências e ressonâncias no outro complexo. As coisas se passam de uma certa maneira como as relações entre uma fundamental e o cortejo dos harmônicos, que, em música, são múltiplos da frequência da fundamental. É neste sentido que se pode compreender a permanência e as variações constantes do amor sexual, do narcisismo e do ódio nos dois complexos, e é também por isso que a maioria dos psicanalistas consideraram durante muito tempo o complexo fraterno como uma figura importante da evitação do complexo edipiano. Este deslocamento é não somente o que acontece, é também o que liga os dois complexos em sua estrutura fundamental e comum, mas também diferente. Podemos manter, como uma proposição suficientemente segura, que o complexo fraterno predomina em sua forma arcaica onde o complexo de Édipo tropeça em assegurar a superação das relações com o duplo narcísico e o acesso a uma identidade sexuada.

O complexo fraterno está encaixado no complexo de Édipo, mas, em seu princípio, eles não se confundem um com o outro, ainda que possam substituir-se um ao outro: a clínica nos confronta de fato com essas figuras de irmão ou irmã "parentalizados" ou de pais "fraternalizados".

Distinguindo duas formas do complexo fraterno, uma forma arcaica e uma forma edipianizada, tentei ordenar o destino desse complexo, seja em relação à mãe pregenital no triângulo rivalitário pré-edipiano, seja em relação simbólica que estrutura simultaneamente as relações de diferença e de complementaridade entre os sexos e as gerações. Ao complexo fraterno arcaico pertencem as fixações às imagos e figuras do duplo narcísico, da homossexualidade e da bissexualidade adélfica. Ao complexo fraterno edipianizado, pertence o reconhecimento da alteridade e da articulação vital do parental e do fraterno.

Sobre as variações desse complexo, articulam-se experiências e sentimentos diferentes daqueles inspirados pelos pais. É na fratria que se fazem e se instalam as experiências da aceitação do outro, da justiça, da partilha e do amor, da mutualidade e da solidariedade, além da inveja, mas pela incessante superação da inveja e do ódio.

O complexo fraterno lança mão de uma outra posição do objeto, uma outra relação de rivalidade e de identificação que não é a do complexo de Édipo, e finalmente de outras exigências de trabalho psíquico. O cumprimento edipiano do complexo fraterno exige um duplo movimento das identificações: a identificação ao semelhante de mesma geração, proveniente da mesma origem real, imaginária ou simbólica: é o componente narcísico da identificação; e a identificação com o pai/mãe do mesmo sexo que preserva, ao mesmo tempo, o componente bissexual das identificações com o pai e a mãe.

Portanto, o outro fraterno não é idêntico ao outro parental; eles não se situam da mesma maneira na relação de geração. O irmão e a irmã não procedem do irmão e da irmã. Enquanto o complexo de Édipo tem por suporte o incesto e o parricídio/matricídio, e por afeto a angústia da castração, o complexo fraterno se choca com o fratricídio e a angústia do desmame e do abandono.

O complexo fraterno, o triângulo pré-edipiano e o triângulo rivalitário não estão inteiramente ultrapassados no declínio do complexo de Édipo. Ele se modifica na morte dos pais e se reativa no nascimento de seus próprios filhos, e em todas as grandes transformações da vida que nos colocam em contato com o infantil. Ele se reestrutura de tempos em tempos.

Mas ele é, sobretudo, constantemente solicitado pelo social. É pelo complexo fraterno, tanto quanto pelo de Édipo, que o sujeito entra em sociedade e, mais particularmente, em paridade e em solidariedade de categoria, de classe, de pertença.

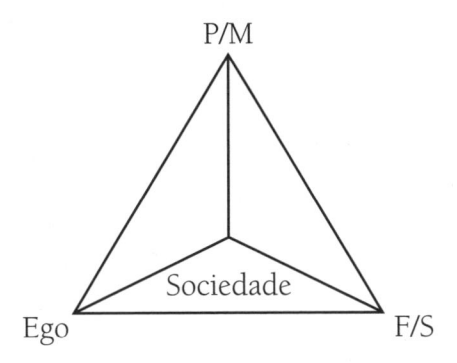

Figura 6. Tetraedro fraterno pós-edipiano e emergência do social

Essa reversão de uma estrutura triangular característica dos complexos fraterno e edipiano para uma estrutura de quatro dimensões é uma das funções importantes do complexo fraterno.

Poderíamos dizer que a função materna se especifica pelos cuidados primários, o envoltório paraexcitador e a função de porta-voz da mãe suficientemente boa, e que a função paterna em sua posição terceira assegura a posição do sujeito no simbólico. Falar de uma função fraterna convoca a formação da comunidade dos irmãos, coorganizadora do simbólico, além da experiência específica do intruso, da rivalidade e da inveja, ou sobretudo incluindo-a sem cessar para tratá-la e contê-la no sistema das alianças simbólicas com o social.

Terminamos com uma consideração política. O advento de uma sociedade na qual os valores de fraternidade estariam afirmados não pode estar fundado no sonho de uma sociedade sem pais. Este foi e ainda é um sonho, e ele está no centro de todas as crises entre gerações, de todos os conflitos de transmissão das heranças. Este sonho que nutre a utopia das relações estritamente horizontais é sustentado por uma evitação das implicações conflituais e das renúncias impostas pelo duplo reconhecimento do triângulo rivalitário fraterno e do triângulo edipiano. A utopia fraterna, quando ela se realiza como esta evitação, contém sempre um acréscimo de alienação, e pode-se ver aparecer regularmente, nessas utopias, um *Big Brother* no lugar e vez do *Urvater* cruel e perseguidor.

Estas questões contêm alguns desafios fundamentais das sociedades democráticas.

ANEXO

Breve panorama das pesquisas recentes

Manifesta-se claramente nos historiadores o crescente interesse pelos irmãos e irmãs e pela ideia de fraternidade, há uns trinta anos. Isto é comprovado pela *Histoire des frères et soeurs* (História dos irmãos e irmãs), de D. Lett (2004); pela obra sob a direção de F. Godeau e V. Troubetskoy, *Fratries. Frères et soeurs dans la littérature et les arts de l'Antiquité à nos jours* (Fratrias. Irmãos e irmãs na literatura e nas artes da Antiguidade até hoje). A emergência e o destino da ideia de fraternidade como fundamento do social na história, a partir da Revolução Francesa e ao longo de todo o século XIX, foi objeto dos trabalhos clássicos de M. David (1987, 1992). J. André (1993) interrogou, com ferramentas da psicanálise, a emergência da ideia de fraternidade e os movimentos fratricidas no curso da Revolução francesa. Assinalamos também o seminário "Frères et soeurs 'méconnus' de l'Histoire?" (Irmãos e irmãs 'desconhecidos' da História?) organizado em 2005 por L. Macé e I. Réal no Instituto de estudos meridionais da Universidade de Toulouse-Le Mirail.

Os sociólogos e os etnólogos também trouxeram uma contribuição a este debate, por exemplo com a obra de M. Buisson (2003) *La Fratrie, creuset de paradoxes* (A fratria, crisol de paradoxos), que mostra que obstáculos metodológicos e ideológicos fizeram que a fratria continuasse sendo um ponto cego em sociologia da família, e como a fratria é o primeiro elo da socialização. A obra de A. Martial (2003) *S'apparenter* (Aparentar-se), sobre a etnologia dos laços de família recompostos, analisa a reorganização dos laços tradicionais de filiação e de ordenação genealógica e das relações entre gerações. Uma questão nos interessa de perto: somos irmãos e irmãs somente se temos os mesmos pais biológicos?

Na França, os artigos e a obra pioneira de P. Cahn (1949, 1962) abriram aos psicólogos uma pesquisa clínica longitudinal sobre os comportamentos de imitação na fratria, na sequência dos trabalhos de H. Wallon e de R. Zazzo. O que importa sublinhar aqui é que as pesquisas da corrente psicogenética, e mais recentemente desenvolvimentista, foram as primeiras a reconhecer às relações fraternas um caráter autônomo no grupo familiar, à fratria uma dinâmica própria e um papel específico no desenvolvimento da personalidade. Uma obra sob a direção do O. Bourguignon (1999) constituiu um balanço das pesquisas recentes sobre alguns problemas importantes, doravante tratados, na maioria das vezes, com as perspectivas abertas pela psicanálise. Em 2005, um debate organizado por R. Scelles na Universidade de Rouen sobre o tema "Imagem de fratria, suas construções e seus fundamentos" contribuiu para relançar as pesquisas. Os trabalhos de R. Scelles sobre a fratria do filho deficiente (1997) são uma referência importante nesse domínio.

Foi só muito tarde que os psicanalistas retomaram a continuidade das perspectivas abertas por Freud, M. Klein e J. Lacan: entre seus trabalhos, vou citar aqueles que foram reunidos por M. Soulé em 1981, um artigo de B. Brusset (1987, 2003) e mais recentemente as obras de J. André (1993), L. Brunori (1996), P. -L. Assoun (1998), O. Bourguignon (1999), L. Kancyper (1995, 2004), R. Jaitin (2006). Tenho dado minha contribuição a esta pesquisa desde 1978.

O leitor encontrará a seguir as referências de várias revistas francesas, italianas e de língua espanhola que publicaram um número especial sobre essas questões.

NÚMEROS ESPECIAIS DE REVISTAS

Autrement, 1990, 112, "Des soeurs, des frères. Les méconnus du roman familial".
Dialogue, 2000, 149, "La dyamique fraternelle".
Journal de la psychanalyse de l'enfant, 2000, 27, "Le fraternel".
Le Groupe familial, 1978, 81, "Frères et soeurs".
Le Groupe familial, 1986, 111, "Le réseau fraternel".
Lieux de l'enfance, 1988, 16, "La jalousie fraternelle".
Le Divan familial, 2003, 10, "Les liens fraternels".
Neuropsychiatrie de l'enfance et de l'adolescence, 2003, 51, 7, "La fratrie du jeune handicapé".
Psicoanálisis de las configuraciones vinculares, 2001, 1, Hermanos.
Revue française de psychanalyse, 2008, LXXII, 2, "Frères et soeurs".
Quaderni di Psicoterapia infantile, 2003, 47, "Fratelli" (sob a dir. de M.-L. Algini).
Tribune psychanalytique, 2007, 7, "Liaisons fraternelles".

REFERÊNCIAS BIBLIOGRÁFICAS

ABRAHAM, N.; TOROK, M. (1976). *Cryptonymie. Le verbier de l'Homme aux loups*, Paris, Aubier.

ADLER, A. (1930). *L'Enfant difficile*, Paris, Payot, 1949.

ALEXANDRE-GARNER, C.; GARNER, G.-R. (1986). "L'unité originaire: l'inceste frère-soeur", *Le Groupe familial, III*,18-24.

ALGINI, M.-L. (2007). "Snodi e funzione nelle relazioni fraterne", in ALGINI, M.-L. *et al., Genealogia e formazione dell'apparato psichico*, Milão, Franco Angeli.

ALMODOVAR, J.-P. (1981). "Les expériences fraternelles dans le développement de l'enfant", in SOULE, M., *Frères et soeurs*, Paris, Editions sociales françaises.

ALMODOVAR, J.-P. (1986). "Construction et économie des liens fraternels", *Le Groupe familial, III*, 2-8.

ALMODOVAR, J. P.; CHIVOT, M.-C. (1978). "Nous, notre frère ou notre soeur, il nous embête pas ou la représentation du frère chez les enfants uniques", *Le Groupe familial, 81*, 27-30.

AMADO, G.; COSTES, A. (1989). "Un étrange aménagement défensif: le compagnon imaginaire", *L'Évolution psychiatrique 54*, 69-75.

ANDRE, J. (1993). *La Révolution fratricide. Essai de psychanalyse du lien social*, Paris, PUF.

ANDRE-FUSTIER, F. (1986). *L'Enfant insuffisamment bon en thérapie familiale psychanalitique*, Lyon, PUL.

ANZIEU, D. (1959). *L'Auto-analyse*, Paris, PUF (1988: *L'Auto-analyse de Freud*, 3ª ed. inteiramente refundida num só volume, Paris, PUF).

_____. (1973). "La bisexualité dans l'auto-analyse de Freud", *Nouvelle Revue de psychanalyse, 7*, 179-191.

ANZIEU, D. (1986). *Une peau pour les pensées. Entretiens avec Gilbert Tarrab*, Paris, Clancier-Quénaud.

ASSOUN, P.-L. (1998). *Frères et soeurs. Leçons psychanalytiques*, Paris, Anthropos.

BANNOUR, W.; PH. BERTHIER (sob a dir. de) (1992). *Eros philadelphe. Frère et soeur, passion secrète*, Paris, Éditions du Félin.

BAUDELAIRE, Ch. (1860). *Les Paradis artificiels*, Paris, Gallimard, obras completas, tomo 2 (1976).

BAUDOUIN, Ch. (1954). *L'Âme enfantile et la psychanalyse*, I: *Les Complexes*, Neuchâtel, Delachaux et Niestlé.

BELLEMIN-NOËL, J. (1953). *Les Contes et leurs fantasmes*, Paris, PUF.

BENOIT, G. (1990). "Le compagnon imaginaire, objet ou figure?", in *L'objet et l'enfant*, Actes de la Journée d'Étude du C.O.R. Arles, Hôpital Joseph Imbert.

BENSON, R.; PRYOR, D. (1973). "Le compagnon imaginaire", *Nouvelle Revue de Psychanalyse*, 1976, 13, 237-251.

BERGERET, J. (1984). *La violence fondamentale, L'inépuisable oedipe*, Paris, Dunod.

BERLFEIN, E.; GOMEL, S.; STERN-BACH, S. (2003). *Entre Hermanos. Sentido y efectos del vínculo fraterno*, Buenos Aires, Lugar Editorial.

BERNOS, A. (1989). "La naissance de l'enfant anormal: mythes et fantasmes. Approche psychanalytique à partir de contes, croyances et rêves", *Topique 43*, 61-84.

_____. (1993). "Fantasme de gémellité: le jumeau mort", *Topique, 51*, 63-69.

BERT, C. (sob a dir. de) (2006). *La Fratrie à l'épreuve du handicap*, Ramonville Saint-Agne, Érès.

BION, W.-R. (1950). "Le jumeau imaginaire", in BION, W.-R., 1967, trad. fr. *Réflexion faite*, Paris, PUF (1983).

BIRMAN, C.; MOPSIK, CH.; ZAKLAD, J. (1980). *Caïn et Abel*, Paris, Grasset.

BOUREAU, A. (1992). "Hyménée philadelphe. Le mariage égyptien entre frère et soeur et son oubli occidental", in BANOUR, W.;

BERTHIER, Ph. (sob a dir. de), *Eros Philadelphe, Frère et Soeur, passion secrète*, 1992, Paris, Éditions du Félin.

BOURGUIGNON, O. et coll. (1999). *Le Fraternel*, Paris, Dunod.

BRUNORI, L. (1996). *Gruppo di fratelli, fratelli di gruppo*, Borla, Roma.

BRUSSET, B. (1983). "Le transfert fraternel dans les groupes thérapeutiques", *Bulletin de psychologie*, XVII, 363, 121-134.

_____. (1987). "Le lien fraternel et la psychanalyse", *Psychanalyse à l'université 12*, 5-43.

_____. (2003). "Les vases communicants", *Le divan familial 10*, 19-31.

BUISSON, M. (2003). *La Fratrie, creuset de paradoxes*, Paris, L'Harmattan.

CAHN, P. (1949). "La personnalité de l'enfant dans le groupe fraternel", *Enfance, 4*, 335-354.

_____. (1962). *La Relation fraternelle chez l'enfant*, Paris, PUF.

CAILLOT, J.-P.; DECOBERT, S.; PIGOTT, C. (sob a dir. de) (1998). *Vocabulaire de psychanalyse groupale et familiale*, t. I, Paris, Éditions du Collège de psychanalyse groupale et familiale.

CHIODI, G. M. (sob a dir. de) (1992). *La contessa tra fratelli*, Turim, Giappichelli Editore.

CORMAN, L. (1970). *Psychopathologie de la rivalité fraternelle*, Bruxelas, Dessart.

CLOUZOT, M. (1990). *Mon frère, mon amour*, Paris, Perrin.

DADOUN, R. (1978). "Frères ennemis, la violence fondatrice", in *Psychanalyse entre chien et loup*, Paris, Imago (1984).

DAVID, Ch. (1971). *L'État amoureux*, Paris, Payot.

_____. (1992). *La Bisexualité psychique. Essais psychanalytiques*, Paris, Payot.

DAVID, H.; GOSSELIN, J. (2005). *La Fratrie au sein de la famille recomposée*, mémoire, département de psychologie, Université de Québec à Montréal.

DECHERF, G.; DARCHIS, E. (1999). "Aspects cliniques de la fonction paternelle à différentes périodes de la vie. Télémaque à la recherche du père", conferência ao Grupo de pedopsiquiatria de Haute-Normandie, Rouen.

Doninelli, L. (1990). *I due fratelli*, Milão, Rizzoli.

Doolittle, H. (H. D.) (1945-1946). "Écrit sur le mur. Réminiscence d'une analyse avec Freud", *Études freudiennes 3-4*, 157-271.

Dravet, D. (2003). "Dans la fratrie de Paul et Camille Claudel: le clivage en héritage", *Le Divan Familial, 10*, 91-105.

Erckman, E.; Chatrian, A. (1880). *Les Deux Frères (Les Rantzau)*, Paris, Hetzel.

Fédida, P. (1973). "D'une essentielle dissymétrie dans la psychanalyse", *Nouvelle Revue de psychanalyse, 7*, 159-166.

_____. (1975). "Le conte et la zone d'endormissement" *Psychanalyse à l'Université, 1, 1*, 111-151.

Fognini, M. (2007). "L'impossible partage", *Tribune psychanalytique*, 7, 53-74.

Foulkes, S.-H. (1964). *Therapeutic Group Analysis*, London George Allen und Unwin; trad. fr. *Psychothérapie et analyse de groupe*, Paris, Payot (1970).

Freud, A.; Dann, S. (1951). "Survie et développement d'un groupe d'enfants", in *L'Enfant dans la psychanalyse*, Paris, Gallimard (1976), 110-160.

Freud, S. (1887-1904). *Briefe an Wilhelm Fliess*, Frankfurt am Main, S. Fischer Verlag, 1986.

_____. (1900). *Die Traumdeutung, G.-W.*, Frankfurt am Main, S. Fischer Verlag, 1-642; trad. fr. *L'Interprétation des rêves*, Paris, PUF, 1967.

_____. (1906). *Der Wahn und die Träume in W. Jensens "Gradiva"*, G.-W. VII, 31-125; trad. fr. *Délires et rêves dans la "Gradiva" de Jensen*, Paris, Gallimard, 1949.

_____. (1908a). "Über infantile Sexualtheorien", G.-W. VII, 179; trad. fr. 1969, "Les théories sexuelles infantiles", in *La Vie sexuelle*, Paris, PUF.

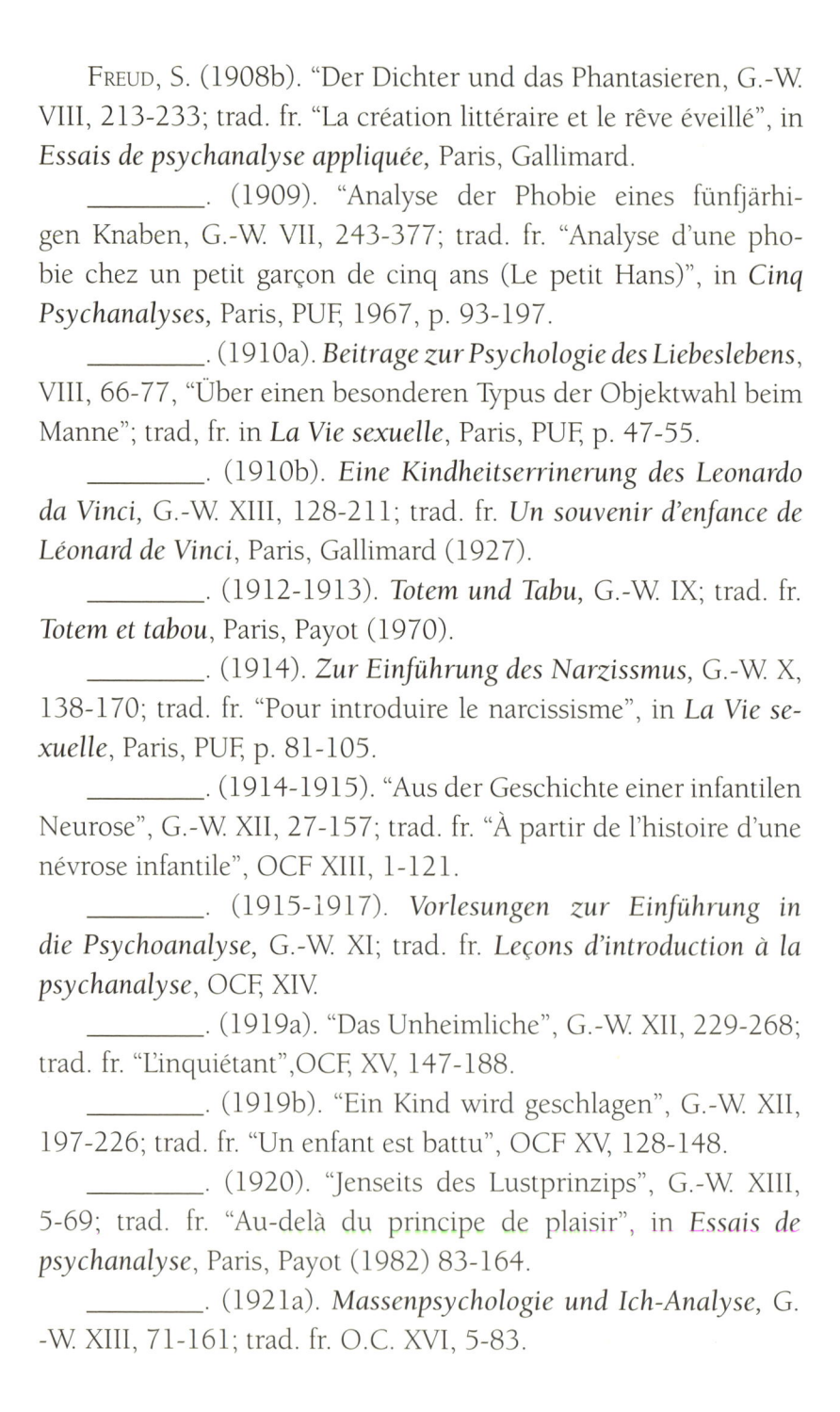

FREUD, S. (1908b). "Der Dichter und das Phantasieren, G.-W. VIII, 213-233; trad. fr. "La création littéraire et le rêve éveillé", in *Essais de psychanalyse appliquée*, Paris, Gallimard.

_____. (1909). "Analyse der Phobie eines fünfjärhigen Knaben, G.-W. VII, 243-377; trad. fr. "Analyse d'une phobie chez un petit garçon de cinq ans (Le petit Hans)", in *Cinq Psychanalyses*, Paris, PUF, 1967, p. 93-197.

_____. (1910a). *Beitrage zur Psychologie des Liebeslebens*, VIII, 66-77, "Über einen besonderen Typus der Objektwahl beim Manne"; trad, fr. in *La Vie sexuelle*, Paris, PUF, p. 47-55.

_____. (1910b). *Eine Kindheitserrinerung des Leonardo da Vinci*, G.-W. XIII, 128-211; trad. fr. *Un souvenir d'enfance de Léonard de Vinci*, Paris, Gallimard (1927).

_____. (1912-1913). *Totem und Tabu*, G.-W. IX; trad. fr. *Totem et tabou*, Paris, Payot (1970).

_____. (1914). *Zur Einführung des Narzissmus*, G.-W. X, 138-170; trad. fr. "Pour introduire le narcissisme", in *La Vie sexuelle*, Paris, PUF, p. 81-105.

_____. (1914-1915). "Aus der Geschichte einer infantilen Neurose", G.-W. XII, 27-157; trad. fr. "À partir de l'histoire d'une névrose infantile", OCF XIII, 1-121.

_____. (1915-1917). *Vorlesungen zur Einführung in die Psychoanalyse*, G.-W. XI; trad. fr. *Leçons d'introduction à la psychanalyse*, OCF, XIV.

_____. (1919a). "Das Unheimliche", G.-W. XII, 229-268; trad. fr. "L'inquiétant",OCF, XV, 147-188.

_____. (1919b). "Ein Kind wird geschlagen", G.-W. XII, 197-226; trad. fr. "Un enfant est battu", OCF XV, 128-148.

_____. (1920). "Jenseits des Lustprinzips", G.-W. XIII, 5-69; trad. fr. "Au-delà du principe de plaisir", in *Essais de psychanalyse*, Paris, Payot (1982) 83-164.

_____. (1921a). *Massenpsychologie und Ich-Analyse*, G.-W. XIII, 71-161; trad. fr. O.C. XVI, 5-83.

FREUD, S. (1921b). "Traum und Telepathie", G.-W. XIII, 165-191; trad. fr. "Rêve et télépathie", OCF XVI, 119-144.

_____. (1922). "Über einige neurotische Mechanismen bei Eifersucht, Paranoia und Homosexualität", G.-W. XIII, 195-207; trad. fr. "Sur quelquer mécanismes névrotiques dans la jalousie, la paranoïa et l'homosexualité", in *Névrose, psychose et perversion*, Paris, PUF (1973), 271-281.

_____. (1923). *Das Ich und das Es*, G.-W. XIII, 235-289; trad. fr. "Le moi et le ça", in *Essais de psychanalyse,* Paris, Payot (1982), p. 219-275.

_____. (1925). "DieVerneinung", G.-W. XIV, p. 11-15; trad. fr. "La négation", in *Résultats, idées, problèmes*, II, Paris, PUF, 1985.

_____. (1929). *Das Unbehagen in der Kultur,* G.-W. XIV, 417-505; trad. fr. *Malaise dans la civilisation*, Paris, PUF, 1971, nova edição.

_____. (1939). *Der Mann Moses und die monotheistische Religion. Drei Abhandlungen*, G.-W. XVI, 101-246; trad. fr. *L'Homme Moïse et la religion monothéiste. Trois essais*, Paris, Gallimard, 1986.

GASPARI, R. (2003). "Historias" de hermanos: un relato clínico", in BERLFEIN, E.; GOMEL, S.; STERNBACH, S., *Entre hermanos,* Buenos Aires, Lugar Editorial.

GODEAU, F.; TROUBETSKOY, V. (sob a dir. de) (2003). *Fratries. Frères et soeurs dans la littérature et les arts de l'Antiquité à nos jours,* Paris, Kimé.

GRAVES, R. (1958). *Les Mythes grecs,* Paris, Fayard (1967).

GREEN, A. (1973), "Le genre neutre", *Nouvelle Revue de psychanalyse,* 7, 251-262.

GRIAULE, M. (1948). *Dieu d'eau. Entretiens avec Ogotemmêli*, Paris, Fayard.

GRIAULE, M.; DIETERLEN, G. (1965). *Le Renard Pâle*, Paris, Institut d'ethnologie.

GRIMM, J. e W. (1812). *Kinder und Hausmärchen;* trad. fr. *Les Contes*, Paris, Flammarion (1967).

GRIMM-HOULET, S. (1999). "Figures de relations fraternelles incestueuses", in BOURGUIGNON, O. et. al., *Le Fraternel*, Paris Dunod.

GUÉRIN, C. (1984). "Une fonction du conte: un conteneur potentiel", in KAËS, R. ; PERROT et coll., *Contes et divans. Les Fonctions psychiques des oeuvres de fiction*, Paris, Dunod.

GUERNE, A. (1967). *Préface à J. et W. Grimm: Les Contes*, Paris, Flammarion.

GUILLAUMIN, J. (1979). *Le rêve et le moi*, Paris, PUF.

HOLLAND, N.-N. (1969). "H.-D. et Freud", *Études freudiennes*, 3-4. 142-156.

JAITIN, R. (2001). "Mi hermano y mi hermana: mis primeros juguetes", *Psicoanalisis de las configuraciones vinculares*, XXIV, 1, 31-50.

_____. (2006). *Clinique de l'inceste fraternel*, Paris, Dunod.

JEAMMET, N. (2000). "Echecs et reprises du projet fraternel dans la Genèse", *Journal de la psychanalyse de l'enfant*, 27, 27-45.

KAËS, R. (1976). *L'Appareil psychique groupal. Constructions du groupe*. Paris, Dunod (nova edição 2000).

_____. (1978). "Imagos et complexes fraternels dans le processus groupal", *Le Groupe familial*, 81, 72-78.

_____. (1982). "Identification multiple, personne-conglomérat, moi groupal. Aspects de la pensée freudienne sur les groupes internes" *Bulletin de psychologie* n° especial: Théorie psychanalytique du groupe, XXXVII, 363, 113-120.

_____. (1984). "Le conte et le groupe", in KAËS *et al.*, *Contes et divans*, Paris, Dunod.

_____. (1985). "Filiation et affiliation. Quelques aspects de la réélaboration du roman familial dans les familles adoptives, les groupes et les institutions", *Gruppo*, 1, 23-46.

_____. (1986). "Figures des images fraternelles dans quelques contes des frères Grimm", *Le Groupe familial*, 111, 25-32.

_____. (1989), "Le Pacte dénégatif. Élements pour une métapsychologie des ensembles transsubjectifs", in MISSENARD, A.; ROSOLATO, G. et al., *Figures et modalités du négatif*, Paris, Dunod, 101-136.

KAËS, R. (1992). "Le complexe fraternel. Aspects de sa spécificité", *Topique 50*, 263-300.

_____. (1993a). *Le groupe et le sujet du groupe. Éléments pour une théorie psychanalytique*, Paris, Dunod.

_____. (1993b). "Le sujet de l'héritage", in KAËS, R.; FAIMBERG, H. *et al.*, *Transmission de la vie psychique entre générations*, Paris, Dunod.

_____. (1993c). "Introduction au concept de transmission psychique dans la pensée de Freud", in KAËS, R.; FAIMBERG, H. *et al.*, *Transmission de la vie psychique entre générations,* Paris, Dunod.

_____. (1994). "La matrice groupale de l'invention de la psychanalyse. Esquisse pour une analyse du premier cercle autour de Freud", in KAËS, R. (sob a dir.), *Les voies de la psiché. Hommage à Didier Anzieu,* Paris, Dunod.

_____. (1996). "La mort d'um frère, le deuil d'un enfant", *Groupal 1,* 19-32 (nesta obra, capítulo 8).

_____.(1998)."Une conception psychanalytique de l'institution", *Revue de psychothérapie psychanalytique de groupe 1,* 9-22.

_____. (2000a). "Más allá de la envidia. El destino del complejo fraterno en los grupos", in CAPARRÓS, N. (ed.), *Mas allá de la envidiá*, Madri, Biblioteca Nueva, p. 385-413.

_____. (2000b). "Quelques effets dans la fratrie de la mort d'un parent. Le travail de l'héritage", *Journal de la psychanalyse de l'enfant, 27,* 297-314 (nesta obra, capítulo 9).

_____. (2003a). "Aspetti del complesso fraterno nel gruppo dei primi psicoanalisti", *Quaderni di Psicoterapia infantile,* 47, 13-30.

_____. (2003b). "Le complexe et le lien fraternel", *Le Divan familial, 10,* 13-17.

_____. (2006) "La matrice groupale de la subjectivation. Les alliances inconscientes", in RICHARD, F.; WAINRIB, S. *et al.*, *La Subjectivation*, Paris, Dunod.

_____. (2007). *Un singulier pluriel. La psychanalyse à l'épreuve du groupe,* Paris, Dunod.

KAËS, R. ; ANZIEU, D. (1976). *Chronique d'un groupe: observation et présentation du groupe du "Paradis perdu"*, Paris, Dunod.

KANCYPER, L. (1995). "Complejo fraterno y complejo de Edipo", *Revista de psicoanalisis*, LII, 3.

_____. (2004). *El complejo fraterno*, Buenos Aires, Lumen.

KAUFMANN, P. (sob a dir. de) (1993). *L'Apport freudien. Éléments pour une encyclopédie de la psychanalyse*, Paris, Bordas.

KLEIN, M. (1932). *La Psychanalyse des enfants*, Paris, PUF (1959).

_____. (1957). *Envie et gratitude et autres essais*, Paris, Gallimard (1968).

LACAN, J. (1932). *De la psychose paranoïque dans ses rapports avec la personalité*, Paris, Le François.

_____. (1938). *La Famille*, cap. 1, "Le complexe, facteur concret de la psychologie familiale", Encyclopédie française, VIII, *840-3, 842-8*.

_____. (1948). "L'agressivité en psychanalyse", in *Écrits*, Paris, Le Seuil (1966).

_____. (1956-1957). "La relation d'objet et les structures freudiennes", *Bulletin de psychologie*, 1957, X, *7, 10. 12, 14*, XI, *1* (resumos de J.-B. Pontalis).

LAPLANCHE, J. (1970) *Vie et mort en psychanalyse*, Paris, Flammarion.

LAPLANCHE, J.; PONTALIS, J.-B. (1967). *Vocabulaire de psychanalyse*, Paris, PUF.

LEWINTER, R. (1971). "Présentation de Georg Groddeck: Du ventre humain et de son ame", *Nouvelle Revue de psychanalyse* 3, 211-216.

LETT, D. (2004). *Histoire des frères et soeurs*, Paris, Les Éditions de La Martinière.

MAC DOUGALL, J. (1973). "L'idéal hermaphrodite et ses avatars", *Nouvelle Revue de psychanalyse*, 7, 263-275.

MARTIAL, A. (2003). *S'apparenter,* Paris, Les Éditions de la Maison des sciences de l'homme.

MARTIN DU GARD, R. (1922-1939). *Les Thibault*, t. II, *La Mort du père*, Paris, Gallimard (1955).

MIERMONT, J. (sob a dir. de) (1987). *Dictionnaire des thérapies familiales*, Paris, Payot.

MIJOLLA, A. DE (1981). "Freud et le complexe fraternel en psychanalyse", in SOULÉ, M. *Frères et soeurs*, Paris, Éditions sociales françaises, 52-69.

MIJOLLA, A. DE (sob a dir. de) (2002). *Dictionnaire international de la Psychanalyse*, Paris, Calmann-Lévy.

MIJOLLA-MELLOR, S. (1992). *Le Plaisir de penser*, Paris, PUF.

NERI, C. (1997). *Le Groupe de psychanalyse de groupe*, Paris, Dunod (1995).

NUNZIANTE-CESARO, A.; SCIPPA, M. (1976). "Hansel e Grethel : il mondo interno infantile riflesso nelle fiabe", *Neuropsichiatria infantile 175*, 19-34.

PANKOW, G. (1969). *L'Homme et sa Psychose*, Paris, Aubier-Montaigne.

_____. (1977). *Structure familiale et psychose*, Paris, Aubier-Montaigne.

PARIN, P.; MORGENTHALER, F. (1967). "Observation sur la genèse du moi de groupe chez les Dogon", *Revue française de psychabalyse*, XXXI, 1, 29-58.

PARIN, P.; MORGENTHALER, F.; PARIN-MATHEY, G. (1967). "Considérations psychoanalytiques sur le moi de groupe", *Psychopathologie africaine*, III, 2, 196-207.

PONTALIS, J.-B. (2006). *Frère du précédent*, Paris, Gallimard.

POROT, M. ; VEYRAT, J.-G. (1990). "L'enfant de remplacement", *Annales médico-psychologiques*, 148, 6, 589-597.

RACAMIER, P.-C. (1995). *L'Inceste et l'Incestuel*, Paris, Les Éditions du Collège.

RABAIN, J.-F. (1988). "L'enfant et la jalousie. Perspectives psychanalytiques", *Lieux de l'enfance 16*, 39-64.

RACINE, J. (1664) *La Thébaïde ou les Frères ennemis*, Paris, Gallimard, coll. "Bibliothèque de la Pléiade".

RANK, O. (1914). "Le double", in *Don Juan et le double*, Paris, Payot (1973).

RIGAUD, C. (1992). "Figures animales et pulsions fratricides", *Psychanalyse à l'Université*, 17, 66, 135-148.

ROBERT, M. (1964). Préface à Grimm, *Blanche-Neige et Autres Contes*, Paris, Flammarion.

RÓHEIM, G. (1950). *Psychanalyse et anthropologie*, Paris, Gallimard (1967).

_____. (1953). "The wolf dans the seven kids", *Psychoanalytic Quarterly*, XXII, 2, 253-256.

ROSOLATO, G. (1978). *La Relation d'inconnu*, Paris, Gallimard.

_____. (1987). *Le Sacrifice. Repères psychanalytiques*, Paris, PUF.

SAINT-AUGUSTIN. *Les Confessions,* trad. de J. Trabucco, Paris, Garnier-Flammarion, 1964.

SAMONÀ, C. (1978). *Fratelli*, Roma, Einaudi.

SCELLES, R. (1997). *Fratrie et handicap*, Paris, L'Harmattan.

SOULÉ, M. (1981). *Frères et soeurs*, Paris, Éditions sociales françaises.

_____. (1990). "Une dynamique originale", *Autrement 112*, 67-70.

SOPHOCLE. *Antigone*, Paris, Les Belles Lettres (1962).

STEINER, G. (1984). *Les Antigones*, Paris, Gallimard (1986).

URRIBARRI, R. (1991). "La pérdida de seres queridos durante la infancia y la adolescencia", *Psicoanálisis con niños y adolescentes, 1.*

VAN GOGH, V. (1893-1890). *Lettres de Vincent Van Gogh à son frère Théo*, Paris, Éditions Bernard Grasset (1937).

VERMOREL, H. (1991). *Les Échanges entre S. Freud et R. Rolland et leur incidence sur l'élaboration de la dernière partie de l'oeuvre freudienne*, tese de doutorado (psicologia), Université Lumière-Lyon II.

VERMOREL, H. e M. (1993). *S. Freud et R. Rolland, Correspondance 1923-1936. De la sensation océanique au "Trouble du souvenir sur l'Acropole"*, Paris, PUF.

Vernant, J.-P. (1999). *L'Univers, les Dieux, les Hommes*, Paris, Le Seuil.

Vidailhet, C. ; Alvarez, P. (1988). "Clinique de la jalousie fraternelle", *Lieux de l'enfance, 16,* 65-76.

Viguier, R. (2000). *Introduction à la lecture d'Alfred Adler*, Paris, L'Harmattan.

Wallon, H. (1949). *Les Origines du caractère chez l'enfant. Les préludes du sentiment de personnalité*, Paris, PUF.

Weidlé, W. (1949). *Goethe 1749-1832*, Unesco.

Winnicott, D.-W. (1945a). "L'enfant unique", in *L'enfant et sa Famille*, Paris, Payot (1973).

⸻. (1945b). "Enfants jumeaux", in *L'Enfant et sa Famille*, Paris, Payot (1973).

Zaltzman, N. (1977). "Un mot primitif: la chimére du sexe", *Topique, 20,* 19-39.

⸻. (1989). "Le transfert hystérique: orfèvre et vermine" *Topique, 43,* 114-139.

Zazzo, R. (1960). *Les Jumeaux, le Couple, la Personne*, Paris, PUF.

Índice das palavras-chave

A

afiliação, 257, 258
agressividade, 94
aliança(s)
    fraterna, 203, 204
    inconsciente(s), 198, 222
    simbólica, 201-203, 207
    simbólica com o Pai, 199
    simbólica dos irmãos, 135, 198
ambição, 28, 31, 55, 56, 84, 109-112, 118, 121, 124-128, 132-134,
    144, 161, 202, 204, 208
amor
    fraterno, 87, 159, 160, 166, 167, 173, 178
igual para todos, 207, 208
no complexo fraterno, 161
aparelho psíquico
    fraterno, 191
    grupal, 190
apoio da fratria, 251
autoengendramento, 98
autoridade, 203
avidez, 125

B

bissexualidade psíquica, 72, 96, 104, 152
brinquedos, 148

C

caçula, 30, 31, 40
casal parental, 188, 197
cena de devoração, 131
clivagem de uma parte de si mesmo, 91
companheiro imaginário, 44, 86, 93
complexo, 15, 41
    de inferioridade, 30
    de intruso, 32, 33, 128
complexo da mãe morta, 230
complexo de Édipo, 11, 14, 16, 18, 19, 23, 27, 27-35, 37-45, 48-50, 52, 63, 76, 78, 80, 81, 84, 101, 104, 110, 112, 115, 128, 153, 158, 164, 171, 177, 192, 197, 206, 209, 223, 275, 277, 285-287
    evitação do – 38, 39, 104, 285
    função estruturante, 33, 38, 86, 129
complexo do desmame, 128
complexo familiar, 27
complexo fraterno, 11-19, 23-55, 285-288
    arcaico, 11, 141, 146, 147, 152
    diante do grupo, 231
    expressões culturais do –, 53
    no grupo dos primeiros psicanalistas, 282
    dos pais, 41
complexo materno, 122, 124
comunidade dos Irmãos, 205-207
conflito, 13, 15, 16, 32, 41, 59, 139, 192, 237, 256, 266, 267, 276
conto(s), 53-56
conflitualidade, 16, 43
consolidação do complexo fraterno, 278
contrato narcísico, 200
corpo da mãe arcaica, 142, 178
criação (papel do irmão ou da irmã no processo de –), 15, 105
cripta, 231
culpabilidade, 215, 222
    do sobrevivente, 220, 225
cunhada, 170, 242
cunhado, 71, 77, 242

D

deficiência de um irmão ou de uma irmã, 220
deflexão do ódio sobre o irmão, 86, 93, 111, 114
desdobramento, 216
desejo
    de incesto fraterno, 160
    de saber, 134
    de ter irmãos e/ou irmãs, 194
deslocamento do complexo de Édipo, 39
diferença de gerações, 192
dispositivo psicanalítico de grupo, 48
duplo, 33, 71, 85, 113, 215, 218, 219, 222
    bissexual, 99
    como inquietante estranheza, 86, 91
    do irmão desaparecido, 94
    formado por clivagem, 92, 93
    mortal e mortífero, 210, 229
    na homossexualidade, 86
    narcísico, 69, 86, 87, 91, 96-100, 114, 139, 152

E

ego, 32, 33, 35, 36, 43, 44, 55, 56, 71, 81, 86-88, 91, 92, 102, 121, 128, 131, 134, 142, 148, 164
    de grupo, 258
    estrutura do – narcísico, 129
escolha
    de objeto amoroso, 164, 165
    segundo o modelo do apoio, 164
    segundo o tipo narcísico, 164
espaço onírico comum e partilhado, 89
espelho
    experiência do –, 33, 129
    fraterno, 87, 103
    estágio do –, 128, 129
estranheza, 86, 89-91, 222, 231
exigência de justiça, 207

F

fantasma(s), 160, 165, 168, 169, 208, 212
    de incesto fraterno, 166
    de bissexualidade, 97, 99-105
    de fustigação, 132
    de gemelidade, 230
    de inversão das gerações, 197
    de cena primitiva sádica, 127
    de homicídio do irmão, 110
    incestuoso, 102
filho(s)
    de substituição, 94, 96, 98, 221, 222
    e irmãos e irmãs de Édipo, 54, 158, 173, 174, 177
    único, 55, 94, 109
filiação, 238, 240
fratria arcaica, 153
fratria mágica, 90, 145
fratricídio originário, 136, 138
função fraterna, 12, 287
função paterna, 12, 287
fundação de Roma, 135

G

Gemelidade, 87, 88
gêmeo imaginário, 86, 87
generosidade, 134
gratidão, 135
grupo
    dos irmãos e irmãs (ou grupo fraterno), 28, 53, 56, 69, 187, 191, 196, 237, 266, 276
    dos primeiros psicanalistas, 20, 37, 49, 50, 51, 282
    interno, 60, 149

H

herança, 242-246
herdeiro
    legítimo, 240
    privilegiado, 246, 247, 249, 267
homicídio *Ver* Pai (homicida do –)
    do duplo fraterno, 209
homossexualidade adélfica, 88, 111, 124, 286
horda dos irmãos, 28, 201, 202, 203

I

idealização do irmão ou da irmã, 128, 163
identificação(s) , 123
    ao Irmão/à Irmã, 198
    ao semelhante, 286
    bissexual, 99
    cruzadas, 196
    homossexual, 122
    narcísica, 33
    especulares, 87
imagem
    do corpo, 149, 152
    do irmão não desmamado, 129
imaginário da unidade, 89
imago
    da mãe morta, 222
    da mãe-com-irmãos-e-irmãs, 143, 146
    do irmão ou da irmã mortos, 96, 210, 222, 224, 228
    fraterna, 15
incesto
    consumado, 160, 166
    com a mãe, 169
    fantasmado, 104
    fraterno, 104, 160, 166, 171

interdito do –, 161, 173, 192, 197, 206
incestual, 160, 166, 172
incorporação
    de um outro em si mesmo, 91
    do irmão, 86
inquietante estranheza, 86, 89, 90
instituição
    do tabu, 202
    psicanalítica, 49
intersubjetividade, 189
intruso, 25, 44, 109, 130, 150
inveja, 109, 110, 118, 119, 120, 121, 232, 251
    drama da –, 33, 128, 129, 134, 198, 277
    do Pai em relação aos filhos, 201
inversão
    do ódio em ternura, 28, 123, 135, 161, 198
    da rivalidade em amor pelo semelhante, 170
irmão *Ver* duplo, objeto-irmão
irmãos e irmãs, 149
    como predadores, 111
    como usurpadores, 130
    imaginários, 31

L

laço(s)
    familiares, 12
    fraternos, 15, 45, 52, 83, 172, 190, 256, 278
lugar do primogênito, 31, 193, 197
luto
    na fratria, 238
    impedimento de –, 222
    originário, 160
    resistência ao luto do irmão ou da irmã mortos, 219

M

mãe absorvida, 227
masoquismo primário, 67, 101, 129
metapsicologia intersubjetiva, 46, 48, 49
mitos, 54, 85-88, 106, 173, 201, 223
monstro, 91
morte *Ver tb* imago do irmão ou da irmã mortos, imago da mãe morta
    de um irmão ou de uma irmã, 209-236
de um dos pais, 237-239, 241, 242
súbita de um bebê, 217, 218

N

narcisismo
    de morte (destruidor), 125, 210, 229
    dos pais, 196
    das pequenas diferenças, 270
    primário, 25, 103, 147, 160
nominação(s), 192, 197

O

objeto-irmão (ou irmã), 148
    arcaico, 117
    incestuoso, 116
    parcial, 34, 35, 62-66, 77, 113, 125
ódio fraterno, 109-112, 114, 116-120, 123, 131, 133
organizadores psíquicos inconscientes do laço, 17, 46, 53
outro
    fraterno, 286
    parental, 286

P

pacto
    de renúncia ao homicídio, 203
    de silêncio, 221, 222, 229
    denegativo, 51, 199, 222
    dos Irmãos, 201-205
    intergeracional, 219, 220
pai
    confuso, 204
    enlutado pela morte de um filho, 219
Pai
    -irmão, 117, 141, 158, 174, 276
    Idealizado, 139
    homicídio do –, 14, 139, 203, 205
    originário, 201, 203
partilha
    do amor dos pais, 256
    da mãe, 88
    dos objetos e dos bens, 243, 252, 256
perda de entes queridos durante a infância e adolescência, 217
porta-irmão e irmã, 114, 117
posição na fratria, 58
primogênito(a) (irmão mais velho), 25, 26, 30, 40, 59-61, 65, 70, 110, 112, 114, 119, 130, 131, 135, 175, 179, 193, 197, 217, 218, 220, 221, 224, 242, 249, 251, 263
    destronamento do –, 30, 31
pulsão, pulsões
    de morte, 125, 271, 279, 280
    fratricidas, 111, 120
    parricidas, 135, 202

Q

queda narcísica, 70

R

realidade psíquica no grupo dos irmãos e irmãs, 187, 189, 191, 195
regressão da inveja para a ambição, 277
renúncia, 206
resistência ao luto do irmão ou da irmã mortos, 219
retornante, 95
    rivalidade
        fraterna, 118, 119, 136, 164, 170, 188
        induzida pelos pais na fratria, 196
romance familiar, 172

S

sacrifício, 206
sedução, 25, 72, 170
    adélfica, 169
    narcísica, 160
sentimento(s)
    de fraternidade, 207
    sociais, 122, 123, 129, 205, 206
separação, 100, 101
situações fantasmáticas, 195
sobrevivente, 210, 217, 229
solidariedade entre irmãos e irmãs, 164
sonhos
    de incesto, 160, 166
    de morte ou de homicídio de um irmão, 120, 233, 235, 267
    partilhados entre irmãos e irmãs, 97
    transferenciais, 72
subjetivação, 47
sujeito do inconsciente, 51, 189, 199

T

ternura, 122, 131, 135, 159
trabalho
    da herança, 237
    da separação, 78
    do luto, 209, 217-219, 226, 231, 238, 239, 256
tragédia de Édipo, 173
transferência do complexo fraterno
    na cura, 80
    num grupo, 275
transferências laterais ou difração da transferência, 47, 62, 71, 81, 262, 280
transmissão
    da herança, 208, 253
    do nome, 222
    psíquica inter e transgeracional, 198
triângulo
    pré-edipiano, 32, 34, 36, 110, 112, 116, 137, 247, 248, 254, 287
    rivalitário, 35, 36, 110, 112, 116, 131, 132, 286, 287, 288

U

unidade originária, 101
utopia fraterna, 288

V

violência, 124, 131, 137
    fundamental, 101, 113
    fraterna, 118, 127, 128, 132
    edipiana, 137
    parental contra a fratria, 248, 250

Índice de nomes

A

Aarão, 136
Abel, 136, 137, 209, 280
Abraham K., 124
Abraham N., 51, 170
Adão, 137-139
Adler A., 30, 193
Agamêmnon, 54
Alá, 138
Al-Baïdawi, 138
Alexander, 224
Alexandre-Garner C., 167, 169, 171, 182, 183
Almodovar J.-P., 30, 44, 83, 94
Alvarez P., 121
Amado B., 93
Amália, 225, 231
André J., 289, 290
André-Fustier F., 200
Antígona, 14, 54, 173-178, 210, 212, 214, 216, 229
Anzieu D., 20, 50, 75, 100, 208, 221, 223-227
Arar K., 139
Aristófanes, 85
Assoun P.-L., 290

B

Bach, B., 93,
Bannour W., 106, 181
Baudelaire Ch., 106
Baudoin Ch., 136
Beauvoir S.(de), 180, 181
Beethoven L.(van), 221
Bejarano A., 275
Benoît G., 94
Benson R., 44, 93
Bergeret J., 101

Bernard M., 167, 270
Bernos A., 75, 230
Bert C., 220
Berthier Ph., 106
Bíblia (a), 54, 136, 139
Bion W.R., 44, 92, 159
Birman C., 137
Boureau A., 139
Brontë (irmãs), 106, 178
Brunori L., 275, 290
Brusset B., 40, 46, 157, 258, 275, 290
Buisson M., 289
Byron (Lord), 178, 179

C

Cahn P., 290
Caillot J.-P., 23
Caim, 54, 112, 136-138, 209, 280
Caparrós N., 20
Chateaubriand F.-R (de), 221
Chatrian A., 249
Chiodi G. M., 13
Chivot M.-C., 94
Chouraqui A., 137, 138
Cristo, 267
Clancier G. E., 93
Claudel C., 178
Claudel P., 178
Clouzot M., 106, 178, 181, 183
Cocteau J., 90
Cohen-Boulakias C., 137, 138
Corão (o), 54, 136, 138, 139
Corman L., 119
Costes A., 93
Creonte, 117, 173-175
Cronenberg D., 93
Crono, 141, 158

D

Dadoun R., 133
Dali S., 96, 221
Dann S., 28, 188
Darchis E., 204
David Ch., 90, 99, 100, 105, 165
David M. , 289
Decherf G., 204
Diana (Ártemis) polimástica dos efésios, 66, 146
Dolto F., 163
Doolittle H., 68
Dougall (Mac) J., 100, 101, 103, 105, 106
Dravet D., 178

E

Eckstein E., 51
Édipo, 117, 171, 173-176
Electra, 54
Erckmann E., 249
Eros, 54, 67, 85, 110
Esaú, 54, 136
Etéocles, 14, 54, 116, 117, 139, 173-177, 209
Eva, 137, 138, 144, 209

F

Fédida P., 100, 103, 157
Fliess W., 25, 37, 50, 51, 95, 118, 120, 161, 225, 226, 231
Fognini M., 88
Foulkes S.-H., 275
Fournier, 179
Freud A., 28, 48, 121, 188
Freud S., 14, 23-34, 36-39, 45, 46, 48, 50, 51, 56, 65, 67, 68, 80, 81, 84-86, 89, 91, 94, 95, 100, 102, 103, 111, 118-124, 126, 129-131, 133, 134, 136, 143, 147, 153, 159, 161, 164, 168, 187, 188, 192, 196, 201, 202, 205, 206, 208, 210, 216, 222-228, 230-232, 240, 252, 282, 283, 290

G

Gaia, 141
Garner G.-R., 167, 169, 171, 182, 183
Gary R., 213
Gaspari R., 275
Germain S., 93, 181
Giono J., 181, 182
Godeau F., 289
Goethe J.W. (von), 119, 120, 136, 179, 226, 253
Green A., 100, 103, 104, 230
Grimm J. e W., 54, 139, 153, 155, 231, 232
Grimm-Houlet S., 171
Grünewald M., 267
Guido R., 143

H

Habil, 138
Hans (o pequeno –), 25, 34, 109, 120, 131, 134, 143
Harriman P. L., 93
Hermafrodito, 54, 85
Hesíodo, 141
Holland N.-N., 69
Homem dos lobos (o), 25, 51, 148, 196

I

Irmãos e Irmãs em Cristo, 139, 207
Isaac, 136
Ismael, 136
Ismene, 54, 173-177

J

Jacó, 54, 136
Jaitin R., 148, 171-173, 191, 290
Jakob, 227
Javé, 136-138
Jeammet N., 137, 138
Jensen, 29
Jesus, 139, 213
João e Maria, 155, 156
Jocasta, 14, 174, 176, 177
John, 50, 51, 224
José, 54, 136
Julius, 25, 37, 50, 51, 95, 118, 120, 136, 210, 223-227, 231
Jung, C. G., 16, 231

K

Kabil, 54, 138
Kaës R., 50, 97, 147, 148, 189, 199, 204, 208, 212, 228, 232, 275, 280
Kancyper L., 290
Karamazov (irmãos), 202
Kaufmann P., 23
Klein M., 23, 31, 34, 44, 48, 109, 124-126, 130, 134, 135, 144, 159, 290
Kleist H. (von), 178

L

Lacan J., 23, 31, 32
Laio, 172, 176, 177
Lamb Ch., 178
Laplanche J., 17, 23, 31, 35, 36, 42, 110, 131, 132
Lett D., 289
Lewinter R., 63

M

Mac Ewan I., 182, 183
Macé L., 289
Mann T., 182, 183

Martial A., 289
Martin du Gard R., 182, 183, 251
Miermont J., 23
Mijolla A. (de), 23, 39
Mijolla-Mellor S. (de), 90, 134
Moisés, 133, 282
Mopsik Ch., 137
Morgenthaler F., 188, 258
Mulligan R., 152
Musil R., 90, 167, 182

N

Nagera H., 93
Nanie, 225
Narciso, 54, 85, 211
Néri C., 207
Nichols J., 256
Nietzsche F., 178, 179
Nommo, 54, 88
Nunziante-Cesaro A., 156

O

O lobo e os sete cabritinhos, 153, 155, 236
O pequeno polegar, 236 Orestes, 54
Os doze irmãos, 232, 234, 236 Os sete corvos, 232, 234

P

Pachamama, 146
Pankow G., 152
Parin P., 188, 258
Parin-Mathey G., 188, 258
Pausânias, 85
Péguy, 176
Pichon-Rivière E., 191
Polinice, 14, 54, 116, 117, 139, 173-178, 209, 212, 229
Pontalis J.-B., 17, 23, 42, 88, 193
Porot M., 221
Pryor D., 44, 93

Q

Quincey Th. De, 178

R

Róheim G., 154-156
Rabain J.-F., 83, 91, 119, 120
Racamier P.-C., 35, 60, 161
Racine J., 14, 116, 117, 174 Rank O., 92
Raposa Pálida, 54, 88
Raquel, 136
Réal I., 289
Renan, 179
Rigaud C., 111, 148, 153
Robert M., 54
Rolland R., 95, 176, 223, 226, 227 Rosier A., 245
Rosolato G., 70, 71, 86, 93, 114, 139, 144, 207 Ruffiot A., 190

S

Sand G., 88, 181
Santo Agostinho, 109
Saint Phalle N. (de), 66, 74, 144
Saint-Pierre B. (de), 181
Scelles R., 200, 220, 290
Shakespeare W., 92, 250
Shaw B., 26
Sófocles, 14, 173
Soulé M., 39, 193, 194, 221, 290
Steiner G., 175-178
Stekel W., 51
Sutherland A., 44, 92

T

Tagore R., 122

Talpin J.-M., 171, 183
Téchiné, 254
Torok M., 51, 170
Tournier M., 88, 111, 182
Trakl G., 178, 179
Troubetskoy V., 289

U

Urribarri R., 217

V

Van Gogh T., 179
Van Gogh V., 221
Verdone C., 244
Vermorel H., 95, 226, 231
Vermorel M., 94, 223
Vernant J.-P., 141
Veyrat J.-G., 221
Vidailhet C., 121
Viguier R., 30

W

Wallon H., 32, 129, 190
Weidlé W., 179
Winnicott D.-W., 109, 122, 127, 133, 134
Wisdom J. O., 66

Z

Zaklad J., 137
Zaltzman N., 67, 79, 80, 100, 101, 103
Zazzo R., 290

Índice dos casos clínicos

A

Anna, 28, 37, 95, 182, 224-226, 231

C

Claire, 162-164
Claude, 211-216, 219, 219, 222, 229

F

Flora, 144-147

I

Ísis, 149
Ivan, 97, 99, 103-105, 147

M

Madame C., 240-242, 246
Marina, 220-222, 229
Monsieur L., 246

P

Pierre-Paul, 91, 110, 114-118
Psicodrama do testamento, 323

S

Sílvia, 165, 172

Y

Yseult, 57-70, 72, 75-85, 87, 90, 91, 93, 99, 101-105, 127, 130, 131, 147-150, 158, 166, 170, 171, 183

Esta obra foi composta em CTcP
Capa: Supremo 250g – Miolo: Pólen Soft 80g
Impressão e acabamento
Gráfica e Editora Santuário